Ullstein Materialien

Ullstein Materialien
Ullstein Buch Nr. 35082
im Verlag Ullstein GmbH,
Frankfurt/M – Berlin – Wien

Durchgesehene, um das Vorwort
zur Taschenbuchausgabe und den
bibliographischen Nachtrag
erweiterte Edition

Umschlagentwurf:
Kurt Weidemann

Printed in Germany 1981
Druck und Verarbeitung:
Ebner Ulm
ISBN 3 548 35082 8

März 1981

CIP-Kurztitelaufnahme
der Deutschen Bibliothek

Büsch, Otto:
Militärsystem und Sozialleben im alten
Preussen: 1713–1807; d. Anfänge d.
sozialen Militarisierung d. preuss.-dt.
Gesellschaft / Otto Büsch. – Durchges.,
um d. Vorw. zur Taschenbuchausg. u. d.
bibliogr. Nachtr. erw. Ed. –
Frankfurt (M); Berlin; Wien: Ullstein,
1981.
(Ullstein-Buch; Nr. 35082: Ullstein-
Materialien)
ISBN 3-548-35082-8

NE: GT

Otto Büsch

Militärsystem und Sozialleben im alten Preußen 1713–1807

Die Anfänge der sozialen Militarisierung der preußisch-deutschen Gesellschaft

Ullstein Materialien

VORWORT ZUR NEUAUFLAGE

Die vorliegende Neuauflage stellt den in nur wenigen Passagen verbesserten, jedoch um einen bibliographischen Nachtrag vermehrten, im übrigen aber fotomechanischen Nachdruck einer im Jahre 1962 beim Verlag Walter de Gruyter unter dem Titel »Militärsystem und Sozialleben im alten Preußen 1713—1807« erschienenen Publikation dar. Der dem Verlag Ullstein zu dankende Neudruck gibt dem Autor die willkommene Gelegenheit, sich aus dem Abstand von zwei Jahrzehnten auf die Reaktion zu besinnen, die sein damaliger Beitrag zu einer Revision der preußisch-deutschen Geschichtsschreibung bis heute gehabt hat. Wenn er der Versuchung widerstanden hat, mehr als die erwähnten Änderungen und Zusätze anzubringen, so steht dahinter dieselbe Intention, die ihn schon vor zwei Jahrzehnten dazu bestimmt hatte, bei der ersten Veröffentlichung im Jahre 1962 auf eine völlige Neufassung seines aus dem Jahre 1952 — sieben Jahre nach Beendigung des Zweiten Weltkrieges, fünf Jahre nach der amtlich verordneten Auflösung des preußischen Staates — stammenden Manuskriptes zu verzichten: Das Vorwort zur ersten Auflage schließt mit der Erklärung, daß diese Publikation sich als bescheidenes Dokument einer Phase der deutschen Nachkriegshistoriographie anbiete, in der wie so oft in der deutschen Geschichte die politische und die historiographische Vorstellungswelt in besonders starkem Maße voneinander abhängig gewesen seien. Dieser Charakter sollte auch der vorliegenden Neuausgabe erhalten bleiben, und es war deshalb notwendig, auch ihr — von einer erneuten, hier und dort leicht eingreifenden Durchsicht und ergänzenden Bibliographie abgesehen — die pointierte Darstellung und Wertung des damals jungen Autors zu belassen, der damit seinen Beitrag zur historiographischen Vergangenheitsbewältigung, Gegenwartsfindung und Zukunftsvorbereitung in einer Zeit der Neuorientierung der deutschen Geschichtswissenschaft auf eine nüchterne und vorurteilsfreiere Deutung von historischen Wurzeln unserer gegenwärtigen Existenz leisten wollte. Die Entscheidung für den Wiederabdruck der Schrift in nahezu unveränderter Form sollte den heutigen Leser indessen nicht darauf verzichten lassen, auch einige wichtige Ergebnisse der Kritik aus der weitgestreuten Rezeption dieses Werkes in den vergangenen zwei Jahrzehnten in sein eigenes

Verständnis des Themas mit aufzunehmen. Manche andere Einwände, die erhoben wurden, sind zu relativieren.

Die Untersuchung des Verhältnisses von militärischem und sozialem System im alten Preußen will einen *Prozeß* sichtbar machen: den Prozeß der *sozialen Militarisierung* in der altpreußischen Monarchie, seine Ursachen, Begleitumstände und Folgen, und die Darstellung entnimmt hierzu ihre empirischen Belege unter Angabe der Herkunft aus verschiedenen Zeitabschnitten, Regionen und staatlichen wie gesellschaftlichen Bereichen der behandelten Epoche — im Wissen im ihre temporale, regionale und funktionale Differenziertheit, aber in systematisch und methodologisch abgesicherter Zuordnung zur Struktur des Themas, um gerade jenseits individueller Abweichungen typische Züge des untersuchten Prozesses herauszuarbeiten. Wer solche Bemühung um generalisierende Aussagen »unhistorisch« nennt, muß sich seinerseits einen Rückfall in vorwissenschaftliche Denkweise vorwerfen lassen. Es sind Binsenweisheiten, daß bestimmte Züge der in dieser Schrift für das 18. Jahrhundert festgestellten Zustände ihren Ursprung bereits im 17. Jahrhundert hatten; daß elementare Verhältnisse zwischen Staatsverfassung, Gesellschaftsordnung und Militärsystem von Landesteil zu Landesteil und Provinz zu Provinz — im übrigen doch nicht nur zwischen den östlichen und westlichen Gebieten der Monarchie und zwischen den alten Landesteilen und Schlesien, sondern ebenso zwischen den älteren, mittleren und östlichen Kernlanden selbst — voneinander abweichen; daß schließlich sowohl zeitlich wie räumlich differenzierte, schichtenspezifische Besonderheiten in Rolle und Funktion der Geburts- und Berufsstände der altpreußischen Gesellschaft, besonders der bäuerlichen Bevölkerung und des Adels, in ihrer Beziehung zum Militärsystem unübersehbar sind. Eine besondere Erwähnung verdient sicher auch die Tatsache, daß einzelne Elemente des altpreußischen Militärsystems sich in anderen europäischen Staaten der Zeit des Ancien Régime wiederfinden und also nicht alle als eine typisch »preußische« Erscheinung bezeichnet werden können. Selbst die detaillierteste Ausleuchtung aller dieser richtigen Feststellungen, die sich zum Teil auch schon auf den Seiten dieses Buches finden, ändert indessen nichts an dem Gesamtergebnis dieser Studie, die zeigt, daß im alten Preußen das Militärsystem als *soziales System* insgesamt weitestgehend identisch *wurde* mit der Sozialordnung in dieser Monarchie, und daß dieser Prozeß fortschreitender Identifikation die exzessive *Militarisierung* der altpreußischen Gesellschaft zur Folge hatte. Dieser Grundzug der altpreußischen Gesellschaftsordnung und staatlichen Gesellschaftspolitik bleibt als Ordnungsmodell und Verhaltensmuster davon unberührt, wie weitgehend die Realisierung in einzelnen Phasen, Regionen oder sozialen Schichten beziehungsweise staatlichen und wirtschaftlichen Bereichen erfolgte.

Man kann sodann das Fehlen einer ausführlichen Behandlung des städtischen Bereichs mit seinem Manufakturwesen und seinem spezifischen Verhältnis zum Militärsystem in dieser Untersuchung bedauern, obwohl durch die Arbeiten von Kurt Hinze und Horst Krüger eine gewisse Ergänzung gegeben ist. Allerdings darf hierzu wieder auf das Erkenntnisinteresse der vorliegenden Studie aufmerksam gemacht werden: Auch eine weitergehende Einbeziehung der altpreußischen Stadt, in der unter den demographischen und ökonomischen Verhältnissen der preußischen Provinzen im 18. Jahrhundert nicht mehr als zwischen 10 % und 20 % der Bevölkerung lebten, in diese Untersuchung kann für die Analyse und Interpretation des Militarisierungsprozesses der altpreußischen Gesellschaft, der sich hauptlächlich und ursprünglich im agrarischen Bereich abspielte, über die immerhin ausblickartig angedeuteten Auswirkungen auf das städtische Bürgertum hinaus zumindest keinen normativen Erkenntniszuwachs bringen.

Auch der in dieser Untersuchung in der Tat nicht vorgenommene Vergleich mit den Verhältnissen in anderen kontinentaleuropäischen Ländern des 18. Jahrhunderts erbringt kein anderes Resultat, als daß zwar einzelne Faktoren des Militärsystems — Zusammensetzung, Struktur, Kampfesweise der Armee, sozialer Status ihrer Angehörigen und anderes mehr — sich in einer Reihe von Feudalgesellschaften und absoluten Monarchien Europas wiederfinden; ihre *systematische Verflechtung* in einem voll auf die Bedürfnisse des Heeres ausgerichteten sozialen System als Träger einer politischen Ordnung, in der jedem Teil der ständischen Gesellschaft eine militärisch-zivile Doppelfunktion zugewiesen war und in dem die Machtfaktoren, die das Militärsystem erhielten — Autokratie, Aristokratie und Bürokratie — sich zu gegenseitiger Garantie und das Königtum zum Schutz des Bauernstandes zwangen, bleibt ein insoweit unverwechselbares, *spezifisch preußisches* Phänomen. Es hat dann den Protest namentlich ostdeutscher Rezensenten ausgelöst, daß dieser Prozeß der systematischen Verschmelzung in diesem Buch als »Sozialschöpfung« Friedrich Wilhelms I. bezeichnet wird; da wäre das »Klasseninteresse« des Junkertums als eigentliche Triebfeder übersehen und ein falscher »gesellschaftlicher Fortschritt« postuliert worden. Bei aller Betonung der Aufrechterhaltung und Stärkung adelsständischer Macht im »absoluten« Staat, die auf vielen Seiten dieser Untersuchung schon früh gegen die These von der Allmacht des Absolutismus betont wird, ist aber doch daran festzuhalten, daß die Verbindung von Gebräuchen des Heeresersatzes mit den Erfordernissen der »agrarmerkantilistischen« Wirtschaft des Landes aus den im 17. und beginnenden 18. Jahrhundert geschaffenen Grundlagen, wie der »Soldatenkönig« sie im »Kantonsystem« vornahm, trotz aller nach wie vor bestehenden ungerechten Verteilung der militärischen und sozialen Lasten auf die ländlich-bäuerliche Bevölkerung und deren fortbestehender Drangsalierung durch das Militär eine politische Schöpfung *sui generis* war. Daneben fehlt es gerade in dieser Studie nicht an relativierender Bewertung der unmenschlichen Praktiken des altpreußischen Militärsystems; von einer Messung »gesellschaftlichen Fortschritts« an den Maximen dogmatischer Ideologien, gleichviel ob sie von Verkündern des »Staatsinteresses« und »soldatischer Tugenden« oder des »Klasseninteresses« herrschender Eliten kommen, hält ihr Autor allerdings nach wie vor nichts.

Die Konzentration von verstreuten Einzelzeugnissen und bis dahin peripheren Literaturaussagen zum Thema *Sozialmilitarisierung* mit dem Ziel der Herausarbeitung des altpreußischen Militärsystems als soziales System in dieser Untersuchung hat nicht nur Anerkennung gefunden, sondern diesem Versuch auch den Vorwurf der Überbewertung des Militärischen als staatliches und gesellschaftliches Ordnungsprinzip im alten Preußen eingetragen. Es ist jedoch eine Tatsache, daß erst die Verdichtung der zeitgenössischen und historiographischen Hinweise zur These von der zumindest partiellen Identität zwischen Militär- und Sozialsystem diesen Zusammenhang für die moderne Preußenforschung methodisch handhabbarer gemacht hat. Die neueste Geschichtsschreibung diskutiert die nachteilige Abhängigkeit der Aufrechterhaltung des ständisch-absolutistischen Ancien Régime preußischen Typs von der Bewahrung seines Militärsystems als soziales System jetzt wieder mit jener unbefangenen Selbstverständlichkeit, wie sie Zeitgenossen und unmittelbare Nachfahren dieser Epoche der preußischen Geschichte oder bewunderswerte Altmeister, wie Otto Hintze, Max Lehmann und Gustav Schmoller, auszeichnete, während den in der vorliegenden Studie mitverwendeten Schriften politisch aufgeklärter Zeitgenossen, wie den G. H. von Behrenhorst, J. W. von Archenholz und anderen, lange Zeit das Odium einer *Chronique scandaleuse* anhaftete. Als diese Untersuchung entstand, brauchte die deutsche Historiographie nicht eine weitere Glorifizierungsschrift über preußische Tugenden und Leistungen, die der Verfasser, wo sie nachweisbar sind, so anerkennt, wie jeder um ein ausgewogenes Urteil bemühte Historiker, sondern die sozialwissenschaftliche Durchdringung und ungeschminkte Schilderung der sozialen und ökonomischen Auswirkungen der Funktionsweise der altpreußischen Militärmonarchie auf die Gesellschaftsschichten, die sie trugen. Weil bestimmte Leistungen in verschiedenen Bereichen von Staat und Gesellschaft unerwähnt geblieben sind, werden sie deshalb nicht negiert. Wenn die Desiderien und die Gravamina der Stände *neben* den zahlreichen, zum Beispiel aus den *Acta Borussica* entnommenen staatlichen Schriftzeugnissen oder den dynastischen Urteilen der Hohenzollern-Testamente ein starkes Gewicht erhalten haben, so deshalb, weil durch sie auch der Stimme der Kritik das ihr zukommende Gehör verschafft werden konnte. Eine überproportionale Rolle spielt diese Quellengattung — entgegen bestimmten Rezensentenstimmen — als Belegmaterial indessen nicht. Wenn freilich etwa bäuerliche Selbstzeugnisse in dieser Studie nicht in gleichem Maße herangezogen sind, so deshalb, weil sie dem Autor zur Zeit der Niederschrift nicht zur Verfügung gestanden haben. Eine günstigere Beurteilung ihrer Ergiebigkeit wenigstens ist in die vorliegende Neuausgabe eingeflossen.

Der unterzeichnete Autor ist einer nicht geringen Zahl von Historikerkollegen sehr dankbar für die Aufmerksamkeit, mit der die Ergebnisse seines eigenes Bemühens in teils kritischer bis ergänzender, teils auch sehr positiver Anerkennung in ihre seither erschienenen eigenen Schriften Eingang gefunden haben. Die dieser Neuauflage beigegebene Nachtragsbibliographie führt unter anderen eine Anzahl von ihnen auf. Zu wenigstens einer solchen Rezeption sei eine Bemerkung erlaubt. Schon früh machte Hans-Heinrich Müller in seinen »Bemerkungen und Ergänzungen zu dem Buch ... Militärsystem und Sozialleben im alten Preußen ...« (siehe die Nachtragsbibliographie) auf die in diesem Werk nicht ausreichend gewürdigte Rolle aufmerksam, die — stärker als die adelige Gutsbesitzerschicht selbst — eine in sich differenzierte Privatpächterschaft auf adelig-gutherrschaftlichem Land ebenso wie die Domänenpächterschaft beim Eindringen eines rationalistisch-kapitalistischen Wirtschaftsgeistes in die ostelbische Gutswirtschaft gespielt hat. Für das Verhältnis von Erstarrung des altpreußischen Militärsystems und Auflösung der alten Agrarverfassung im ausgehenden 18. Jahrhundert im Zusammenhang mit dem Gegensatz von Güterschutz versus Bauernschutz als Problem des Militärsystems gewinnt diese Korrektur und Ergänzung, die in der vorliegenden Neuauflage aus technischen Gründen nicht mehr berücksichtigt werden konnte, eine inzwischen anerkannte Bedeutung. Die damit zusammenhängende Diskussion über das Maß des Eindringens kapitalistischer Charakterzüge in die ostelbische preußische Agrarwirtschaft kann hier freilich nicht geführt werden. An der grundsätzlichen Tendenz der zunehmenden Durchsetzung eines kapitalistischen Geistes in der ostdeutschen Landwirtschaft des ausgehenden 18. Jahrhunderts kann allerdings auch für den Autor nach wie vor kein Zweifel bestehen.

Die kurze Replik auf wenigstens einige der Reaktionen, die das vorliegende Buch in der Historiographie zur preußischen Geschichte in den letzten beiden Jahrzehnten ausgelöst hat, muß hier abbrechen. Es kann an dieser Stelle nicht zur Diskussion stehen, was zu geschehen hätte, wollte man ernsthaft eine völlige Neufassung des Buches ins Auge fassen. Dann könnte als ein Gesichtspunkt mitbedacht werden, daß der spezifische Denk- und Lebensstil der Vasallen, Untertanen und Bürger der brandenburgisch-preußischen Monarchie im Rahmen eines Systems von Befehlen und Gehorchen gleichwohl, wenn auch umstrittene, Prinzipien von Rechtsstaatlichkeit und Reform hat entstehen lassen, die sich damit paradoxerweise jenem ambivalenten preußischen Verhaltensmuster hinzugesellten, wie es andererseits die vielfach brutalen Züge der altpreußischen Militärmonarchie mit ihrem oft inhumanen Rationalismus geschaffen haben. Die Erforschung des insoweit wirklich typisch preußischen Mischungsverhältnisses von obrigkeitlichem Denken und sozialkonservativem bis liberalem Reformeifer mag ein Schwerpunkt der Verständnisfindung sein, dessen Studium das zukünftige Preußenbild optimal mitzugestalten helfen könnte. Für das vorliegende, aus dem eingangs erwähnten Grunde im wesentlichen bewußt unveränderte Werk darf der Autor daran festhalten, daß Grundkonzeption, Methodik und zentrale Aussage dieser Studie sich bei aller Umstrittenheit einen in *dieser* Form gültigen Platz in der historischen Forschung von heute erworben und der Preußenhistoriographie Anregungen zu weiterer Arbeit und Auseinandersetzung gegeben haben. Möge die Neuauflage helfen, diese Funktion weiter zu erfüllen.

Berlin-Zehlendorf,
im November 1980

Otto Büsch

INHALT

ZWEITER TEIL

Militärsystem und Junkertum im alten Preußen 75

SCHLUSSBETRACHTUNG

Die Folgen der Militarisierung des altpreußischen Soziallebens 167

ERLÄUTERUNGEN ZUR ZITIERWEISE DER ANMERKUNGEN

Um das schnelle Auffinden des vollen Zitats einer mehrfach in abgekürzter Form zitierten Quelle zu ermöglichen, werden in Klammern dahinter der Buchteil und die Nummer der Anmerkung angegeben, in der die Quelle zum erstenmal und vollständig zitiert ist. Es bedeuten E = Einleitung und I bzw. II die beiden Teile des Buches, die darauf folgenden arabischen Ziffern die Nummer der Anmerkung innerhalb der einzelnen Teile. Die Abkürzung *a. a.* O. steht für die Quelle, die in der unmittelbar vorhergehenden Anmerkung zitiert ist; *ebda.* verweist auf die in der unmittelbar zuvor angegebenen Quelle zitierte Seitenzahl oder eine andere genaue Bezeichnung der Quellenstelle.

VORWORT

ZUR ERSTEN AUFLAGE

Generationen von Historikern, Philosophen, Soziologen und Nationalökonomen sind fasziniert worden von dem militärisch-bürokratischen Staats- und Gesellschaftsaufbau des „alten Preußen". Das Ergebnis ihrer wissenschaftlichen Beschäftigung mit der preußischen Geschichte und den Problemen des „Preußentums" als Vorgeschichte des preußisch-deutschen Staatswesens hat in Deutschland bis zu dem „größten Kontinuitätsbruch in der deutschen Geschichte" im Epochenjahr 1945 für die deutsche Geschichtsschreibung in Bewunderung und Ablehnung stets im Bann einer betont nationalbewußten Fragestellung gestanden. Inzwischen ist in den anderthalb Jahrzehnten nach der „deutschen Katastrophe" mit Recht im In- und Ausland der Ruf nach einer „Revision des deutschen Geschichtsbildes" an die deutsche Historiographie ergangen und von ihr zum Teil beantwortet worden.* Mit der wachsenden inneren Distanz, aus der nach dem Erlöschen der staatlichen Existenz für Preußen seit 1945 das „alte Preußen" im echten Sinne als historisches Problem gesehen werden kann, eröffnen sich in zunehmendem Maße neue Zugänge auch zur Problematik der in der vorliegenden Studie behandelten Epoche preußischer Frühgeschichte.

Die im folgenden vorgenommene Analyse und Beschreibung der Beziehungen zwischen dem altpreußischen Militärsystem und vornehmlich dem ländlichen Sozialleben von 1713 bis 1807 ist in der Absicht entstanden, der erwünschten Neubesinnung auf Inhalt und Bedeutung dieses Zeitraumes durch eine sozial- und wirtschaftsgeschichtliche Annäherungsweise zu dienen. Die Überprüfung des Bildes von der Frühgeschichte des preußischen Staatswesens bedarf einer erweiterten sozialwissenschaftlichen Grundlage in Form von Einzeluntersuchungen, die sich nicht scheuen, an Hand der Originalquellen in das Dickicht der sozialen Fakten einzudringen, um so materialkundiger als zuvor die poli-

* Einen Überblick über solche Bemühungen zur preußischen Geschichte gibt Stephan Skalweit in seinem Literaturbericht *Preußen als historisches Problem* im *Jahrbuch für die Geschichte Mittel- und Ostdeutschlands,* Band III (1954), und in den Essays *Friedrich Wilhelm I. und die preußische Historie* im gleichen Jahrbuch, Band VI (1957), sowie *Friedrich der Große und der Aufstieg Preußens* im Sammelband *Die Europäer und ihre Geschichte — Epochen und Gestalten im Urteil der Nationen* (München 1961).

tischen Konsequenzen des sozialen Geschehens neu zu durchdenken. Entspricht es doch auch der Erweiterung der politisch-historischen Fragestellung im Gefolge des II. Weltkrieges, wenn im Rahmen einer weiterführenden Erforschung der preußischen Geschichte die Genesis der preußischen Gesellschaft als Forschungsgegenstand einer vergleichenden europäischen Sozialgeschichte mit besonderer Aufmerksamkeit bedacht wird. Während zur sozialphilosophisch-geistesgeschichtlichen und politisch-historischen Neubehandlung der Frühgeschichte preußischer Staatsbildung — darunter am biographischen Beispiel der beiden Hohenzollernherrscher Friedrich Wilhelm I. und Friedrich II. — bereits erhebliche Arbeit geleistet worden ist,* steht als einzige umfassende Analyse der sozialen Triebkräfte im altpreußischen Staat aus der heutigen Nachkriegszeit vorerst nur das aufrüttelnde Werk Hans Rosenbergs zur Verfügung,** der dieses Thema als verpflichtendes Anliegen wahrheitssuchender Geschichtswissenschaft aus seiner deutschen Heimat in die Vereinigten Staaten mit hinübergenommen hat. Eben dieses Buch über „das preußische Beispiel“ beweist neben der Notwendigkeit eines erneuten Durchdenkens der darin dargelegten Probleme, daß die Beschäftigung mit der preußischen Geschichte als Forschungsproblem und Erkenntnismittel von überregionalem und überzeitlichem Rang ein gerade jetzt wieder bedeutsamer Bestandteil der historischen Problematik unserer Zeit geblieben ist.

Die vorliegende Studie, deren Manuskript schon im Jahre 1952 abgeschlossen wurde, entstand vor dem Erscheinen des zuletzt zitierten Werkes, aber in ständigem persönlichem Gedankenaustausch mit Professor Rosenberg und stellt daher eine korrespondierende Bemühung im Rahmen eines Sektors der von ihm behandelten Gesamtproblematik dar. Die Untersuchung konzentriert sich auf die sozialökonomischen und politischen Zusammenhänge zwischen der Staatsverfassung der altpreußischen absolutistischen Monarchie, ihrem Militärsystem als sozialem System und den sozialen und wirtschaftlichen Verhältnissen der Bevölkerung des Agrarstaates Preußen im 18. Jahrhundert, um so zum besseren Verständnis der sozialen Voraussetzungen für die geschichtliche

* Zu erwähnen sind unter anderem die zu dem Themenkreis erschienenen Nachkriegsschriften von Friedrich Meinecke, Gerhard Ritter, Carl Hinrichs, Walter Bußmann und Gerhard Oestreich, die Stephan Skalweit in seinen oben zitierten Berichten zum größten Teil würdigt.

** Gemeint ist das Buch von Hans Rosenberg über *Bureaucracy, Aristocracy and Autocracy — The Prussian Experience 1660—1815* in der Reihe der *Harvard Historical Monographs XXXIV* (Cambridge/Massachusetts 1958).

Rolle des preußischen Staates im Europa des *ancien régime* beizutragen. Diese Aufgabe einer integrierenden Darstellung von Verfassungs-, Militär- und Sozialgeschichte — besonders im agrarischen Bereich — forderte ein speziell der Aufklärung sozialökonomischer Zusammenhänge angemessenes Vorgehen bei der Auswahl der Fakten und den Verzicht auf jegliche Ausmalung im historischen Kostüm. Sozialgeschichte als Problemgeschichte, wie sie hier beabsichtigt ist, verlangt mehr noch, als unsere Gegenwart es von aller Historiographie fordert, eine unpathetische Sachlichkeit, die die Glorifizierung von geschichtlichen Persönlichkeiten oder historischem Geschehen vermeidet. Ein weiterer Gesichtspunkt bei der Abfassung dieser Arbeit war, daß der Ablauf sozialer Prozesse nicht allein als Ergebnis staatlicher Politik verstanden und nur auf seine Bedeutung für die Entwicklung des Staates untersucht werden sollte, so sehr Sozialgeschichte auch Geschichte der Sozialpolitik einschließt. Der auf den folgenden Seiten unternommene Versuch, einen Beitrag zur Genesis der preußischen und damit auch der deutschen Gesellschaft zu liefern, läuft im wesentlichen auf die Frage nach den Folgen des Phänomens des altpreußischen Staatswesens für die gesellschaftliche Entwicklung auf preußisch-deutschem Boden hinaus. Die zeitgenössischen Quellen zeigen dem unvoreingenommenen Leser das ungeschminkte und doch fesselnde Bild der weitgehend durch das Heerwesen des altpreußischen Staates bestimmten sozialen und wirtschaftlichen Bedingungen, unter denen die adeligen Vasallen und die ländlichen Untertanen der altpreußischen Monarchie gelebt haben, sowie den Prozeß einer Militarisierung des Soziallebens im alten Preußen, die der preußisch-deutschen Gesellschaft einen tiefgreifenden Wesenszug vermittelt hat.

Für die Anregung, diese als Dissertation im Jahre 1952 der Philosophischen Fakultät der Freien Universität Berlin unter dem Titel „Die soziale Militarisierung im alten Preußen (am Beispiel der Agrarverhältnisse) — Ein Beitrag zur Genesis der preußisch-deutschen Gesellschaft" eingereichte Schrift jetzt im Rahmen der Veröffentlichungen der „Berliner Historischen Kommission beim Friedrich-Meinecke-Institut der Freien Universität Berlin" vorzulegen, bin ich meinen verehrten akademischen Lehrern, dem Vorsitzenden der Berliner Historischen Kommission, Herrn Professor Dr. Hans Herzfeld, und Herrn Professor Dr. Wilhelm Berges am Friedrich-Meinecke-Institut sowie Herrn Professor Dr. Hans Rosenberg an der University of California, Berkeley, aber auch Herrn Dr. Günther Gieraths, der mir in militärgeschichtlichen Fragen seinen Rat hat zuteil werden lassen, herzlich dankbar. Der Dank gilt zugleich den Mitgliedern der Berliner Historischen Kommission, der der Verfasser anzugehören die Ehre hat, für die freundliche Aufnahme der Studie in ihre Schriftenreihe sowie dem Verlag de Gruyter für sein entgegenkommendes Interesse an der Herstellung des Bandes.

Bei der Verwirklichung des Vorhabens der Herausgabe dieser Schrift ergab sich sofort das Problem, ob die vor einem Jahrzehnt unter dem Einfluß der noch weit bewegteren Dikussion zum Thema „Preußentum" abgefaßte Untersuchung heute noch in gleicher Form der Öffentlichkeit übergeben werden sollte. Doch haben Verfasser und Herausgeber unter dem Eindruck der anhaltenden Bedeutung des Themas gemeint, der Schrift den aus der lebendigen Diskussion erwachsenen Stil von Darstellung und Wertung bewahren zu sollen, der ihr — von der selbstverständlichen Durchsicht und bibliographischen Ergänzung sowie einer stärker differenzierenden Gliederung abgesehen — durch eine völlige Neufassung möglicherweise genommen worden wäre. So bietet sich diese Publikation zugleich als bescheidenes Dokument einer Phase der deutschen Nachkriegshistoriographie an, in der wie so oft in der deutschen Geschichte die politische und die historiographische Vorstellungswelt in besonders starkem Maße voneinander abhängig gewesen sind.

Berlin-Zehlendorf,
im März 1962

Dr. phil. Otto Büsch

EINLEITUNG

Zur sozialen und wirtschaftlichen Bedeutung des Heeres im alten Preußen

Das soziale System des preußischen Staates in der Epoche seiner Geschichte von den Reformen des „Soldatenkönigs", Friedrich Wilhelms I., seit 1713 bis zur Zeit der Erneuerung durch den Freiherrn vom Stein und den Staatskanzler Hardenberg nach 1807 ist im übereinstimmenden Urteil von zeitgenössischer Kritik und späterer Geschichtsschreibung in hohem Maße ein Ergebnis der altpreußischen Heeresverfassung des 18. Jahrhunderts gewesen. Die preußische Armee war Anlaß, Mittel und Basis zugleich für die Errichtung, Ausbildung und Aufrechterhaltung dieses sozialen Systems.

Der „Kanton" — so lautete die zeitgenössische Bezeichnung für einen Bezirk zur Rekrutierung des Mannschaftsersatzes der Armee aus dem Lande — galt den preußischen Königen als „Urbestandteil des Staates", von dessen gutem Zustand Gedeih und Verderb von „Gesellschaft und Regierung" abhingen.[1] Mehr als in anderen europäischen Monarchien im Zeitalter des Absolutismus lebten in den „Kantons" die bäuerlichen Untertanen und ihre adeligen Gutsherren dem Dienst in der königlichen Armee. Während des 18. Jahrhunderts wuchs der Prozentsatz der in der Armee unter Waffen stehenden Bevölkerung auf fast 4 %, von der diensttauglichen Mannschaft auf etwa ein Sechstel, also auf ein selbst für dieses Jahrhundert erstaunliches Maß.[2] Der bäuerliche „Kantonist" blieb bis zur Erreichung eines waffenuntauglichen Alters

[1] Siehe das „Militärische Testament" Friedrichs II. von 1768, in: v. Taysen, *Friedrich der Große. Militärische Schriften*, Berlin 1882, S. 199.

[2] Hierzu wie zum folgenden vgl. statt vieler Gustav Schmoller, *Preußische Verfassungs-, Verwaltungs- und Finanzgeschichte*, Berlin 1921, S. 112 und passim; ders., *Umrisse und Untersuchungen zur Verfassungs-, Verwaltungs- und Wirtschaftsgeschichte besonders des preußischen Staates im 17. und 18. Jahrhundert*, Leipzig 1898, S. 180 und passim (siehe auch die bei Schmoller, *a. a.* O., S. 626, zitierten statistischen Grundlagen); — zum statistischen Nachweis vgl. u. a. ferner Otto Behre, *Geschichte der Statistik in Brandenburg-Preußen bis zur Gründung des Kgl. Statistischen Bureaus*, Berlin 1905, S. 119—123 und passim.

Soldat im Heere des Königs, auch wenn er nach seiner Ausbildung für den größten Teil des Jahres zur Arbeit auf seinem heimatlichen Hof beurlaubt wurde; erst recht blieb der von außerhalb der Landesgrenzen geworbene Soldat, der nach der Ausbildungszeit als „Freiwächter" seinen Broterwerb als städtischer Handwerker suchen mußte, gleichwohl Soldat in seiner Garnison. Der adelige Gutsbesitzer hatte im königlichen Heer als Offizier zu dienen oder seine in der Armee dienenden Verwandten zu unterhalten. Der adelige Landrat, gleichzeitig unterste Instanz der Behördenorganisation auf dem Lande und oberste Vertretung der Stände, wurde auch als „Marschkommissar" für Truppenbewegungen herangezogen. Landadel und Bauern trugen Steuern und Dienste. Während der Adel das „Lehnsritterpferdegeld" entrichtete, brachte der Bauer die „Kriegskontribution" als Grundsteuer und das „Kavalleriegeld" auf; er leistete Kriegsfuhren und stellte Artillerieknechte. Der städtische Bürger trug neben der von ihm zu entrichtenden Steuer, der „Akzise", die Last der Einquartierung von Soldaten. Mit Hilfe dieses Systems sozialer Doppelbeanspruchung ihrer Untertanen, das der altpreußischen Gesellschaft einen charakteristischen Zug verlieh, konnte die preußische Monarchie unter äußerster Anspannung der physischen Kräfte ihrer Provinzen schon 1740, dem Jahr des Regierungswechsels von Friedrich Wilhelm I. auf seinen Sohn und Nachfolger Friedrich II., den „Großen", unter den europäischen Mächten des Ancien Régime nach Stärke ihrer Armee an dritter bis vierter Stelle rangieren, obwohl sie an Fläche erst der zehnte, an Einwohnerzahl gar nur der dreizehnte Staat in Europa war. Im Laufe des Jahrhunderts stieg der Prozentsatz ihrer Heeresausgaben infolgedessen auf zwei Drittel der Staatseinnahmen und übertraf damit noch die eigentlichen Steuereinkünfte aus den Provinzen.

Die finanziellen Bedürfnisse der preußischen Armee waren das „Schwungrad an der Staatsmaschine".[3] Die Organisation zu ihrer Befriedigung rief die Reform vieler Zweige der staatlichen Verwaltung hervor, die Hauptbehörden entstanden aus der Militärverwaltung,[4] „die gesamte

[3] Vgl. Otto Hintze, *Geist und System der preußischen Verwaltung um 1740,* in: *Acta Borussica. Denkmäler der preußischen Staatsverwaltung im 18. Jahrhundert,* Reihe: *Behördenorganisation und allgemeine Staatsverwaltung Preußens im 18. Jahrhundert,* VI. Bd., 1. Hälfte, Berlin 1901 (vgl. *a. a.* O., S. 23). — Die *Acta Borussica,* Reihe: *Behördenorganisation* ..., werden im folgenden zitiert: *A. B. B.*

[4] Vgl. Schmoller, *Umrisse und Untersuchungen* ... (Anm. 2), S. 303; ders., *Behördenorganisation, Amtswesen und Beamtentum,* Einleitung zu *A. B. B.*, Bd. I, Berlin 1894, S. (94) ff., S. (101) ff.

Administration hatte den Zweck, die Armee zu erhalten und zu vermehren", die ganze Bürokratie war militärisch durchdrungen.[5] Für die Wirtschaft hatten diese Verhältnisse zur Folge, daß Aufbau und Erhaltung des unverhältnismäßig großen Heeres einen Absatzmarkt und Verdienstmöglichkeiten von tragender Bedeutung im Ganzen der preußischen Wirtschaftsentwicklung schufen.[6] Die Ausrichtung auf die militärischen Zwecke forderte die Reglementierung des Wirtschaftslebens ebenso wie die straffe Ordnung des Soziallebens. Das Merkantilsystem, wie es im alten Preußen geübt wurde, war die gegebene Ergänzung der kriegerisch organisierten Gesellschaft.[7] Das Militär nahm auf diese Weise nicht nur aus staatspolitischen Gründen der Aufrechterhaltung der königlichen Herrschaft und der Einnahme einer machtvollen Position unter den europäischen Mächten der Zeit, sondern auch als Instrument der sozialen und wirtschaftlichen Entwicklung im alten Preußen „die erste Stelle" ein.[8] Die Einsicht in diese Tatsache bildet einen wesentlichen Ausgangspunkt zum Verständnis der altpreußischen Gesellschaft im 18. Jahrhundert. Sie erklärt auch viele Züge in der Genesis der preußisch-deutschen Gesellschaft im 19. und 20. Jahrhundert.[9]

[5] Vgl. Leopold v. Ranke, *Zwölf Bücher preußischer Geschichte*, Leipzig 1878/79, Zweites Buch, S. 145; Otto Hintze, *Staat und Verfassung* (= Gesammelte Abhandlungen zur allgemeinen Verfassungsgeschichte, herausgegeben von Fritz Hartung), Leipzig 1941, S. 61. — In der vorliegenden Untersuchung setzen auch die weiteren Bezugnahmen auf die Gliederung und den Gang der preußischen Staatsverwaltung im 18. Jahrhundert die Kenntnis der Behördenorganisation des altpreußischen Staates im einzelnen ohne nähere Erklärung so voraus, wie sie durch die *Acta Borussica* und eine umfangreiche Literatur zu diesem Thema vermittelt wird, innerhalb derer die Forschungen Gustav Schmollers und Otto Hintzes (*a. a.* O. und in den noch folgenden Zitaten) sowie Fritz Hartungs *Studien zur Geschichte der preußischen Verwaltung*, Teil I, Berlin 1941, einen besonderen Rang einnehmen. Weitere wichtige Beiträge und einen umfassenden, laufenden Bericht über diese Literatur enthalten die *Forschungen zur brandenburgischen und preußischen Geschichte*, 55 Bände, Berlin 1888—1943.

[6] Vgl. Carl Hinrichs, *Die Wollindustrie in Preußen unter Friedrich Wilhelm I.* (Darstellung mit Aktenbeilagen), in: *Acta Borussica*, Berlin 1933, S. 13 f.

[7] Vgl. Hintze, *Staat und Verfassung* (Anm. 5), ebda.

[8] Siehe das „Politische Testament" Friedrichs II. von 1752, in: *Klassiker der Politik*, herausgegeben von Friedrich Meinecke und Hermann Oncken (Übersetzung von Friedrich v. Oppeln-Bronikowski), 5. Bd., Berlin 1922, S. 82.

[9] Vgl. zu diesem Thema Hans Rosenberg, *Bureaucracy, Aristocracy and Autocracy. The Prussian Experience 1660—1815* (= Harvard Historical Monographs, XXXIV), Cambridge/Massachusetts 1958, passim, bes. S. 23 f., S. 38 ff., S. 41, S. 93 f. (in Verbindung mit S. 232, Anm. 2), mit der dort zu diesem Problem zitierten Literatur, darunter der folgenden: Friedrich Meinecke, *Die deutsche Katastrophe. Betrachtungen und Erinnerungen*, Wiesbaden 1946, passim; Arnold Köttgen, *Das deutsche Berufs-*

Als Schlüssel zum Verständnis der Beziehungen zwischen dem Heerwesen und dem sozialen und wirtschaftlichen Leben im altpreußischen Staat bietet sich die Untersuchung und Darstellung der Verbindung von Militärsystem und Agrarverhältnissen an.[10] Ein solcher Ansatzpunkt ergibt sich aus dem überwiegend agrarischen Charakter der altpreußischen Monarchie, deren Bevölkerung sich in ihrer überwältigenden Mehrheit durch den Ackerbau ernährte.[11] Das Übergewicht des „platten Landes" drückte sich kennzeichnend auch in dem Dasein der „Mediat-

beamtentum und die parlamentarische Demokratie, Berlin 1928, S. 34 f., S. 67 ff., S. 87 ff.; Sigmund Neumann, *Die deutschen Parteien,* Berlin 1932, S. 18 ff.; Eckart Kehr, *Zur Genesis des Königlich Preußischen Reserveoffiziers,* in: *Die Gesellschaft,* II (1928), S. 492 ff.; ders., *Das soziale System der Reaktion unter dem Ministerium Puttkamer, a. a. O.,* II (1929), S. 253 ff.; H. Fick, *Der deutsche Militarismus der Vorkriegszeit,* Potsdam 1932, S. 7 ff., S. 39 ff.; F. C. Endres, *Soziologische Struktur und ihr entsprechende Ideologien des deutschen Offizierkorps vor dem Weltkriege,* in: *Archiv für Sozialwissenschaft und Sozialpolitik,* LVIII (1927), S. 282 ff.; Talcot Parsons, *Democracy and Social Structure in Pre-Nazi Germany,* in: *Journal of Legal and Political Philosophy,* I (1942), S. 96 ff.; Robert Michels, *Probleme der Sozialphilosophie,* Leipzig 1914, S. 151 ff., S. 167 ff.; Alfred Vagts, *A History of Militarism,* New York 1937, S. 198 ff., S. 354 ff. und passim; Alfred Weber, *Ideen zur Staats- und Kultursoziologie,* Karlsruhe 1927, S. 93 ff.; Max Scheler, *Der Genius des Krieges und der Deutsche Krieg,* Leipzig 1915, S. 243 f. und passim. — Vgl. auch Gerhard Ritter, *Staatskunst und Kriegshandwerk. Das Problem des „Militarismus" in Deutschland,* bes. Band II, München 1960, Teil II, 5. Kapitel: *„Die ‚Militarisierung' des deutschen Bürgertums",* bes. S. 119 ff. und Anmerkungen auf S. 354; ferner Gordon A. Craig, *The Politics of the Prussian Army 1640—1945,* Oxford 1955, passim; Herbert von Borch, *Obrigkeit und Widerstand. Zur politischen Soziologie des Beamtentums,* Tübingen 1954, bes. S. 118 ff.; Heinrich Heffter, *Die deutsche Selbstverwaltung im 19. Jahrhundert. Geschichte der Ideen und Institutionen,* Stuttgart 1950, bes. S. 26 ff., S. 208 f.

[10] Vgl. Otto Hinze, *Zur Agrarpolitik Friedrichs des Großen,* in: *Forschungen zur brandenburgischen und preußischen Geschichte* [im folgenden zitiert: *FBPG*], Bd. 10 (1898); Max Lehmann, *Werbung, Wehrpflicht und Beurlaubung im Heere Friedrich Wilhelms I.,* in: *Historische Zeitschrift* [im folgenden zitiert: *HZ*], Bd. 67 (1891); Gustav Schmoller, *Die Entstehung des preußischen Heeres,* Leipzig 1877 (auch in: *Umrisse und Untersuchungen* [Anm. 2]).

[11] Vgl. *Acta Borussica,* Reihe: *Getreidehandelspolitik und Kriegsmagazinverwaltung Brandenburg-Preußens,* Bd. III (Darstellung und Statistik von W. Naudé und A. Skalweit; Akten bearbeitet von G. Schmoller, W. Naudé und A. Skalweit), Berlin 1910, S. 328; Bd. IV (Darstellung mit Aktenbeilagen und Preisstatistik von A. Skalweit), Berlin 1931, S. 128; — v. Bassewitz, *Die Kurmark Brandenburg vor 1806,* Leipzig 1847, Beilage I; — für alle statistischen Angaben zum hier behandelten Zeitraum vgl. ferner besonders Behre, *Geschichte der Statistik* ... (Anm. 2). Eine ausführliche Zusammenstellung zur Verteilung der Gesamtbevölkerung der preußischen Mon-

städte" aus, die unter einer Grundherrschaft standen;[12] und nicht nur in ihnen gab es städtische Ackerbürger in großer Zahl.[13] Das Verhältnis zwischen ländlicher und städtischer Bevölkerung in der ganzen Monarchie wurde zum Ausgang des 18. Jahrhunderts wie 7 : 2 berechnet,[14] und selbst in der städtereichen Kurmark stand 1801 die Proportion noch 2 : 1.[15] So wird klar, daß es die Landbevölkerung war, die die Hauptlast des Militärdienstes zu tragen hatte, der Bauer als Rekrut, der adelige Herr vom Gut als Offizier. Der sich stetig erweiternde Gebrauch der „Exemtionen", der Befreiungen vom Militärdienst bestimmter Personen- und Städtegruppen, verstärkte noch die Belastung des Bauernstandes und des Landadels mit der Pflicht zu militärischer Leistung.

Die in diesen Verhältnissen zum Ausdruck kommende Tendenz wurde verstärkt durch die Verteilung des Steueraufkommens, das überwiegend militärischen Zwecken diente. Obwohl die „Kontribution", die Grundsteuer des platten Landes, nach erfolgter Katastrierung des Grund und Bodens nicht mehr erhöht wurde, trug sie während des größten Teiles des Jahrhunderts mehr ein als die städtische Akzise, die sich infolge steigender Konsumtion laufend erhöhte (1786 noch 6½ Millionen Taler gegenüber 5½ Millionen aus der Akzise und 10 Millionen Taler aus Domänen und Forsten jährlich),[16] und noch 1806 überstiegen die Einkünfte aus der Kontribution und den „Domänengefällen", die doch ebenfalls Einkünfte aus der Landwirtschaft waren, indirekt von bäuerlicher Hand geleistet und zusätzlich zu militärischen Zwecken heran-

archie auf Stadt und Land und die entsprechende Zugehörigkeit zu den einzelnen Wirtschaftsbereichen bringt Kurt Hinze, *Die Arbeiterfrage zu Beginn des modernen Kapitalismus in Brandenburg-Preußen*, Berlin 1927, bes. S. 37 ff.

[12] Vgl. Max Lehmann, *Freiherr vom Stein*, Leipzig 1902/05, Bd. II, S. 27; Hinze, *a. a. O.*, bes. S. 40 f.

[13] Vgl. Johannes Ziekursch, *100 Jahre schlesischer Agrargeschichte. Vom Hubertusburger Frieden bis zum Abschluß der Bauernbefreiung*, 2. Auflage, Breslau 1927, S. 39 f.; Hinze, *a. a. O.*, ebda.

[14] Vgl. Lehmann, *Freiherr vom Stein* (Anm. 12), Bd. I, S. 386; — die begrenzte Zuverlässigkeit statistischer Angaben über diese Zeit behandelt Hinze, *a. a. O.*, S. 38 ff., bes. S. 39, wo u. a. eine „General-Tabelle von denen Einwohnern, in sämtlichen Provintzien, Schlesien ausgenommen, in anno 1778" erstmalig abgedruckt ist.

[15] Vgl. F. W. A. Bratring, *Statistisch-topographische Beschreibung der gesamten Mark Brandenburg*, Berlin 1804, Bd. I, S. 80.

[16] Siehe die statistische Übersicht bei J. D. E. Preuß, *Friedrich der Große. Eine Lebensgeschichte*, Bd. IV, Berlin 1834, S. 292. — Das Werk von Preuß, das in 4 Bänden mit jeweils einem Anhang von Statistiken und Urkunden sowie einem gesonderten Urkundenband (Band 5) in den Jahren 1832 ff. erschien, gehört namentlich

gezogen wurden, die Einkünfte aus der Akzise bei weitem (rund 15 Millionen Taler gegenüber rund 9½ Millionen Talern).[17] In diesem Zusammenhang ist auch zu beachten, daß zwar die Besteuerung der Hufe stets gleich blieb, die Summe der ländlichen Steuer aber dadurch wuchs, daß sich die Zahl der in Kultur genommenen Hufen laufend erhöhte.[18] Vom Adel kam das „Lehnsritterpferdegeld"; in den preußischen Provinzen und Schlesien steuerte er zur Kontribution bei; in den westlichen Provinzen des Staates zahlte er teilweise „Subsidien" oder „Aversionalquanten".[19] Zudem muß berücksichtigt werden, daß der bäuerliche Landbewohner sowohl als Konsument seiner Bedarfsartikel aus der Stadt, also als Käufer, wie auch als Verkäufer seiner Produkte in der Stadt zur Akzise nicht unerheblich beitrug und von jeder Erhöhung dieser städtischen Steuer, die wie die Kontribution zur Kriegskasse floß, mitbetroffen wurde.[20] Die Bemerkung Friedrichs d. Gr., Preußens wirtschaftliches Heil läge in dem Gewerbefleiß seiner Bewohner,[21] und seine Sorge um die Manufakturen haben mitunter zu einer Überschätzung der Bedeutung der Stadt im alten Preußen geführt.[22] Dagegen wollte Friedrich II. bei „Konservation derer Untertanen" die „Vorsorge nicht allein auf die Städte, sondern vornehmlich auf das platte Land mit gerichtet" sehen, „weil ohne die Wohlfahrt des letzteren die Absicht in Ansehung derer erstern unmöglich erreicht werden" könne.[23]

mit den abgedruckten zeitgenössischen Akten und Urkunden zu den wichtigsten Quellen für Zeit und Thema der vorliegenden Untersuchung.

17 Vgl. Schmoller, *Umrisse und Untersuchungen* ... (Anm. 2), S. 151.

18 Siehe zum Beispiel *A. B. B.* (Anm. 3), Bd. XIV, Berlin 1934 (Akten bearbeitet von Ernst Posner), Nr. 50: *Instruktion vor die Landräte im Herzogtum Magdeburg* (1766), S. 146 („Von Zuwachs und Abgang bei dem Catastro").

19 Siehe die *Kurzgefaßte Nachricht von dem Finanzwesen*, entworfen 1774/75 vom Geheimen Ober-Finanzrat Joh. Rembert Roden (abgedruckt bei Preuß, *Friedrich der Große* [Anm. 16], Bd. IV, Anhang II, S. 415 ff.).

20 Siehe *A. B. B.* (Anm. 3), Bd. VI, 2. Hälfte (Akten bearbeitet von G. Schmoller und O. Hintze), Berlin 1901, S. 57, S. 97, S. 129; — *Acta Borussica*, Reihe: *Die Zoll-, Handels- und Akzisepolitik Preußens*, Bde II und III, Berlin 1922 ff. (vgl. im vorliegenden Fall bes. Bd. III, 1. Hälfte, S. 2); — Preuß, *Friedrich der Große* (Anm. 16), Bd. III (1833), S. 5; — Conrad Bornhak, *Preußische Staats- und Rechtsgeschichte*, Berlin 1903, S. 158.

21 Siehe das „Politische Testament" Friedrichs II. von 1752, in: *Klassiker der Politik* (Anm. 8), 5. Bd., S. 7.

22 Vgl. Ziekursch, *100 Jahre* ... (Anm. 13), ebda.; vgl. auch Hinze, *Die Arbeiterfrage* ... (Anm. 11), S. 40 f.

23 Siehe *A. B. B.* (Anm. 2), Bd. VII, Berlin 1904 (Akten bearbeitet von G. Schmoller und O. Hintze), Nr. 401: *Erneuerte Instruktion vor das General-etc.-Direktorium* (1748), S. 599 f.

In der Konsequenz des festgestellten Übergewichtes der agrarischen Belange im alten Preußen ist für die folgende Untersuchung der Beziehungen zwischen Militärsystem und Sozialleben das Beispiel der Agrarverhältnisse gewählt worden. Ihr Studium läßt bereits mit aller Deutlichkeit den Prozeß der Militarisierung des wirtschaftlichen und sozialen Lebens im alten Preußen erkennen; denn Militarisierung des Sozial- und Wirtschaftslebens heißt für das 18. Jahrhundert hauptsächlich und ursprünglich Militarisierung dieses Bereichs, wenn sich ihre Auswirkungen auch an den gleichzeitigen Beziehungen zwischen Heerwesen und städtischem Gewerbe kaum weniger befriedigend ablesen lassen.[24] Ihre Ausweitung auf Bürokratie und städtisches Bürgertum gehört zu den Folgen dieses Prozesses bis in die Gegenwart.[25]

Schon die eingehende Behandlung der Agrarverhältnisse in ihrer Verbindung mit dem Militärsystem stößt auf Differenzierungen, die sich einesteils zwischen dem ersten, zweiten und letzten Drittel des Jahrhunderts, anderseits zwischen den einzelnen Teilen der preußischen Monarchie mit ihrer verschiedenartigen historischen Entwicklung und der Unterschiedlichkeit ihrer Wirtschaftsbedingungen ergeben. Besonders zu berücksichtigen ist die Tatsache, daß die westlichen Provinzen des alten Preußen in ihrer sozialen Struktur, in ihrer Verwaltung und in ihrem Rechtswesen aus dem durch die östlichen, die Hauptprovinzen, gesetzten typischen Rahmen der Monarchie herausfielen und daher auch in ihren Beziehungen zum Militärsystem eine Sonderstellung einnahmen. Wenn sich dennoch aus den Desiderien und Gravamina der Stände, den Korrespondenzen der Regierungen, den politischen Testamenten der Könige, den Denkschriften und Denkwürdigkeiten der Zeitgenossen, ihren wissenschaftlich-topographischen Arbeiten und der Vielzahl der Regimentsgeschichten, Familienchroniken und Offiziersbiographien alle Äußerungen des Jahrhunderts zusammenfassende, allgemein gültige Aussagen ableiten lassen, so steht diese Möglichkeit als ein Beweis mehr für die Geschlossenheit des sozialen Systems, mit dem der altpreußische Staat stand und fiel.

24 Bei Hinze, *Die Arbeiterfrage* ... (Anm. 11), bes. S. 171 ff. und S. 214 ff., sind soziale Erscheinungen und Folgen, die in der vorliegenden Studie für den agrarischen Sektor behandelt werden, mit eindringlicher Deutlichkeit und korrespondierenden Ergebnissen in der Bewertung für die Verhältnisse im Bereich des städtischen Gewerbes geschildert.

25 Vgl. hierzu Rosenberg, *Bureaucracy* ... (Anm. 9), ebda.; und Ritter, *Staatskunst* ... (Anm. 9), Bd. II, Teil II, Kapitel 5.

ERSTER TEIL

Das altpreußische Militärsystem und das bäuerliche Leben

ERSTES KAPITEL

Entstehung und Auswirkung des Kantonsystems im bäuerlichen Bereich 1713—1733

Im sozialen Gefüge der altpreußischen Gesellschaft fiel dem Bauern, dem „Eingesessenen des platten Landes", eine in vieler Hinsicht beachtenswerte Rolle zu.[1] Selbst der als König in ständischen Werturteilen denkende Friedrich II. bezeichnete die Bauern als diejenige „Klasse von Leuten, welche die mehreste Achtung verdienen, zu denen Lasten des Staates das mehreste beitragen, den ganzen Staat mit Lebensmitteln und Bedürfnissen versorgen, der Armee einen großen Teil der Rekruten und allen übrigen Klassen von Untertanen einen Zuwachs von neuen Mitgliedern von Bürgern liefern".[2] Alle auf Vermehrung und Erhaltung der Bewohnerzahl gerichtete „Peuplierungspolitik" der preußischen Könige des 18. Jahrhunderts richtete sich überwiegend auf die bäuerliche Bevölkerung, um „die Gattung zu erhalten, die bewunderungswürdig ist",[3] und — ebenfalls mit den Worten Friedrichs d. Gr. — weil „der Bauernstand für den Staat sehr wichtig ist; er bildet seine Grundlage und trägt seine Last; er hat die Arbeit und andere den Ruhm".[4] Die Arbeitsverfassung, der Betrieb und der Ertrag der großen Güter der östlichen, der Hauptprovinzen des Landes, gleichviel, ob es sich dabei um private, adelige Gutswirtschaften oder um verpachtete, königliche Domänenämter handelte, hing in erster Linie ab von dem Wohl und Wehe und der Arbeitsleistung der durch das Landrecht an ihre Scholle

[1] Der vereinfachende Ausdruck „Bauer" steht hier für die gesamte niedere Landbevölkerung; wo nötig, wird auf Differenzierungen hingewiesen.

[2] Siehe *A. B. B.* (E/3), Bd. XIV, Nr. 53, S. 159.

[3] Diese Äußerung Friedrichs d. Gr. aus seinem „Politischen Testament" von 1752 (E/8), Abschnitt: *Die Kantons,* bezieht sich ausdrücklich auf die Bauern!

[4] Siehe das „Politische Testament" Friedrichs d. Gr. von 1768, in: *Klassiker der Politik* (E/8), S. 141.

gebundenen Guts- und Domänenuntertanen.[5] Das galt sowohl für das einzelne Gut als auch für die Gesamtheit der Güter, für die Interessen des einzelnen Gutsherrn oder Domänenpächters so gut wie für das Interesse der gesamten Bevölkerung und den Staat. Der Agrarstaat Preußen[6] lebte von der Arbeit seiner Bauern. Im Zusammenhang mit der Tatsache, daß die ländlich-bäuerliche Bevölkerung die überwältigende Mehrheit der Nation ausmachte,[7] wird verständlich, daß die Fürsorge der preußischen Könige vorzüglich dem Bauernstand galt. Zugleich wird klar, daß auch jede Neuorganisation der militärischen Dienstleistung in erster Linie beim Bauern ansetzen mußte.

Auch für das Militärwesen war der Bauer eine zentrale Figur. Dabei soll keineswegs übersehen werden, daß Geist und Führung des Heeres während des 18. Jahrhunderts in zunehmendem Maße von der Qualität des das Offizierkorps bildenden Landadels abhingen. Aber es erscheint als eine übertriebene Anschauung der Zeitgenossen, daß allein das von „Ehrtrieb" bestimmte Offizierkorps die Garantie für die Stabilität der Truppe gewesen sei.[8] Sie rührt zum Teil von der geringen Einschätzung des Soldatenstandes überhaupt her,[9] der durch die Beimischung von im Ausland geworbenen fragwürdigen Elementen und wegen der Methoden der Menschenbehandlung in seinen Reihen einen üblen Ruf hatte. Der landbesitzende Bauer oder seine Söhne und Verwandten als Rekruten im Heer waren jedoch als stabiler Faktor ebenso unentbehrlich wie die Offiziere. Friedrich II. selbst, der dem gemeinen Soldat allgemein ein Ehrgefühl absprach und ihn nur durch Furcht vor Strafe und durch Härte regiert sehen wollte,[10] machte einen großen Unterschied, wenn er von seinen „Landeskindern" im Heere sprach; bei ihnen glaubte er

[5] Zu den soziologisch und rechtlich verschiedenen Kategorien und Verhältnissen der bäuerlichen Bevölkerung im preußischen Staat des 18. Jahrhunderts vgl. u. a. Georg Friedrich Knapp, *Die Bauernbefreiung und der Ursprung der Landarbeiter in den älteren Teilen Preußens,* Leipzig 1887 (2. unveränderte Auflage, München und Leipzig 1927), bes. S. 1—28; siehe noch den älteren, bei Knapp nicht zitierten F. W. A. Bratring, *Statistisch-topographische Beschreibung* ... (E/15), Bd. I, S. 51 ff.

[6] Der Name „Preußen" für die Gesamtmonarchie besteht seit 1807 (vgl. Leopold v. Ranke, *Sämtliche Werke,* Bd. 46, S. 382); er steht hier wie im folgenden vereinfachend für die Monarchie im Gegensatz zu den Provinzen „Preußen".

[7] Vgl. oben EINLEITUNG.

[8] Vgl. (v. Lossow), *Denkwürdigkeiten zur Charakteristik der preußischen Armee unter dem großen König Friedrich dem Zweiten,* Glogau 1826, S. 18.

[9] Siehe noch unten ZWEITES KAPITEL.

[10] Siehe das „Militärische Testament" Friedrichs II. von 1768, in: v. Taysen, *Friedrich der Große* ... (E/1), S. 205.

die Gewähr für Einsatz und Tapferkeit in ihrer Bindung zu Freunden und Verwandten und zum heimatlichen Hof zu haben.[11]

Es war seine soziale Gebundenheit im Rahmen des gutsherrlich-bäuerlichen Verhältnisses, die den Bauern zum geeignetsten Objekt einer staatlichen beziehungsweise königlichen Militärpolitik machte. Das Jahr 1733 sah die Vollendung des Einbaus des Bauern und ländlichen Untertanen in jenes Gefüge, das das soziale System des stehenden Heeres im alten Preußen werden sollte. Ganz bescheiden und in seiner Bedeutung unbemerkt von den Zeitgenossen, nicht in Form eines revolutionären Gesetzes, sondern durch drei sich ergänzende „Kabinetsordres" Friedrich Wilhelms I. trat es unter dem späteren Namen „Kantonreglement" in Kraft.[12] Selbst Friedrich d. Gr. erkannte seine abschließende Bedeutung nicht;[13] erst unter seinem Nachfolger begann man es als gesetzliche Grundlage des Systems zu würdigen.[14] Seine Ausbildung fällt freilich in die Zeit vor 1733, und Friedrich Wilhelm I. hat schließlich nur zu vollziehen brauchen, was sich als Konsequenz der von ihm eingeleiteten sozialen und militärischen Entwicklung anbot. Wer sich diese Entwicklung der ersten drei Jahrzehnte des Jahrhunderts näher vor Augen führt, stößt auf die ganze Dichte der sozialen Atmosphäre und die Fülle der sozialen Probleme im altpreußischen Staat, die die Identität von Heeres- und Agrarpolitik der Könige im alten Preußen erklären.

Als erschwerender Umstand bei der Beurteilung des bäuerlichen Schicksals in jener Zeit tritt auf, daß bäuerliche Selbstzeugnisse nur spärlich vorhanden sind. Der Bauer war durch das herrschende Recht an seinen Besitz gekettet, er bestellte sein Land, diente seinem Gutsherrn und zahlte seine Abgaben. Der Gutsherr, der Landrat, die Behörde, seine Vorgesetzten besorgten das Schreiben für ihn. Auf ihre Zeugnisse, so sehr sie vom eigenen Interesse bestimmt sein mußten, ist der Historiker angewiesen, auf die Desiderien und Gravamina, in denen die Ritterschaft, die Geistlichkeit, die Städte ihre Beschwerden und Vorschläge vortrugen, auf die Eingaben bei den Behörden, auf deren Kommissionsberichte. Sie erzählen das Schicksal des bäuerlichen Landbewohners.[15]

[11] Laut „Militärisches Testament" Friedrichs II. von 1768, in: *Klassiker der Politik* (E/8), Bd. 5, S. 148.

[12] Die „Kabinetsordres" waren datiert vom 1. Mai, 18. Mai und 15. September 1733; vgl. Lehmann, *Werbung* ... (E/10), S. 258 f.

[13] Vgl. Lehmann, *a. a. O.*, S. 259, Anm. 1; Lehmann nimmt Bezug auf die *Oeuvres de Frédéric le Grand*, Bd. I, S. 193.

[14] Vgl. Lehmann, *a. a. O.*, S. 258; — zum folgenden vgl. noch *a. a. O.*, S. 267.

[15] Hinweise zum bäuerlichen Illiteratentum im 18. Jahrhundert finden sich über das

Heerwesen und bäuerliches Leben vor Einführung des Kantonsystems

Während der ersten drei Jahrzehnte des Jahrhunderts war das Dasein des Bauern gekennzeichnet durch die bange Ungewißheit, ob nicht der heutige oder morgige Tag ihn von Hof und Familie trennen und er in das Heer des Königs gesteckt werden würde. Das gleiche mußten freilich auch der Reisende und der Bürger fürchten, aber während in ihrem Falle die Zwangswerbung von den Behörden zunehmend als Unrecht beanstandet wurde, schien sie für Bauer und Knecht ein gleichsam unentrinnbares Los. Als Äquivalent für die dem brandenburgischen Kurfürsten 1701 zugestandene preußische Königswürde kämpften neben geworbenen Söldnern die preußischen Untertanen im Krieg des habsburgischen Kaisers um die spanische Thronfolge. Eine bedeutende Vermehrung der Armee wurde nötig.[16] Zu ihrer Aufbringung wechselten die Methoden der Rekrutierung laufend zwischen „freiwilliger" Gestellung durch die Kreise und der Zwangswerbung durch die Regimenter.[17] Trotz aller hier schon auftretenden Härten begann aber die eigentliche Leidenszeit für den Landbewohner erst mit der Thronbesteigung Friedrich Wilhelms I. Obwohl der Krieg im Westen mit günstigem Ergebnis für Preußen zu Ende ging, setzte jene außerordentliche Vermehrung des stehenden Heeres ein, die bestimmt sein sollte, die soziale Struktur der preußischen Gesellschaft entscheidend zu bestimmen und zu verändern.[18]

Der neue König löste die Landmilizen auf, erklärte die lebenslängliche Dienstpflicht seiner Soldaten und setzte fest, daß ihm „die junge

Schrifttum zum gutsherrlich-bäuerlichen Verhältnis in den preußischen Provinzen verstreut (s. u. LITERATURVERZEICHNIS); sie sind glaubwürdig wegen des Zustandes des Schulwesens (siehe z. B. Paul Schwartz, *Die neumärkischen Schulen am Ausgang des 18. und am Anfang des 19. Jahrhunderts*, Landsberg/W. 1905, bes. S. 37 ff.).

[16] Vgl. Max Jähns, *Geschichte der Kriegswissenschaften vornehmlich in Deutschland*, Bd. II, München und Leipzig 1890, S. 1549.

[17] Hierzu Jähns, *a. a. O.*, S. 1547 ff.; im übrigen sei für die militärische Seite des bäuerlichen Daseins neben Max Jähns auch nachdrücklich hingewiesen auf Curt Jany, *Geschichte der Königlich Preußischen Armee*, Bände I—IV, Berlin 1928 ff. (zum obigen vgl. *a. a. O.*, Bd. I, S. 546 ff.).

[18] Vgl. Schmoller, *Umrisse und Untersuchungen* ... (E/2), S. 286; hierzu wie zum folgenden vgl. auch Carl Hinrichs, *Der Regierungsantritt Friedrich Wilhelms I.*, in: *Jahrbuch für die Geschichte Mittel- und Ostdeutschlands*, Bd. V (1956), bes. S. 219 ff., mit den dort zitierten Quellen, darunter den folgenden: *Journal* über den Thronwechsel Friedrich Wilhelms I. von einem anonymen Verfasser, in: *Staatliches Archivlager*, Göttingen, Sign. MS A 50 fol.; *Berichte* des hannoverschen Residenten Heusch, in: *Niedersächsisches Landesarchiv*, Hannover, Des. 9 Preußen 13 vol. VIII; *Berichte* des sächsischen Gesandten v. Manteuffel, in: *Sächsisches Hauptarchiv*, Dresden, Loc.

Mannschaft nach ihrer natürlichen Geburt und des höchsten Gottes eigener Ordnung und Befehl mit Gut und Blut zu dienen schuldig und verpflichtet" sei.[19] Das Ersatzgeschäft für das Heer entzog er endgültig den zivilen Behörden und übergab es für dauernd den Offizieren der Regimenter. Der Werber wurde der gefürchtetste Mann im Lande. In den Landesbeschwerden und Behördenberichten häuften sich nun die Klagen über unendliche gewaltsame Werbung.[20]

Es war die Aussicht auf ein lebenslängliches Verbleiben unter der Gewalt der militärischen Disziplin, die dem bäuerlichen Untertanen die Werbung so schrecklich machte. Er ließ kein Mittel unversucht, sich ihr zu entziehen; die Werber ihrerseits scheuten kein Mittel, seinen Widerstand zu brechen. Die Tötung von Untertanen bei der Werbung war keine Seltenheit. Der König sieht „gar ungern, daß Blut so vergossen",[21] sein Generalauditeur Katsch will „das viele Blutvergießen" beseitigt wissen.[22] Dem Bauern nutzte das Widerstreben nichts. War er untauglich oder wollte er der Einstellung entgehen oder seine Söhne dem Kriegsdienst entziehen, so mußte er dem Offizier hohe Lösesummen zahlen.[23] Oft verkaufte er seine ganze Habe, um dieses Geld aufzubringen und

694; *Berichte* des Kaiserlichen Gesandten Graf Schönborn-Buchheim, in: *Haus-, Hof- und Staatsarchiv,* Wien, R. K. Berlin Ber. 8 a; sämtliche Berichte von Heusch, Manteuffel und Schönborn-Buchheim sind aus den Monaten des Regierungsantritts Friedrich Wilhelms I. datiert (vgl. Hinrichs, *a. a.* O.).

19 Siehe die Edikte vom 9. Mai 1714 (abgedruckt bei Christian Otto Mylius, *Corpus Constitutionum Marchicarum,* Berlin 1737 ff., Teil III, Abt. I, Nr. 127) und vom 15. Mai 1733 (vgl. Jähns, *Geschichte der Kriegswissenschaften* [I/16], Bd. II, S. 1353 f.); siehe auch den Befehl an das Generaldirektorium vom 7. März 1713 (bei H. v. Gansauge, *Das Brandenburgisch-Preußische Kriegswesen um die Jahre 1440, 1640 und 1740,* Berlin-Posen-Bromberg 1839, S. 94).

20 Siehe *A. B. B.* (E/3), Bd. I, Nr. 128, Nr. 133, Nr. 159; Bd. II, Nr. 28, Nr. 29; Bd. IV, 2. Hälfte, Nr. 77, Nr. 256; Bd. V, 1. Hälfte, Nr. 309; — *Acta Borussica,* Reihe: *Die Zoll-, Handels- und Akzisepolitik* (E/20), Bd. II, 2. Hälfte, Nr. 20; — *Acta Borussica. Die Briefe König Friedrich Wilhelms I. an den Fürsten Leopold zu Anhalt-Dessau,* Berlin 1905, Nr. 210; — bei den zitierten Stellen handelt es sich um Beispiele aus der Zeit vor Einführung des Kantonwesens. Vgl. aus der gleichen Zeit auch die bei Lehmann, *Werbung . . .* (E/10), S. 263, Anmerkung unten, zitierten Immediateingaben von Landständen, Landräten und Offizieren. Als Quelle über die Zustände unter Friedrich Wilhelm I. sind ferner vor allem zu betrachten die „Gravamina" der Stände beim Regierungsantritt Friedrichs II. im Jahre 1740, in: *A. B. B.* (E/3), Bd. VI, 2. Hälfte.

21 Siehe *Acta Borussica. Die Briefe König Friedrich Wilhelms I. . . .* (I/20), ebda.

22 Siehe *Acta Borussica,* Reihe: *Die Zoll-, Handels- und Akzisepolitik* (E/20), ebda.

23 Siehe *A. B. B.* (E/3), Bd. V, 2. Hälfte, Nr. 116, S. 179; Nr. 460, S. 811 f.; — Bd. VI, 2. Hälfte, Nr. 43, S. 92; Nr. 58, S. 147.

sah sich dadurch dem Ruin oder mindestens großer Armut ausgeliefert.[24] Bauernknechte griffen zur Selbstverstümmelung. Wenn alles nichts half, blieb die Flucht aus dem Lande. Hierbei wurde sogar mitunter von der Grundherrschaft selbst Hilfestellung geleistet.[25] Die Fluchtbewegung erreichte schließlich einen solchen Umfang, daß in einzelnen Fällen nicht nur die junge Mannschaft, sondern die Bewohner ganzer Dörfer auswanderten.[26] Das platte Land wurde „depeupliert". Das geschah besonders in den westlichen Provinzen; die Landesflucht allgemein war aber auch in den östlichen Provinzen üblich.[27] Diejenigen seßhaften Untertanen, die trotz allem im Lande blieben, mußten weiter die Härten des militärischen Systems ertragen. Selbst als Hofbesitzer oder -erbe war der Bauer vor der Aushebung nicht sicher; denn „lange Kerls" waren es, nach denen die Werber des „Soldatenkönigs" besonders schauten, konnte sich doch der Offizier die Gunst des Monarchen erringen, der ihm einen solchen „langen Kerl" zu bringen vermochte.[28]

Aus allem wurde klar, daß ein Niedergang der bäuerlichen Wirtschaft unvermeidlich zu werden drohte. Die Folgen für die ganze Monarchie mußten dann weitreichend sein. Hatte doch Friedrich Wilhelm I. selbst stets darauf bestanden, daß die Untertanen, „an denen die Konservation Unseres Militäretats hanget", nicht durch Exzesse geschädigt würden.[29] Die Kosten des zusammengeworbenen Heeres wurden aus den Steuereinkünften des Landes bestritten. Hiervon war die Grundsteuer, die „Kontribution", der bedeutendste Teil, und zu der Akzise der Städte trug der Landmann nicht unerheblich bei.[30] Die Domäneneinkünfte hingen ebenfalls von der Leistungsfähigkeit der bäuerlichen Untertanen, nämlich der „Immediatuntertanen" auf den königlichen Domänengütern ab. Der Ertrag der adeligen Gutswirtschaft und damit die Existenz des als Offizier im Heer dienenden adeligen Gutsbesitzers oder

[24] Siehe *a. a.* O., Bd. V, 2. Hälfte, Nr. 116, S. 179; Bd. VI, 2. Hälfte, Nr. 58, S. 147.

[25] Vgl. Knapp, *Die Bauernbefreiung* ... (I/5), Bd. II (Akten), S. 40; siehe Preuß, *Friedrich der Große* (E/16), Bd. I (Urkundenbuch), Berlin 1832, Nr. 330, S. 125.

[26] Siehe bei Lehmann, *Freiherr vom Stein* (E/12), Bd. I, S. 107, Anmerkung unten („Promemoria", 11. August 1788, Woellner an Heinitz). — Über die gleichartigen Erscheinungen in den Städten und die Auswirkungen auf das städtische Gewerbe berichtet Hinze, *Die Arbeiterfrage* ... (E/11), bes. S. 215 ff.

[27] Wie oben Anm. I/25; — siehe noch unten Zweites Kapitel.

[28] Vgl. Curt Jany, *Die Kantonverfassung Friedrich Wilhelms I.*, in: *FBPG* (E/10), Bd. 38 (1926), S. 254.

[29] Siehe *Acta Borussica. Die Briefe König Friedrich Wilhelms I.* ... (I/20), S. 100, Anm. 2.

[30] Vgl. oben Einleitung, Anm. 20.

seiner Söhne war abhängig von den Frondiensten seiner Gutsuntertanen. Wie aber sollte der Bauer seine „Prästanda" abführen, wie die Kontribution, die kombinierte Kopf- und Grundsteuer zahlen, wie, seit Verlegung der Reiterei in die Städte (1718), das „Kavalleriegeld" an die Regimenter entrichten, wie die Kriegsfuhren bei Truppenmärschen leisten und Vorspann geben, wie die auf Urlaub zu Hause weilenden Söhne und Verwandten erhalten, und wie noch sich und seine Familie ernähren, wenn das Land entvölkert, er selbst durch Lösegeldzahlung ausgesaugt, seiner Söhne und Knechte in der Landwirtschaft beraubt war, wenn er sie am dringendsten brauchte? So war die Situation beschaffen, die König Friedrich Wilhelm I. zwang, auf einen Kompromiß zwischen den Forderungen seiner Heerespolitik und den Tatsachen der agrarischen Verhältnisse des Landes zu denken.

Das „Kantonreglement" als Sozialschöpfung Friedrich Wilhelms I.

Friedrich Wilhelm I. versuchte den Verhältnissen zunächst dadurch gerecht zu werden, daß er die gewaltsame Werbung verbot.[31] Allein — einmal zwang der königliche Befehl, die Kompanien der Regimenter mit stattlichen Leuten zu füllen, die Kompaniechefs zu gegenseitiger Konkurrenz in der Wegwerbung solcher Gestalten auf Kosten der zivilen Verhältnisse auf dem Lande und in der Stadt; — zum anderen war es der König selbst, der durch widersprechende Anordnungen seine Offiziere erkennen ließ, daß es ihm auf den Erfolg in der Werbung ankam, weniger auf die Mittel, die dabei angewendet wurden, sofern nur die „möglichste Listigkeit" beobachtet worden war. Wie wenig daher die Verbote des Königs beachtet wurden, beweisen das „Geschärfte Edikt wider das Austreten der Untertanen auf dem Lande und deren Kinder in Hinter- und Vorpommern" vom 14. September 1722, also aus dem Jahr nach dem Erlaß des Verbots gewaltsamer Werbung vom Februar und März 1721, und das „Patent, daß derjenigen Untertanen und Landeskinder Vermögen, so aus Furcht vor der Werbung ausgetreten ..., konfisziert ... sein soll" vom 11. November 1722.[32] Der Konflikt zwischen den agrarisch-fiskalischen Erfordernissen und dem Rekrutenbedarf des Heeres blieb zunächst weiter ungelöst.

Da war es wieder ein Vorgang im Rahmen des Sozialnexus auf dem

[31] Siehe die Edikte vom 26. Februar und 22. März 1721 bei: Mylius, *Corpus Constitutionum* ... (I/19), Teil III, Abt. I, Nr. 173, Nr. 175; siehe *a. a.* O. auch Nr. 127.

[32] Siehe Jähns, *Geschichte der Kriegswissenschaften* (I/16), Bd. II, S. 1558.

Lande einerseits und in der Armee anderseits, der die Basis des Ausgleichs schuf, auf dem das Kantonsystem erwachsen sollte. Zwei Gebräuche bildeten die Grundlage des Neuen, nämlich das von den Kompaniechefs der Regimenter eingeführte „Urlauberwesen" und der Brauch der „Enrollierung". „Beurlaubte" gab es freilich schon gleich zu Anfang der Regierungszeit Friedrich Wilhelms I.; das Zukunftsweisende lag jedoch in der Vermehrung der Zahl der Beurlaubten und der Zeit der Beurlaubung in einem festen Rahmen.[33] Die Hauptleute der Kompanien waren verpflichtet, für eine bestimmte Mannschaftsstärke durch Werbung im In- und Ausland zu sorgen. Die Einschränkung der inländischen Werbung durch königlichen Befehl erforderte verstärkte Werbung im Ausland und zwang den Kompaniechef zu erhöhten Geldausgaben. Um sie anderweitig einzusparen, nutzte er die Tatsache, daß er mit dem Gutzbesitzer auf dem Lande identisch oder doch mit einem solchen verwandt war, und stellte die eigenen Untertanen als Rekruten in die Reihen seiner Kompanie. Selbstverständlich mußte er trachten, seinem Gut die Arbeitskräfte nicht zu lange zu entziehen, und beurlaubte diese seine Untergebenen nach der Ausbildung schließlich für den größten Teil des Jahres. Endlich dehnte er diese Praxis auch auf die übrigen bäuerlichen Rekruten aus, denn die Einsparung ihrer Löhnung während der Urlaubszeit gab ihm die Möglichkeit, seine Werbung im Ausland zu verstärken.[34] — Neben diesen Verhältnissen in der „Kompaniewirtschaft", die als wirtschaftliches Unternehmen in den Händen des Kompanieinhabers lag,[35] wurde jener andere, von den Werbern eingeführte Brauch der Enrollierung wichtig. Um sich gegenseitig den Nachwuchs für die Regimenter wegzuwerben, begannen sie damit, die männliche Jugend in Rollen einzutragen und jedem einzelnen als „enrolliertem Zuwachs" einen Urlaubspaß auszuhändigen, so daß er einem bestimmten Truppenteil „obligat" wurde.[36]

Friedrich Wilhelm I. erkannte die Möglichkeit der Bildung eines Systems aus den ursprünglich als Selbsthilfe gedachten Maßnahmen seiner Offiziere. Er schuf es, indem er den bereits bestehenden Bräuchen noch die Einteilung des Landes in fest abgegrenzte Aushebungsdistrikte,

[33] Vgl. Lehmann, *Werbung* ... (E/10), S. 275.

[34] Vgl. René de l'Homme de Courbière, *Geschichte der Brandenburgisch-Preußischen Heeres-Verfassung*, Berlin 1852, S. 87; Jähns, *Geschichte der Kriegswissenschaften* (I/16), Bd. II, S. 1558 ff.

[35] Über Wesen und Bedeutung der „Kompaniewirtschaft" siehe noch unten den Zweiten Teil dieser Studie.

[36] Vgl. Jany, *Die Kantonverfassung* ... (I/28), S. 238.

die sogenannten „Kantons", hinzufügte und in den Verordnungen vom 1. Mai, 18. Mai und 15. September 1733 die „Enrollierung der jungen Mannschaft", nämlich ihre Aufnahme in die Regimentslisten im Rahmen dieser Kantons bestimmte. Indem er schon vorher das Prinzip der Enrollierung gebilligt und die jährliche Beurlaubung der Landbewohner unter den Rekruten außerhalb der jährlichen Exerzierzeit geduldet hatte, vereinte er beide Gebräuche nun zu einem stabilen gesetzlichen System, in dem nicht nur die militärorganisatorische Verschmelzung der Rekrutierungsmethoden von Miliz und stehendem Heer, sondern auch der dringend notwendige Ausgleich der Erfordernisse von Heerwesen und Wirtschaft gelangen.[37] Neben dem in Reih und Glied stehenden Soldaten, der nach seiner Ausbildung und außerhalb seiner alljährlich zwei bis drei Monate dauernden Exerzierzeit als Urlauber auf dem Lande lebte, gab es jetzt auch den „Enrollierten" zu künftigem Dienst; der Typ des bäuerlichen „Kantonisten" war geschaffen. Durch die gesetzliche Sicherung des bäuerlichen Untertanen vor der Werbung, die durch die Enrollierung theoretisch ersetzt wurde, und mit der Durchführung des Arbeitsurlaubs der Kantonisten im Heer auf den heimatlichen Hof führte das „Kantonreglement" von 1733[38] einen gewissen Ausgleich zwischen den einmal erhobenen Forderungen des stehenden Heeres und den Erfordernissen der Landwirtschaft herbei, die in dem Agrarstaat Preußen den wichtigsten Teil der Volkswirtschaft ausmachte. Es schuf zugleich die Basis einer neuartigen, weil um einen neuen Zug bereicherten Struktur des sozialen Lebens und der Wirtschaft auf dem Lande.[39]

[37] Zu den vorstehenden wie den folgenden Ausführungen vgl. neben den umfassenden Darlegungen von Jany, *a. a.* O., ebda. und passim, vor allem wiederum den Aufsatz von Lehmann, *Werbung* ... (E/10), S. 258 f., S. 261 und passim (mit den von Lehmann angegebenen Quellen und Literaturhinweisen). — Zur Bedeutung des von Friedrich Wilhelm I. abgeschafften, aber durch das Kantonsystem praktisch teilweise wiederbelebten Milizsystems im Aufbau des von dem König errichteten stehenden Heeres vgl. auch Albrecht Lampe, *Der Milizgedanke und seine Durchführung in Brandenburg-Preußen vom Ausgang des 16. Jahrhunderts bis zur Heeresreform nach 1807* (Phil. Diss. [masch.schr.], Freie Universität Berlin), Berlin 1951, S. 133 ff.; dazu noch die zusammenfassende Darstellung von Gerhard Oestreich, *Zur Heeresverfassung der deutschen Territorien von 1500 bis 1800*, in: *Forschungen zu Staat und Verfassung* (Festgabe für Fritz Hartung), Berlin 1958, S. 436 f.

[38] In den rheinisch-westfälischen Provinzen der Monarchie wurde es zwei Jahre später (am 30. Oktober 1735; siehe Jany, *Die Kantonverfassung* ... [I/28], S. 244) eingeführt; jedoch mußten diese Landesteile bald gegen Erhebung von „Werbefreiheitsgeldern" davon ausgenommen werden; über Gründe und Verlauf dieses Vorganges siehe noch unten Zweites Kapitel.

[39] Vgl. Schmoller, *Umrisse und Untersuchungen* ... (E/2), S. 286. — Für die

Wenn auch durchaus noch nach dieser gesetzlichen Regelung des Rekrutierungswesens im Inland Fälle von Zwangswerbung, zu Lebzeiten des „Soldatenkönigs“ besonders bei den so begehrten „langen Kerls“, aber auch nach ihm bis in das späte 18. Jahrhundert hinein nicht aufhörten,[40] so war doch der Unterschied zwischen früher und jetzt wie der zwischen gesetzloser Willkür und rechtlicher Ordnung.[41] Freilich kann man die Kantonverfassung als die rechtliche Fixierung der inländischen Zwangswerbung bezeichnen,[42] aber Bauer und Knecht wußten doch jetzt, von jenen behördlich in der Regel beanstandeten Ausnahmefällen abgesehen, von Jugend auf, daß sie eine anderthalb- bis zweijährige Ausbildung erhalten und sodann für 10 Monate im Jahr wieder zu Hause bei ihrer Familie und ihrer Arbeit sein würden. Blieb der Militärdienst, seiner allgemeinen Einschätzung nach, auch übel angesehen, so schien ihnen ihr Schicksal doch wieder erträglich.

gleichzeitigen Verhältnisse in den Städten, in denen das „Freiwächtersystem“, nämlich die Beschäftigung der in den Garnisonen kasernierten *geworbenen* Soldaten als Handwerker und Arbeiter, das Beurlaubungssystem während des ganzen 18. Jahrhunderts zunehmend ergänzte, vgl. Hinze, *Die Arbeiterfrage* ... (E/11), S. 172 ff.

[40] Siehe unten Zweites Kapitel.

[41] Vgl. Lehmann, *Werbung* ... (E/10), S. 272; Jany, *Die Kantonverfassung* ... (I/28), S. 249.

[42] Vgl. Schmoller, *Umrisse und Untersuchungen* ... (E/2), S. 278.

ZWEITES KAPITEL

Der altpreußische Bauer zwischen Gut und Regiment

Die sozialen und wirtschaftlichen Folgen des Kantonsystems für den gesamten Bauernstand im altpreußischen Staat deuteten sich schon in den Einzelheiten des bäuerlichen Lebens an, soweit sie von seinem Zusammenhang mit dem Heerwesen bestimmt wurden. Bereits die Geld- und Naturalabgaben sowie die mannigfachen Dienstleistungen des Bauern in Krieg und Frieden neben dem eigentlichen Militärdienst mit der Waffe vermitteln einen Eindruck von dem Ausmaß der von ihm im weitesten Sinne geleisteten „Kontribution" zur Aufrechterhaltung des altpreußischen Militärsystems als soziales System.

Die bäuerlichen Geld- und Dienstleistungen für das Militär

Neben der „Kontribution" selbst, die Grund- und Personalsteuer in einem war, erhob der Staat vom Bauern das „Kavalleriegeld". Um 1740 mußte ein Kossät im Magdeburgischen von seinem kleinen Häuschen mit Garten an Kontribution und Kavalleriegeld zusammen 4 Taler zahlen, ein Aufkommen, das seiner ganzen Miet- und Pachtsumme gleichkam.[43] Um 1756 zahlte ein Bauer in einem hinterpommerschen Kreis jährlich 18 Taler Kontribution und Fourage-(Kavallerie-)geld von einem Hof, der ihm höchstens 22 Taler eintrug.[44] Aus solchen Beispielen, wie sehr sie auch während des Jahrhunderts zeitlich und innerhalb der Monarchie nach Provinzen unterschiedlich gewesen sein mögen, geht schon hervor, daß die Geldleistungen für militärische Zwecke — das ganze Aufkommen ging, wie erwähnt, an die Kriegskasse — das Dasein im bäuerlichen Haushalt weitestgehend bestimmten.

Während nun die Höhe der Steuersumme per Hufe, abgesehen von

[43] Siehe *A. B. B.* (E/3), Bd. VI, 2. Hälfte, Nr. 43, S. 95.

[44] Siehe *A. B. B.* (E/3), Bd. X, Nr. 304, S. 509.

[45] Vgl. C. A. Zakrezewski, *Die wichtigeren Reformen der direkten ländlichen Steuern in Preußen im 18. Jahrhundert*, Leipzig 1887, passim.

seltenen Katasterrevisionen in einzelnen Provinzen,[45] für den Verlauf des ganzen Jahrhunderts so fixiert war, daß der Bauer mit ihr als einer unveränderlichen Größe rechnen konnte, unterlag die Höhe der Belastung durch die Verpflegung der Kavallerie im Laufe des ganzen Zeitraums gewissen Schwankungen. In den Jahren von 1717 bis 1721 vollzog sich die Verlegung der Reiterei in die Städte und die Entstehung der „Kavalleriegelder",[46] nachdem die Kavallerie seit 1655 auf dem platten Land einquartiert gewesen war[47] und dort Reiter und Pferd vom Bauern naturell verpflegt werden mußten. Für diese Entlastung hatte der Landmann eine Geldabgabe zu entrichten, die zunächst nach dem Preis der Fourage, schließlich aber in Form fester Kontributionszuschläge erhoben wurde. Hatte den Bauern schon früher die Reiterverpflegung das Mehrfache der Entschädigungssumme gekostet, die er für die Verpflegung von Reiter und Pferd erhalten hatte,[48] so überstieg die nunmehr eingeführte Geldzahlung wiederum seine vorher in natura geleistete Abgabe,[49] und die Höhe des Kavalleriegeldes stieg wie selbstverständlich mit der jeweiligen Vermehrung der Kavallerie.[50]

Gegen bestimmte, festgesetzte Preise mußte der Bauer Fourageartikel in die Stadt liefern.[51] Daß die Vergütung unter dem Marktpreis lag, ist bekannt.[52] In teuren Jahren zumal setzte der Landmann bei der Lieferung zu. Je nach der Entfernung von der Garnison bedeutete die viele Meilen weite Anfahrt von Korn, Heu und Stroh zu den Regimentern eine verschiedenartige Belastung.[53] Daß der Bauer durch solche Aufgaben in seiner Wirtschaft sehr geschwächt wurde, ist klar,[54] „ohne die

[46] Vgl. Bornhak, *Preußische Staats- und Rechtsgeschichte* (E/20), S. 157.

[47] Vgl. Preuß, *Friedrich der Große* (E/16), Bd. IV, S. 314.

[48] Vgl. Schmoller, *Preußische Verfassungs-, Verwaltungs- und Finanzgeschichte* (E/2), S. 118.

[49] Siehe *A. B. B.* (E/3), Bd. VII, Nr. 401, S. 599.

[50] Siehe *A. B. B.* (E/3), Bd. VI, 2. Hälfte, Nr. 43, S. 96; Bd. X, Nr. 304, S. 508.

[51] Vgl. Preuß, *Friedrich der Große* (E/16), Bd. IV, S. 312, S. 315; *a. a.* O. finden sich die Zitate der zu Grunde liegenden Rescripte und Verpflegungsordnungen nach dem Siebenjährigen Krieg.

[52] Vgl. Hermann v. Boyen, *Darstellung der Grundsätze der alten und der gegenwärtigen preußischen Kriegsverfassung (Berlin 1817)*, in: *HZ* (E/10), Bd. 67 (1890), S. 57, S. 71; Preuß, *a. a.* O., S. 315.

[53] Vgl. F. v. Ciriacy, *Chronologische Übersicht der Geschichte des Preußischen Heeres, dessen Stärke, Verfassung und Kriege*, Berlin und Posen 1820, S. 336 f.; Preuß, *ebda.*

[54] Siehe *A. B. B.* (E/3), Bd. XV, Nr. 215, S. 557.

[55] Siehe *Acta Borussica*, Reihe: *Getreidehandelspolitik* ... (E/11), Bd. II (Akten und Urkunden), Nr. 54, S. 420.

Schikanen zu gedenken, so der Bauer bei der Lieferung unterworfen".[55] Um ihnen zu entgehen, ließ er mitunter Lieferanten das Geschäft besorgen, das bei großer Entfernung sehr teuer wurde,[56] und ließ sich zu billiger Preisgabe seiner Produkte verleiten.

Die Naturalfouragelieferung des Bauern umfaßte sodann die Grasung der Reiterpferde während der Monate Juni bis September auf den Wiesen der Dorfgemeinden.[57] Friedrich d. Gr. empfahl seinem Nachfolger, sich zu hüten, ihr (der Reiterei) „in diesem Punkt die Zügel zu locker zu lassen".[58] Man kann annehmen, daß auch hierbei von einer Vergütung im gleichen Wert nicht die Rede war; Zeitgenossen berichten, daß dabei „abermals Gelegenheiten gediehen" wären, „die Bauern zu bedrücken und zu ranzionieren".[59] Im Kriege gar oder auch nur bei Märschen im Frieden, wenn sie mit Einquartierung der Soldaten auf den Bauernhöfen verbunden waren, erhielt der Bauer nur einen Bruchteil vergütet und verpflegte tatsächlich den Reiter kostenlos dazu, „um Frieden im Hause und gesunde Gliedmaßen zu erhalten".[60] Für die dem Bauern entstehenden Kosten bei Märschen und „Revuen" der Armee war Remission, also Rückvergütung, und zwar aus der „Marsch- und Molestienkasse", vorgesehen. Der König empfahl seinen Behörden Mißtrauen gegenüber Landräten und Kreisdirektoren, die die Auszahlung vornahmen,[61] und wirklich kam es oft vor, daß eine solche Rückzahlung an den Landmann unvollständig oder gar nicht erfolgte.[62] Vollends turbulent wurden die Verhältnisse im Kriege. Es wurde unmöglich, alle Fouragelieferungen und andere Leistungen zu vergüten,[63] die Remissionen mußten eingestellt werden,[64] erst recht für die entsprechenden Zwangslieferungen an die feindlichen Truppen in den zeitwei-

[56] Vgl. Preuß, *Friedrich der Große* (E/16), Bd. IV, S. 315.

[57] Vgl. *a. a.* O., S. 314.

[58] Siehe das „Politische Testament" Friedrichs II. von 1752, in: *Klassiker der Politik* (E/8), Bd. 5, S. 102.

[59] Siehe bei Georg Heinrich v. Behrenhorst, *Betrachtungen über die Kriegskunst*, 2. Aufl., Leipzig 1798 (zitiert bei F. v. Ciriacy, *Chronologische Übersicht* ... [I/53], S. 370 f.).

[60] Siehe bei Paul Schwartz, *Die Klassifikation von 1718/19*, 1. Teil, in: *Die Neumark* (= Jahrbuch des Vereins für die Geschichte der Neumark, Heft 3), Landsberg 1926, S. 33.

[61] Vgl. Otto Hintze in: *A. B. B.* (E/3), Bd. VI, 1. Hälfte, S. 28.

[62] Siehe *A. B. B.* (E/3), Bd. X, Nr. 286, S. 489.

[63] Siehe *A. B. B.* (E/3), Bd. XII, Nr. 155, S. 245; Nr. 156, S. 245.

[64] Siehe *a. a.* O., Nr. 210, S. 319.

lig vom Feind besetzten Gebieten.[65] Nebenher mußte das platte Land außerordentliche Kontribution zur Ausrüstung und Verpflegung der Landmilizen im Kriege leisten.[66] Ein besonderes Kapitel war ferner in Kriegszeiten das Gebaren des „Kriegskommissariats". Friedrich d. Gr. glaubte, „keine größeren Spitzbuben" als die Unterbedienten dieser Behörde zu kennen.[67] Sie ließen sich das Entgegenkommen, Geld statt Naturalien zu nehmen, hoch bezahlen und „saugten durch ihren Betrug die Einwohner bis aufs Blut aus". Ein großes materielles Opfer war für den Bauern wohl auch die Gestellung der Artillerie- und Trainpferde, deren Lieferung auf die Provinzen verteilt war[68] und die bei dem Umfang des Artillerietrains zweifellos einen empfindlichen Entzug für die bäuerliche Wirtschaft bedeutete.[69]

Zu den normalen Abgaben kamen mehrere andere hinzu. Die Kreise der Kur- und Neumark zahlten noch die „Potsdamer Bettgelder"; das waren die Kosten für Betten und Bettgerät des 1. Bataillons Garde.[70] Alle kontribuablen Untertanen, also diejenigen, die steuerpflichtiges Land besaßen, leisteten außerdem als Ersatz ursprünglicher Naturalleistungen das sogenannte Kriegsmetzkorngeld, das in die Kontributionskasse floß. Und zu der steuerlichen Belastung muß der Vollständigkeit halber noch einmal erinnert werden, daß der Bauer als Käufer und Verkäufer an der städtischen Akzise mittrug.[71] Endlich brauchte der Sohn oder Verwandte des Bauern als Rekrut schon während seiner Ausbildungszeit einen finanziellen Zuschuß,[72] zumal bei den mit fortschreitendem Jahrhundert steigenden Preisen der Sold immer weniger zur Ernährung des Soldaten ausreichte[73] und schließlich der Übergang zur Brotverpflegung nötig wurde (1799).[74] — Bei alledem sind die Schwächen

[65] Siehe *a. a.* O., Nr. 99, Nr. 155, Nr. 156, Nr. 157, Nr. 159, Nr. 210.

[66] Siehe z. B. *A. B. B.* (E/3), Bd. XI, Nr. 150, S. 222.

[67] Siehe das „Politische Testament" Friedrichs II. von 1768, in: *Klassiker der Politik* (E/8), Bd. 5, S. 145 f.

[68] Siehe das „Politische Testament" Friedrichs II. von 1752, in: *Klassiker der Politik* (E/8), Bd. 5, S. 100.

[69] Siehe das „Militärische Testament" Friedrichs II. von 1768, in: v. Taysen, *Friedrich der Große* ... (E/1), S. 198.

[70] Vgl. Bornhak, *Preußische Staats- und Rechtsgeschichte* (E/20), S. 157; Bratring, *Statistisch-topographische Beschreibung* ... (E/15), S. 210.

[71] Vgl. oben Einleitung.

[72] Siehe Knapp, *Die Bauernbefreiung* ... (I/5), Bd. II (Akten), S. 149.

[73] Vgl. das Zeugnis des damaligen Oberstleutnants Lecoq (zitiert bei Colmar Frhr. von der Goltz, *Von Roßbach bis Jena und Auerstedt*, 2. neubearbeitete Auflage, Berlin 1906, S. 277).

[74] Vgl. Jany, *Geschichte der Königlich Preußischen Armee* (I/17), Bd. III (1929),

des Enrollierungssystems, die sich in Form von „Geldpressuren“ der verschiedensten Art für den Bauern bemerkbar machten, noch nicht beachtet; sie sollen in anderem Zusammenhang erwähnt werden.[75]

In den meisten westlichen Provinzen der Monarchie mußte mit Rücksicht auf die andersartige Agrarverfassung und die nahen Grenzen, die als Antwort auf ein gleich hartes Enrollierungssystem einfaches Entweichen möglich machten, das Militärsystem auf einen anderen Fuß gesetzt werden. Dort bestand die geldliche Belastung der Untertanen darin, daß sie die Rekrutendienste und andere Militärleistungen in Geld ablösten.[76] Es versteht sich, daß bei dem vergleichsweisen Reichtum der westlichen Gebiete gegenüber den östlichen, den Hauptteilen des Landes diese Gelder sehr hoch bemessen waren.[77] Teilweise wurde der Wunsch laut, zum Beispiel die alte Naturalverpflegung statt der neueren Kavalleriegelder wieder einzuführen.[78] Im übrigen schützten dergleichen Konventionen diese Gebiete nicht davor, gelegentlich zusätzlich zu tragen, wovon sie sich eigentlich losgekauft hatten, etwa „naturelle“ Einquartierung.[79] — Dagegen wurden in gänzlich gleicher Form wie in den Hauptprovinzen den Bewohnern der hinzuerworbenen *östlichen* preußischen Gebiete die militärischen Leistungen und Abgaben auferlegt.[80]

Neben diese eine Seite der bäuerlichen Leistungen, die direkten Geldzahlungen im Rahmen des Militärsystems und die zusätzlichen Kosten verschiedener Art, traten die körperlichen Dienste. Mit Recht spezifizierte der schlesische Minister v. Schlabrendorff aus den Erfahrungen des Siebenjährigen Krieges den Grund für die Wichtigkeit der „Konservation“ der Bauern mit in erster Linie dahin, daß durch sie „das Kreisgespann vermehret, die Lieferungen, Transport- und andere Fuhren zur Armee und denen Festungen erleichtert“ würden.[81] Die Bewegungen der Truppen im Frieden und im Kriege waren undenkbar ohne die Fuhrleistungen des Bauern und seines Gesindes. Es handelte sich um „unermeßliche Vorspannung beim Marsch sowohl als auch bei den

S. 447; genauer bei: v. d. Goltz *a. a.* O., ebda.

[75] Siehe unten den Abschnitt über *Militärische Disziplinargewalt und bäuerliches Leben.*

[76] Siehe *A. B. B.* (E/3), Bd. VI, 2. Hälfte, Nr. 51, S. 134; Nr. 57, S. 142; Nr. 498, S. 804; — Bd. VIII, S. 138, Anm. 1, Fortsetzung S. 139; — vgl. Lehmann, *Freiherr vom Stein* (E/12), Bd. I, S. 107.

[77] Siehe *A. B. B.* (E/3), Bd. VI, 2. Hälfte, Nr. 498, S. 804.

[78] Siehe *a. a.* O., Nr. 58, S. 148.

[79] Siehe *A. B. B.* (E/3), Bd. XIII, Nr. 138, S. 290 ff.

[80] Vgl. Preuß, *Friedrich der Große* (E/16), Bd. IV, S. 74.

[81] Siehe Knapp, *Die Bauernbefreiung* ... (I/5), Bd. II (Akten), S. 67.

Fourage-, Montierungs- und Rekrutentransporten",[82] im Kriege bei schweren Transporten von Kriegsmaterialien.[83] Hier sind auch die zwangsweisen Fuhren für den Feind in den zeitweilig besetzten Gebieten zu nennen.

Diese Fuhren, die die Betroffenen mitunter wochenlang vom Hof entfernten,[84] nahmen den Landmann arg mit[85] und behinderten die bäuerliche Wirtschaft.[86] Zeitweilig war es nötig, den zu schweren Kriegsfuhren herangezogenen Bauern vor gleichzeitigen übermäßigen „Roboten" für die Grundherrschaft zu schützen;[87] die militärische Leistung ging vor. Er sollte soviel weniger „Hofedienste" leisten, wie er an Pferden und Knechten auf Fuhren geschickt hatte.[88] Gleichzeitig wurde aber auch mit den auf Kriegsfuhren ausgestellten Pässen Mißbrauch getrieben;[89] unter dieser Bezeichnung waren sie leichter zu erlangen als für zivile Zwecke, für die der bäuerliche Untertan ebenfalls Vorspann zu leisten hatte. Was den Vorspann, besonders wenn er in militärischen Fuhrleistungen bestand, eigentlich so drückend machte, war seine geringe Bezahlung bei gleichzeitiger Vermehrung,[90] praktisch seine Vergütung unter dem wahren Wert.[91] Obendrein verhielt es sich so, daß in der Kontributionssumme, die der Bauer zahlte, das Kriegsfuhrengeld inbegriffen war, aus dem sich die „Marsch- und Molestienkasse" für das Heer bildete,[92] so daß er dann mit seinem eigenen Geld und obendrein unzureichend bezahlt wurde. Deshalb gehörte der Vorspann zu jenen Einrichtungen, die Friedrich II. wie alle preußischen Könige gerne abgeschafft hätte,[93] wenn sie nicht zur Aufrechterhaltung des Militärsystems notwendig gewesen wären.[94] Hierzu war wie immer der Bauer unersetzlich.

[82] Siehe bei Schwartz, *Die Klassifikation* ... (I/60), S. 33.
[83] Siehe *A. B. B.* (E/3), Bd. XI, Nr. 333, S. 518.
[84] Siehe *a. a. O.*, Nr. 354, S. 545.
[85] Siehe *A. B. B.* (E/3), Bd. VI, 2. Hälfte, Nr. 35, S. 69.
[86] Vgl. Preuß, *Friedrich der Große* (E/16), Bd. IV, S. 315.
[87] Siehe *A. B. B.* (E/3), Bd. XI, Nr. 27, S. 34 ff.
[88] Siehe *a. a. O.*, Nr. 164, S. 249 ff.
[89] Siehe *A. B. B.* (E/3), Bd. VI, 2. Hälfte, Nr. 35, S. 69.
[90] Vgl. Preuß, *Friedrich der Große* (E/16), Bd. IV, S. 314.
[91] Vgl. oben Anm. I/52.
[92] Vgl. Bratring, *Statistisch-topographische Beschreibung* ... (E/15), Bd. I (1804), S. 209.
[93] Vgl. Otto Hintze in: *A. B. B.* (E/3), Bd. VI, 1. Hälfte, S. 27.
[94] Vgl. in diesem Zusammenhang die bei Preuß (*Friedrich der Große* [E/16], Bd. IV [1834], S. 316) zitierten wichtigsten Marsch- und Einquartierungsreglements von 1713—1777.

Eine andere, von Friedrich d. Gr. ungern gesehene Belastung des bäuerlichen Untertanen war die Gestellung von Artillerie- und Troßknechten aus den bäuerlichen Kantonisten der Kavalleriekantons.[95] Ein Drittel der Zahl der inländischen Rekruten wurde im Kriege zusätzlich zu diesem Zweck ausgehoben. Im neuerworbenen Westpreußen war es fast die gleiche Zahl wie die der Rekruten.[96]

In Friedenszeiten nahm etwa die gleiche, wenn auch bei weitem nicht zahlenmäßig so große Rolle die Heranziehung der Untertanen zum Festungsbau ein. Der enrollierte „Zuwachs" vom Lande oder auch die bereits „ausrangierten" Soldaten mußten diese Arbeit tun.[97] Für den Bauern war die Folge solcher Festungsarbeit wiederum, daß er seiner Wirtschaft ferngehalten wurde.[98]

Militärische Disziplinargewalt und bäuerliches Leben

Alle Geld- und Dienstleistungen des Bauern im Rahmen des Militärsystems hatten gegenüber den gleichzeitig durchzuführenden Diensten für die Gutsherrschaft, auf denen die Arbeitsverfassung des Gutes beruhte, den Vorrang. Daneben waren es die mannigfachen Äußerungen militärischer Disziplinargewalt, die in den Ablauf des bäuerlichen Lebens eindrangen und den Untertanen auf der Domäne oder dem adeligen Gut täglich fühlen ließen, daß er ein Angehöriger zweier Bereiche zugleich war, die sich in seiner Person ineinander verwoben und miteinander identisch wurden.

Ein Beispiel für diese Gegebenheiten bildeten die Einrichtungen gegen die Desertion. Bezeichnenderweise wurde in diesem Zusammenhang von „Soldaten- und Bauerndeserteuren" gesprochen. In Hinterpommern mußte an jedem Ort ein Nachtwächter gehalten werden, um „dadurch die Desertiones der Soldaten sowohl als Bauern" zu verhindern.[99] Die Bauern sollten bei Tag und Nacht auf dem Sprung sein, entlaufene Deserteure zu fangen; jedem Soldaten oder Urlauber hatte jedermann den Paß abzuverlangen und ihn, sofern er ihn nicht vorzeigen konnte,

[95] Siehe das „Politische Testament" Friedrichs II. von 1752, in: *Klassiker der Politik* (E/8), S. 100.

[96] Siehe J. D. E. Preuß, *Urkundenbuch zu der Lebensgeschichte Friedrichs des Großen,* Fünfter Teil (1834), S. 186, Nr. 10.

[97] Siehe *Acta Borussica. Die Briefe König Friedrich Wilhelms I. . . .* (I/20), Nr. 332, S. 221; Nr. 336, S. 224; Nr. 338, S. 225.

[98] Siehe *A. B. B.* (E/3), Bd. XV, Nr. 215, S. 557.

[99] Siehe *A. B. B.* (E/3), Bd. X, Nr. 280, S. 479.

sofort arretieren zu lassen. Besonders die Bewohner der in der Nähe der Garnisonen gelegenen Dörfer mußten sich Tag und Nacht in der Wache ablösen. Schwere Strafen standen auf Unachtsamkeit bei der Verfolgung solcher Deserteure. Konnte das Dorf die 100 Taler Geldstrafe nicht zahlen, so wurden die zwei vornehmsten Bauern des Dorfes dazu verurteilt, zwei Monate lang auf der Festung Steine zu karren. Auf die „Durchbringung" eines Deserteurs stand der Galgen oder doch Geld- und Leibesstrafe, wenn es sich um Eltern oder Verwandte handelte.[100] Obendrein wurde selbstverständlich das Vermögen des Deserteurs eingezogen.[101] Als Deserteur galt schließlich auch schon, wer als Zivilist ohne besondere Erlaubnis außer Landes ging,[102] eine Einrichtung, die mitunter von den Regimentern mißbraucht wurde.[103] Wenn aber ein Soldat floh und die Sturmglocke geläutet wurde zum Zeichen, daß wieder ein Fluchtversuch gewagt worden war, mußten die Bauern den Offizieren ihre Pferde zum Nachsetzen zur Verfügung stellen. Die schweren Ackergäule wurden dabei oft ruiniert.[104] Und die Behörden scheinen Grund gehabt zu haben, immer wieder nachzufragen, ob den Bauern der Entzug der Pferde vergütet wurde, wie ein Edikt es befahl.[105]

Auf alle diese Weise war dafür gesorgt, daß der ländliche Untertan seine Verbundenheit mit dem Militärsystem nicht vergaß. Die „Urlauber" selbst hatten freilich eine solche Erinnerung nicht nötig; auf ihnen lastete schon die jährliche Wiederholung der Exerzierzeit und die Unterwerfung unter den Zwang der militärischen Disziplin genug; und auch die lediglich „enrollierten" Burschen, die aber noch nicht Soldaten in Reih und Glied waren, unterlagen doch der öfteren Besichtigung

100 Für alles siehe *A. B. B.* (E/3), Bd. III, Nr. 280, S. 600 f.; Bd. VII, Nr. 401, S. 613; vgl. auch Otto Hintze in *A. B. B.* (E/3), Bd. VI, 1. Hälfte, S. 22; siehe ferner *A. B. B.* (E/3), Bd. VI, 2. Hälfte, Nr. 439, S. 709.

101 Siehe *A. B. B.* (E/3), Bd. VI, 2. Hälfte, ebda.; ferner die in *A. B. B.*, Bd. XIV, Nr. 39, S. 105 ff. genannten Edikte wegen „austretender Kantonisten und Konfiskation ihres Vermögens".

102 Siehe bei Courbière, *Geschichte der Brandenburgisch-Preußischen Heeres-Verfassung* (I/34), S. 80, die Bezugnahme auf das Edikt vom 17. Oktober 1713 (abgedruckt bei Mylius, *Corpus Constitutionum* ... [I/19], Teil III, Abt. I, Nr. 120, S. 351); vgl. Lehmann, *Werbung* ... (E/10), S. 266, Anm. 6.

103 Siehe *A. B. B.* (E/3), Bd. IX, Nr. 57, S. 112.

104 Siehe *A. B. B.* (E/3), Bd. VI, 2. Hälfte, Nr. 43, S. 97; vgl. Otto Hintze in: *A. B. B.*, Bd. VI, 1. Hälfte, S. 22.

105 Siehe *A. B. B.* (E/3), Bd. V, 2. Hälfte, Nr. 359, S. 628 ff., *Puncta* Nr. 12.

durch einen Offizier des Regiments.[106] Es ergaben sich Klagen, daß diese oft befohlenen Zusammenkünfte der jungen Leute im Kanton zum Zweck der Besichtigung tagelanges Aufhalten, eine Menge Kosten und Gelegenheit zu großen „Plackereien" ergäben.[107] Kamen die Offiziere zur Besichtigung ins Dorf, so ließen sie sich wohl freien Vorspann geben,[108] jedenfalls verursachte die Besichtigung große Kosten.[109] Zwar war die Zeit vorbei, da „die Kinder in der Wiege mit Pässen nicht verschont" wurden,[110] aber die männliche Jugend von 10 Jahren ab aufwärts wurde doch in Listen aufgenommen, die spätere Einziehung zum Regiment vorgesehen.[111] Wie die rote Halsbinde oder der Püschel am Hut schon für den enrollierten Bauernburschen das Erinnerungsabzeichen seiner Zugehörigkeit zum militärischen Nachwuchs war,[112] so wurde erst recht für den in Reih und Glied stehenden Soldaten, der als Urlauber auf den heimatlichen Hof zurückkehrte, das äußere Kennzeichen seiner Zugehörigkeit zum militärischen System das Montierungsstück, das er tragen mußte: Montierungsrock, Hut oder Halsbinde, am Sonntag in der Kirche volle Uniform.[113] Schwere Strafen standen aus für denjenigen, der hiergegen verstieß;[114] auch im Äußeren mußte der Bauer sein Soldatsein betonen.

Da der Soldat jedes Jahr seine abgelegte Uniform verkaufen durfte,[115] kam es dazu, daß die Landbevölkerung sich mit den billigen alten Montierungsröcken ihrer Kantonisten kleidete.[116] Zum Erscheinungsbild des preußischen Soldaten gehörte eine Uniform, die sich erst unter Friedrich Wilhelm I. vom bequemen Schnitt des 17. Jahrhunderts zu der Straffheit und Knappheit umformte, die schon äußerlich ein Symbol von Strenge und Disziplin war.[117] Die Übertragung dieses äußeren

[106] Siehe *a. a.* O., Nr. 359, S. 628 ff., *Puncta* Nr. 18 und 19; siehe ferner *A. B. B.* (E/3), Bd. VI, 2. Hälfte, Nr. 50, S. 119.

[107] Siehe *ebda.*

[108] Siehe *A. B. B.* (E/3), Bd. V, 2. Hälfte, Nr. 359, S. 628 ff., *Puncta* Nr. 20.

[109] Siehe *A. B. B.* (E/3), Bd. XIV, Nr. 163, S. 386.

[110] Siehe *A. B. B.* (E/3), Bd. VI, 2. Hälfte, Nr. 58, S. 146.

[111] Vgl. oben Erstes Kapitel.

[112] Siehe die „Zirkular-Ordre" an die Regimenter vom 1. Mai 1733 bei: Courbière, *Geschichte der Brandenburgisch-Preußischen Heeres-Verfassung* (I/34), S. 89 f.; vgl. Lehmann, *Werbung* ... (E/10), S. 272.

[113] Vgl. Jany, *Die Kantonverfassung* ... (I/28), S. 239 f., S. 261.

[114] Vgl. Lehmann, *Werbung* ... (E/10), S. 278, Anm. 2.

[115] Vgl. Hinrichs, *Die Wollindustrie* ... (E/6), S. 200.

[116] Siehe *Acta Borussica*, Reihe: *Zoll-, Handels- und Akzisepolitik* (E/20), Bd. III, 2. Hälfte (Aktenbeilagen), Nr. 611, S. 328.

[117] Vgl. Hinrichs, *Die Wollindustrie* ... (E/6), S. 199.

Bildes in das ländliche Leben des Kantonisten durch seine teilweise Uniformierung auch im zivilen Dasein war vom König nicht als Spielerei gedacht. Sie war vielmehr eine Abwehrmaßnahme des Systems gegen die Möglichkeit, die Friedrich Wilhelm I. fürchtete, daß die Soldaten, zu denen er seine Bauern mit Mühe gemacht hatte, „zu Bauern wieder werden" könnten.[118] Friedrich d. Gr. brauchte das schon nicht mehr zu fürchten. Er konnte 1743 die jährliche Übungszeit von 3 Monaten auf 2 Monate herabsetzen. Jeder Stand hatte da schon seine militärische Zuordnung: Wie der untertänige Bauer Soldat wurde, so wurde der Sohn des freien köllmischen Bauern mit Vorliebe zum Unteroffizier gemacht,[119] und der Gutsherr wurde Offizier. Die Dienstpflicht und ein militärisch diszipliniertes Leben waren zur Selbstverständlichkeit geworden. Es handelte sich nicht mehr um das Ob, sondern um das Wie und das Wieviel.

Für das zahlenmäßige Ausmaß der direkten Heranziehung des bäuerlichen Untertanen zum Militärdienst war die etatsmäßige Stärke der Inländerzahl im Heer ausschlaggebend. Zu berücksichtigen ist hierzu, daß es auch sogenannte „skisierte" Ausländer gab,[120] — Leute, die eigentlich Inländer waren, aber als Ausländer geführt und behandelt wurden, darunter zum Beispiel alle außerhalb des Regimentskantons Geborenen und Angeworbenen, die Kinder der geworbenen Soldaten und andere.[121] Während unter Friedrich Wilhelm I. das Heer noch zu zwei Dritteln aus Inländern bestand, verfolgte Friedrich d. Gr. 1742 das Ziel, die Zahl der Inländer im Heer auf ein Drittel zurückzuführen. 1752 wollte er wenigstens die Hälfte des Heeres mit geworbenen Ausländern besetzen.[122] Vor dem Siebenjährigen Krieg überwogen die Inländer trotz allem wieder.[123] 1768 gelang es, die Zahl der Kantonisten im Heer unter der Hälfte des Mannschaftsbestandes zu halten. 1776 war das Verhältnis wieder eins zu eins.[124] Dieses Verhältnis zwischen Kantonisten und Ausländern war entscheidend für das Ausmaß der Belastung des Bauern beziehungsweise des bäuerlichen Untertanen. Der Grundsatz war, ihn soweit wie möglich für die Landwirtschaft zu schonen. Zur Auf-

[118] Vgl. Lehmann, *Werbung* ... (E/10), S. 278, Anm. 2.

[119] Vgl. Knapp, *Die Bauernbefreiung* ... (I/5), Bd. I (1887), S. 15.

[120] Vgl. (v. Lossow), *Denkwürdigkeiten* ... (I/8), S. 3.

[121] Vgl. v. d. Goltz, *Von Roßbach bis Jena* ... (I/73), S. 261, Anm. 2.

[122] Siehe das „Politische Testament" Friedrichs II. von 1752, in: *Klassiker der Politik* (E/8), Bd. 5, S. 87.

[123] Vgl. Jany, *Geschichte der Königlich Preußischen Armee* (I/17), Bd. II, S. 240.

[124] Siehe die *Generallisten* von 1776; eine übersichtliche Zusammenstellung bietet Ernst Rudolf Huber, *Heer und Staat*, 2. Aufl., Hamburg 1943, S. 96.

rechterhaltung eines zuverlässigen Kernes im Heer aber war er ebensowenig zu entbehren. Und neben die Schwierigkeit, ein beiden Teilen zuträgliches Verhältnis im Heer zu schaffen, trat das Problem des Verhältnisses der Heereszahl zur Bevölkerungsziffer, neben die qualitativen traten die quantitativen Maßstäbe.

Den ersten Anstoß zu den gewaltigen und folgenreichen Heeresvermehrungen im alten Preußen gab Friedrich Wilhelm I. Machtpolitische Gesichtspunkte mögen bei dem Entschluß hierzu nicht wenig mitgespielt haben;[125] für Friedrich Wilhelm I. aber wurde das Heer vor allem das große Schwungrad, mit dem er die ganze Wirtschaft auf neue Grundlagen stellen und die ständische Sozialordnung in seinem Sinne ausrichten konnte.[126] Dennoch richtete sich die Heereszahl auch unter ihm schon nach der außenpolitischen Situation. Der Konflikt zwischen Preußen und England-Hannover von 1739 zum Beispiel rief erhöhte Bereitstellungen von Soldaten und Material hervor, die nach dem Abklingen der Spannung auf Friedensmaß zurückgingen.[127] Verstärkt abhängig von der außenpolitischen Situation wurde die Heeresvermehrung jedoch erst durch die Eroberungspolitik Friedrichs d. Gr. Seit Friedrich II. herrschte die Idee, die Heeresziffer immer im gleichen Verhältnis mit der Zunahme der Bevölkerung und des Areals durch Annektion zu erhöhen. Die Annektion setzte Krieg oder diplomatisches Spiel mit dem Krieg voraus. Beides wurde immer von entsprechenden Bewegungen der Heereszahl begleitet. So beeinflußte der Vorgang der Heeresvermehrung, hervorgerufen durch Kriegsdrohung, Krieg und Kriegsgewinn als Folge außenpolitischer und militärischer Entwicklungen über das Militärsystem das bäuerliche Sozialleben. Zum Beispiel machte der Ausbruch des Siebenjährigen Krieges eine außerordentliche Rekrutenaushebung nötig. Die Verluste im Kriege wurden hauptsächlich aus den Reihen der Kantonisten ersetzt. Und gegen Ende des Siebenjährigen Krieges waren es fast nur noch die Untertanen der preußischen Provinzen, zumeist also die Bauern, die im Glied standen.[128]

Mit dem verstärkten Einsatz der Artillerie wurde auch die Größe der Rekruten weniger wichtig. Schützte früher Kleinheit vor der Ein-

[125] Siehe *Acta Borussica. Die Briefe König Friedrich Wilhelms I. ...* (I/20), S. 523.

[126] Das beste Beispiel bieten die Vorgänge um die Gründung des Lagerhauses; vgl. dazu Hinrichs, *Die Wollindustrie ...* (E/6), S. 12 ff.

[127] Siehe *Acta Borussica. Die Briefe König Friedrich Wilhelms I. ...* (I/20), Nr. 514, S. 426; Nr. 520, S. 431.

[128] Vgl. Courbière, *Geschichte der Brandenburgisch-Preußischen Heeres-Verfassung* (I/34), S. 110.

ziehung, weil nur „lange Kerls" eine wertvolle Ergänzung schienen, so war die Länge gegenüber der Kanonenkugel nicht mehr ausschlaggebend und mehr Kategorien von Rekruten kamen zur Enrollierung und Einziehung in Frage.[129] Bestimmte Truppenteile sollten darüberhinaus überhaupt nur aus „Landeskindern" gebildet werden, so die Artillerie.[130] Neben den Soldaten ist die große Zahl der Artillerie- und Troßknechte zu erwähnen, die zusätzlich aus den Kavalleriekantons gezogen wurden.[131] Schließlich ist an die Landmiliz zu denken, die aus den zu Hause Gebliebenen zum Schutz der Grenzen in Ostpreußen, Pommern, den Marken, Magdeburg und Halberstadt zusammengestellt wurde.[132]

Wie der Krieg die Soziallast vergrößerte, die das stehende Heer der Bevölkerung auferlegte, wurde sie auch stets nach der Übernahme neuer Gebiete verstärkt wirksam, so nach der Einnahme Schlesiens und der polnischen Teile Preußens. Die durch fortschreitende Heeresvermehrung erweiterte Heranziehung der Landleute läßt sich an kleinsten Bereichen ablesen. Zum Beispiel waren 1750 auf dem platten Lande des Kreises Teltow der Kurmark 29 in Dienst und Löhnung stehende angesessene Soldaten, 224 dienende Untertanensöhne und 5552 Enrollierte zu finden, im Jahre 1801 aber 216 angesessene Soldaten, 235 dienende Untertanensöhne und 6627 Enrollierte; in der gleichen Zeit stieg die Zahl der männlichen Bevölkerung um 1947 Menschen.[133] Die quantitativ vermehrte Heranziehung der Kantonisten zum Militärdienst, im Kriege das lange Fortbleiben und der Tod vieler bäuerlicher Kantonisten im Kampf während der Feldzüge haben auf die bäuerlichen Sozial- und Wirtschaftsverhältnisse im ganzen recht nachteilige Wirkungen gehabt.[134]

129 Siehe das „Militärische Testament" Friedrichs II. von 1768, in: v. Taysen, *Friedrich der Große* ... (E/1), S. 203 f.

130 Vgl. Preuß, *Friedrich der Große* (E/16), Bd. IV (1834), S. 319; Jany, *Die Kantonverfassung* ... (I/28), S. 352, Anm. 1.

131 Siehe das „Politische Testament" Friedrichs II. von 1752, in: *Klassiker der Politik* (E/8), Bd. 5, S. 100.

132 Siehe *A. B. B.* (E/3), Bd. XI, Nr. 117, Nr. 150, Nr. 157, Nr. 172; Nr. 187, bes. S. 304; — zur Rolle der Miliz im preußischen Staat des 18. Jahrhunderts vgl. besonders die Untersuchung von Lampe, *Der Milizgedanke* ... (I/37), S. 133 ff., bes. S. 142 ff.

133 Vgl. Bratring, *Statistisch-topographische Beschreibung* ... (E/15), Bd. II (1805), S. 329; dort sind auch weitere Kreise mit ähnlichen Ergebnissen angegeben.

134 Vgl. noch unten Drittes Kapitel, Abschnitt *Der Militärdienst und die „Proletarisierung" der ländlichen Bevölkerung im alten Preußen.*

Die eigentliche Äußerung der militärischen Disziplin und ihr Sichtbarwerden im sozialen und wirtschaftlichen Bereich lag in der Gewalt, die den Offizieren des Regiments, dem der Kantonbezirk zugeordnet war, durch das Kantonwesen über die ländliche untertänige Bevölkerung gegeben war. Dieser Einfluß trug wesentlich zur Gestaltung des bäuerlichen Lebens bei. Vor 1763 waren die Kantons, die bei den Infanterieregimentern 5000, bei den Kavallerieregimentern 1800 Feuerstellen umfaßten,[135] wiederum in Kompaniekantons geteilt. Hier war der Kapitän, der Inhaber und Befehlshaber der Kompanie, der nahezu unumschränkte Herr. Von ihm ganz allein hing die Wegnahme der bäuerlichen Kantonisten ab.[136] Die ständischen „Gravamina“ klagten über die Willkür, mit der dabei verfahren wurde.[137] Nach 1763 verschwanden die Kompaniekantons, und die Aushebung der Bauern, Bauernsöhne und Knechte geschah gemeinsam durch einen Stabsoffizier vom Regiment in Verbindung mit dem Landrat und auf speziellen Befehl.[138] Der Offizier war jedoch auch jetzt immer tonangebend. Mißbrauch und Willkür blieben zur Bedrückung des bäuerlichen Untertanen an der Tagesordnung.[139]

Die Einrichtung, derzufolge sich die Enrollierung und sogar die Werbung (im Inland!) über bestehende Exemtionen, Befreiungen vom Kriegsdienst, einfach hinwegsetzte, war nur eine, wenn auch mit die wichtigste Erscheinung, die sich hieraus ergab. Die Landstände baten in ihren zahlreichen Beschwerden, daß die Enrollierung doch so eingerichtet werden möge, daß es nicht an den nötigen Arbeitskräften fehle;[140] das Urlaubswesen solle zwar Abhilfe darstellen, dennoch seien die Leute oft zur besten Zeit bei den Regimentern.[141] Die Knechte würden den Wirten zur Unzeit entzogen,[142] was sich um so mehr bemerkbar machte, da das Regiment immer die kräftigsten und größten Leute

[135] Gemäß dem „Kantonreglement“ von 1733.

[136] Siehe vor allem *A. B. B.* (E/3), Bd. VI, 2. Hälfte, Nr. 31, S. 48.

[137] Siehe *a. a. O.*, S. 57; — über die eigentümlichen Zusammenhänge, die es mit sich brachten, daß die „Stände“, darunter also auch der Adel, Stellung gegen das Offizierkorps nahmen, das doch aus dem Adel gebildet wurde, vgl. noch unten im Zweiten Teil der vorliegenden Untersuchung den Abschnitt *Das Verhältnis zwischen Adel und Offizierkorps.*

[138] Vgl. Courbière, *Geschichte der Brandenburgisch-Preußischen Heeres-Verfassung* (I/34), S. 119.

[139] Vgl. Preuß, *Friedrich der Große* (E/16), Bd. IV, S. 324.

[140] Vgl. Schwartz, *Die Klassifikation* ... (I/60), S. 31.

[141] Siehe *A. B. B.* (E/3), Bd. VI, 2. Hälfte, Nr. 31, S. 48.

[142] Siehe *a. a. O.*, Nr. 35, S. 69.

abziehe und die zurückbleibenden schwächeren bei weitem nicht dieselbe Arbeit leisten könnten,[143] so daß der Landmann durch Einziehung der Beurlaubten außerstand sei, die Feldarbeit im nötigen Umfang zu bewältigen.[144] Überhaupt habe der Mangel an tüchtigen Leuten bei den meisten Gütern seinen Grund in der Enrollierung, wodurch auch dem Gutsherrn die besten Knechte entgingen.[145] Bei Bauern gar, die zugleich Soldat seien, falle es besonders ins Gewicht, daß sie in der Saatzeit und sonst, wenn sie auf ihren Höfen am nötigsten seien, beim Regiment sein müßten. Soweit sie nicht selbst dort anwesend sein müßten, entbehrten sie doch nur zu oft in der gleichen Zeit ihre Söhne und Knechte.[146] Auch komme es vor, daß öfter, wenn die Äcker zu bestellen oder die Felder zu ernten gewesen wären, gerade dann Wirt und Knecht auf einmal von zu Haus hätten fort sein müssen; ein Ausfall wäre dann die unvermeidliche Folge.[147]

Man ersieht aus allem, daß die Absicht, die Beurlaubung so zu gestalten, daß die Kantonisten gerade in den Erntemonaten und anderen Zeiten wichtiger Verrichtungen in der Landwirtschaft zu Hause waren, nicht immer ausgeführt werden konnten. Teilweise lag der Grund darin, daß sich die Exerzierzeit nach dem Zeitpunkt der „Revuen", der Musterung durch den König, und dem Reiseplan des Königs richtete, so daß sie in den einzelnen Provinzen und Jahren verschieden sein mußte.[148] So kam es, daß Bauerngüter durch Wegnahme derer, die den Acker bearbeiten sollten, entweder wüst wurden oder doch außer der Zeit beackert und eingeerntet werden mußten, und dadurch Ausfälle mit nachfolgender Armut entstanden.[149] Eine Gefährdung der bäuerlichen Wirtschaft oder zumindest weitgehende Ausfälle waren schon gegeben, wenn der Bauer oder seine Kinder lange Tage, in Kriegszeiten sogar mehrere Wochen, auf Transportfuhren unterwegs waren und entweder die Wirtschaft darüber zugrunde ging oder doch, beispielsweise dadurch, daß nur zu oft die Pferde dabei ruiniert wurden, schwere Schäden erlitt.[150] Was den Entzug von Arbeitskräften an-

[143] Vgl. Hintze, *Zur Agrarpolitik* ... (E/10), S. 301.

[144] Siehe *A. B. B.* (E/3), Bd. X, Nr. 64, S. 88 ff.

[145] Vgl. Hintze, *Zur Agrarpolitik* ... (E/10), S. 301.

[146] Siehe *A. B. B.* (E/3), Bd. VI, 2. Hälfte, Nr. 43, S. 92.

[147] Siehe *a. a.* O., Nr. 31, S. 46 f.

[148] Vgl. Jany, *Geschichte der Königlich Preußischen Armee* (I/17), Bd. II, S. 236, Anmerkung 74.

[149] Siehe *A. B. B.* (E/3), Bd. VI, 2. Hälfte, Nr. 31, S. 46 f.

[150] Siehe *A. B. B.* (E/3), Bd. XI, Nr. 354, S. 545.

ging, so störte es bei dem schmalen oder gar unzureichenden Etat der meisten bäuerlichen Wirtschaften schon, wenn die jungen Leute im Kanton öfter zur Besichtigung zusammenkommen mußten, wodurch Zeitversäumnis, Kosten und Gelegenheiten zu „Plackereien“ entstanden.[151] Die oftmalige Wiederholung dieser Zusammenkünfte scheint besonders vor dem Siebenjährigen Krieg vorgekommen zu sein. — In einem anderen, immer wiederkehrenden Fall war es anderseits gerade die Anziehungskraft, die eine bestimmte Waffengattung, nämlich die Husaren — eine berittene Truppe, bei der es im Kriege viel Beute zu machen gab[152] —, auf die dienstbare ländliche Bevölkerung ausübte, die zu Klagen Anlaß gab. Die Knechte wollten vielerorts gerne Husaren werden, und die Husarenregimenter hatten einen solchen Zulauf, daß in den Kantons, wo das Militär zusätzlich aushob, das Land zu stark entblößt wurde.[153]

Geschah dies alles zunächst im Rahmen des bestehenden Systems, mit dem das platte Land und sein belastetstes Glied, der bäuerliche Untertan, sich abgefunden hatten, so wurden wie immer vor allem die willkürlichen Überschreitungen des militärischen Systems durch das Militär selbst als recht eigentlich drückend empfunden. Damit wird einmal die Frage der Exemtionen von der militärischen Dienstpflicht in der Enrollierungsgesetzgebung, zum anderen, im Zusammenhang mit diesem Thema, die der Werbung im Inland berührt. Die Befreiungen vom militärischen Dienst wurden schon bei Einführung des Kantonsystems 1733 von Friedrich Wilhelm I. statuiert und von seinen Nachfolgern bis 1807 nicht nur beibehalten, sondern ständig vermehrt.[154]

[151] Siehe *A. B. B.* (E/3), Bd. V, 2. Hälfte, Nr. 359, S. 628 ff., *Puncta* Nr. 18, Nr. 19; Bd. VI, 2. Hälfte, Nr. 50, S. 119; vgl. oben die Ausführungen zu Beginn dieses Abschnittes.

[152] Siehe das „Militärische Testament“ Friedrichs II. von 1768, in: v. Taysen, *Friedrich der Große* ... (E/1), S. 211. — Zur Bedeutung der Husaren als Truppe vgl. unter anderen Günther Gieraths, *Die Kampfhandlungen der brandenburgisch-preußischen Armee 1626—1807. Ein Quellenhandbuch* (= Veröffentlichungen der Berliner Historischen Kommission beim Friedrich-Meinecke-Institut der Freien Universität, Quellenwerke), Berlin 1962, *passim*, bes. EINLEITUNG, Abschnitt II.

[153] Vgl. Jany, *Geschichte der Königlich Preußischen Armee* (I/17), Bd. II, S. 241 f., bes. S. 242, Anmerkung 85; ferner Schwartz, *Die Klassifikation* ... (I/60), S. 31.

[154] Eine Zusammenstellung und Besprechungen der Exemtionen von 1733 finden sich bei Lehmann, *Werbung* ... (E/10), S. 270 f., — von 1763 bei Courbière, *Geschichte der Brandenburgisch-Preußischen Heeres-Verfassung* (I/34), S. 119, — von 1792 bei

Unter den eximierten Personen beziehungsweise Personengruppen befanden sich von Anfang an die mit „Haus und Hof Angesessenen" und die einzigen Söhne solcher Wirte,[155] später auch die zweiten Söhne, wenn Bauernhöfe geteilt werden sollten.[156] Tatsächlich verhielt es sich so, daß der Grundsatz, angesessene Wirte und ihre Söhne vom Soldatendienst frei zu halten, keineswegs konsequent durchgeführt wurde.[157] Man setzte sich über solche Exemtionen getrost hinweg, besonders wenn es sich um einen „extraordinaire schönen und großen Kerl" handelte,[158] und die Bitten der Stände, ihnen wenigstens diese zur Fortführung der Wirtschaft unentbehrlichen Personen zu belassen, verhallten ungehört.[159] Die Entlassung vom Heer für später war noch weniger durchzudrücken.[160]

Verbunden mit der Heranziehung dieser eximierten Personen zum Soldatendienst taucht nun die Frage der Werbung im Inland auf. Mit der Einrichtung der Enrollierungskantons schien die Werbung im Inland selbstverständlich aufgehoben, indem sie eben auf diese Weise ersetzt war. Trotzdem drangen sowohl aus den östlichen Provinzen als auch vor allem aus den westlichen Provinzen noch nach Einführung des Kantonwesens Klagen über „beständige Werbung", die keineswegs vor „Hofbesitzern und Anerben" Halt mache und die bäuerlichen Untertanen stark mitnehme.[161] Es hat also Werbung neben der Enrollierung stattgefunden; vielfach wurde offenbar die Einstellung Eximierter kurzerhand als „Werbung" bezeichnet. Selbst das Preußische Geheime Etatsministerium nennt in einem Schreiben von 1740 an das Generaldirektorium „Werbungen" (in Ostpreußen), die das „Ausweichen" der Untertanen ins Ausland hervorgerufen hätten.[162] In vielen Fällen, besonders in den rheinisch-westfälischen Provinzen, ist der Charakter wirklich gewaltsamer Werbung, wie sie sonst nur im Ausland praktiziert wurde, wohl unverkennbar, so in Kleve, Geldern und Mark.[163] Das

Courbière, *a. a. O.*, S. 134; — die kantonfreien Städte, Provinzen, Personen und Personengruppen um 1800 sind aufgeführt bei Preuß, *Friedrich der Große* (E/16), Bd. IV, S. 322, Anmerkung 2. Zu allem vgl. Jähns, *Geschichte der Kriegswissenschaften* (I/16), Bde II und III (1890/91). — Die Bedeutung der Exemtionen für den Aufbau des städtischen Gewerbes behandelt Hinze, *Die Arbeiterfrage* ... (E/11), S. 221 ff.

155 Vgl. Lehmann, *Werbung* ... (E/10), S. 270.

156 Vgl. Preuß, *Friedrich der Große* (E/16), Bd. IV, S. 322, Anmerkung 2.

157 Vgl. Otto Hintze in: *A. B. B.* (E/3), Bd. VI, 1. Hälfte, S. 21.

158 Vgl. Jähns, *Geschichte der Kriegswissenschaften* (I/16), Bd. III (1891), S. 2218.

159 Siehe *A. B. B.* (E/3), Bd. VI, 2. Hälfte, Nr. 31, S. 47, S. 58; Nr. 58, S. 147 f.

160 Siehe hierzu noch unten Drittes Kapitel.

161 Beispiele bringen *A. B. B.* (E/3), Bd. V, 2. Hälfte, Nr. 21, S. 21; Nr. 31, S. 46.

162 Siehe bei Knapp, *Die Bauernbefreiung* ... (I/5), 1887, Bd. II (Akten), S. 35 f.

hervorstechendste Beispiel ist der Überfall von Werbern (noch 1767!) in einem „kantonfreien" Ort in Kleve-Mark, wo sie sich unter „excessiven Gewalttätigkeiten" zweier in einem anderen „werbefreien" Ort beheimateten Brüder bemächtigten.[164] Eigentlich waren die Einwohner der meisten westlichen Gebiete, so von Kleve, Moers, Geldern, vor allem auch Ostfriesland, gegen Jahresgaben von „Werbung und Enrollierung" befreit.[165]

Ebenfalls eine große Rolle im Rahmen der Einflußnahme des Kompaniechefs oder Stabsoffiziers spielte die Einrichtung, daß sich ohne dessen Erlaubnis niemand im Lande als Bauer neu ansässig machen konnte, da angesessene Hofbesitzer laut Reglement vom Enrollierungszwang befreit sein sollten und also in einem solchen Falle auch die Entbehrlichkeit des Bauern für das Heer zu prüfen war.[166] Um die Frage der Entbehrlichkeit ging es ebenfalls, wenn der zur Übernahme des väterlichen Hofes bestimmte Bauernsohn, der immer der kleinste von mehreren zu sein hatte, sich zur Entgegennahme des Abschiedes beim Regiment vorstellen mußte; seine Verabschiedung wurde sofort fraglich, wenn er das Unglück hatte, zu groß zu sein.[167] So fiel nicht umsonst, wann und wo immer man das Land bereiste, „zuletzt gemeiniglich alle Klage auf Enrollierung".[168] Friedrichs II. Befehle an seine Kompaniechefs, von dem falschen Gedanken abzukommen, sie könnten in ihren Kantons „mit denen darin befindlichen Leuten wie mit Leibeigenen schalten" und sich erlauben, die „Leute aus dem Kanton zu mißhandeln, zu verkaufen, zu vertauschen oder auch zu verschenken",[169] blieben ebenso nutzlos wie die ähnlichen seines Vaters ein Jahrzehnt zuvor.[170] Tatsächlich kam es vor, daß die vom Kapitän ausgehobenen Knechte nicht einmal zu der Kompanie gezogen wurden, der der Kantonbezirk zugeteilt war, sondern daß der Kompaniechef sie seinem

163 Siehe *A. B. B.* (E/3), Bd. VI, 2. Hälfte, Nr. 51, S. 134; Bd. XIII, Nr. 217, S. 446 f.; Bd. XV, Nr. 28, S. 73; Nr. 183, S. 478.

164 Siehe *A. B. B.* (E/3), Bd. XIV, Nr. 160, S. 377.

165 Vgl. Jähns, *Geschichte der Kriegswissenschaften* (I/16), Bd. III, S. 2219; — siehe *A. B. B.* (E/3), Bd. VIII, S. 138, Anmerkung 1, Fortsetzung S. 139; — vgl. Preuß, *Friedrich der Große* (E/16), Bd. IV, S. 322, Anmerkung 2, Fortsetzung S. 323.

166 Vgl. Jany, *Die Kantonverfassung* ... (I/28), S. 246.

167 Vgl. Courbière, *Geschichte der Brandenburgisch-Preußischen Heeres-Verfassung* (I/34), S. 120.

168 Siehe *A. B. B.* (E/3), Bd. X, Nr. 255, S. 443.

169 Vgl. Jany, *Geschichte der Königlich Preußischen Armee* (I/17), Bd. II, S. 240.

170 Siehe die „Königliche Versicherung" vom 12. September 1739 (zitiert nach Lehmann, *Werbung* ... [E/10], S. 280, Anmerkung 1).

Kameraden von einer anderen Kompanie überließ oder die Rekruten zum persönlichen Dienst auf dem eigenen Gut als Köche, Jäger, Kutscher, Brauer und zu sonstigen Wirtschaftszwecken gebrauchte.[171] Aus früherer Zeit wird berichtet, daß die Kompaniechefs ganze Ansiedlungen ausgehoben hätten, um die fehlenden bäuerlichen Arbeitskräfte auf den eigenen Gütern zu ersetzen.[172] Diese Art der Verwendung mag den einmal eingezogenen Rekruten nicht übel gefallen haben; immerhin aber waren sie in der gleichen Zeit der eigenen Wirtschaft entzogen. Zur Jahrhundertmitte sah sich Friedrich II. genötigt, das Verbot einer willkürlichen Einziehung aus den Kantons zu wiederholen.[173]

Größere Klagen noch als über die gewaltsame Werbung erhoben sich über die Methoden, die von den Offizieren im Rahmen ihrer Gewalt über den Kanton ausgeübt wurden, um zu außerordentlichen finanziellen Einnahmen zu kommen. Die von der militärischen Begriffswelt des Jahrhunderts herrührenden Motivationen der Offiziere und Stellungnahmen der Könige zu diesen Gebaren bedürfen eines abwägenden Urteils.[174] Immerhin war es auf königliche Befehle hin verboten, aus den Enrollierten oder ihren Angehörigen unter irgendeinem „Prätext“ Geld zu pressen;[175] doch galten die Verbote wohl mehr der Beruhigung der Stände; gegenteilige Handlungen wurden nicht allzu zornig angesehen.[176] Wirkungsvoll konnte dagegen auch nichts unternommen werden. Solange das Enrollierungssystem bestehen bleibe, argumentierten die Stände, finde der Offizier immer Gelegenheit, „dem Schäfchen die Wolle zu nehmen“, wenn er nur „bruit“, also großes Aufsehen, vermeide.[177] An erster Stelle standen hier die Eingriffe in das Heiratswesen.

[171] Siehe *A. B. B.* (E/3), Bd. VI, 2. Hälfte, Nr. 31, S. 48, S. 57; vgl. Jany, *Die Kantonverfassung* ... (I/28), S. 246 f.

[172] Vgl. Lehmann, *Werbung* ... (E/10), S. 280, Anmerkung 1.

[173] Siehe die „Zirkular-Ordre“ vom 6. April 1748 bei Jany, *Geschichte der Königlich Preußischen Armee* (I/17), Bd. II, S. 240; vgl. auch v. Taysen, *Friedrich der Große. Militärische Schriften*, Berlin 1882, S. 573.

[174] Siehe zu diesem ganzen Fragenkreis noch unten im Zweiten Teil der vorliegenden Studie den Abschnitt über *Junker und Kompaniewirtschaft*.

[175] Laut „Königlicher Versicherung“ von 1739 (I/170) und vieler späterer Verordnungen.

[176] Vgl. oben Anm. I/174.

[177] Siehe *A. B. B.* (E/3), Bd. VI, 2. Hälfte, Nr. 43, S. 92. Zum eigentümlichen Verhältnis zwischen den „Ständen“, also auch und vor allem dem Adel, und dem adeligen Offizierkorps, das hier von den Ständen angegriffen wird, siehe noch unten im Zweiten Teil dieser Untersuchung den Abschnitt über *Das Verhältnis zwischen Adel und Offizierkorps*.

Die Kapitäne erschwerten weitgehend das Heiraten, so daß die Unzucht bei der bäuerlichen Bevölkerung in unerhörtem Maße angestiegen sei; und solche Schwierigkeiten wurden sogar den zum Dienst Untauglichen gemacht.[178] Der Mißbrauch, der mit den Trauscheinen getrieben wurde, bestand darin, daß sich die Offiziere die Heiratskonsense bezahlen ließen,[179] obwohl sie nichts für die Trauscheine zu nehmen hatten.[180] Zudem sollten Trauscheine nur die wirklichen Soldaten und Urlauber nötig haben, während die lediglich Enrollierten keinen Heiratskonsens vom Regiment brauchen sollten. Dennoch wurde von den Regimentern auch bei den letzteren darauf bestanden.[181] Die Behörden ließen durch Umfragen ermitteln, wieviel die enrollierten Burschen für Trauscheine und Abschiede bezahlen müßten.[182] Unter den Soldaten ging noch zum Jahrhundertausgang der Spruch um: „Für 1 Taler und 14 Groschen bekommt man eine Frau."[183]

Die Frage der Befreiung von der Dienstpflicht und die Verabschiedung war die andere Handhabe der Kapitäne, um die Kompanieeinnahmen im stillen zu erhöhen. Freilich waren solche „Plackereien" und diese Art von Geldnehmen laut Instruktion streng verboten,[184] aber noch 1788 war es nötig, „Unterschleife und Prellereien" gegenüber den Kantonisten zu untersagen.[185] Die Bauern mußten „erkleckliche Summen" bezahlen, um vom Kriegsdienst freizukommen,[186] die „Armut des platten Landes" wurde im Zusammenhang mit den Modalitäten der Entlassung vergrößert,[187] das Land wurde durch die Geldpressuren im Gefolge des Enrollements „ausgesaugt und depeupliert".[188] An manchen Orten wurde „alles ohne Ansehen von Stand, Vermögen, Profes-

[178] Siehe *A. B. B.* (E/3), Bd. VI, 2. Hälfte, Nr. 31, S. 47 f., S. 57.

[179] Vgl. Jany, *Die Kantonverfassung* ... (I/28), S. 246; Preuß, *Friedrich der Große* (E/16), Bd. IV, S. 320 f.: zusammenfassend Courbière, *Geschichte der Brandenburgisch-Preußischen Heeres-Verfassung* (I/34), S. 100.

[180] Gemäß „Königlicher Versicherung" von 1739 (I/170).

[181] Vgl. Preuß, *Friedrich der Große* (E/16), Bd. III (1833), *Urkundenbuch*, S. 219, Nr. 1.

[182] Siehe *A. B. B.* (E/3), Bd. V, 2. Hälfte, Nr. 359, *Puncta* Nr. 23.

[183] Siehe bei *Magister Laukhard, sein Leben und seine Schicksale, von ihm selbst beschrieben*, herausgegeben von Heinrich Schnabel, München 1912, S. 222.

[184] Siehe die „Instruktion für die Infanterie" Friedrichs II. vom 20. Juni 1742 in: v. Taysen, *Friedrich der Große* ... (I/173), S. 493.

[185] Vgl. Preuß, *Friedrich der Große* (E/16), Bd. IV, S. 33.

[186] Siehe *A. B. B.* (E/3), Bd. V, 2. Hälfte, Nr. 460, S. 811 f.

[187] Siehe *a. a. O.*, Nr. 163, S. 255.

[188] Siehe *A. B. B.* (E/3), Bd. VI, 2. Hälfte, Nr. 43, S. 90, S. 92.

sion zu Kriegesdiensten genötigt", um ansehnliche Summen Geldes von den Bemittelten zu erlangen.[189] Hatte der Betreffende sich mehrmals abgekauft, so wurde er neu enrolliert, damit er neues Lösegeld zu zahlen hatte.[190] Man nahm Eltern Geld ab, um angeblich die heranwachsenden Söhne zu schonen; waren sie aber groß geworden, wurden sie dennoch eingezogen.[191] Der Abschied vom Heer mußte gleichfalls bezahlt werden;[192] spätere Verbote sind offenbar umgangen worden, da sie immer wiederholt werden mußten. Schon bald nach Einführung des Kantonsystems erkundigten sich mißtrauische Behörden in Umfragen danach, ob den Offizieren gar für die Beurlaubung etwas gegeben werden müsse.[193] Sogar hierfür scheint es also Beispiele gegeben zu haben.

Weitere Eingriffe ähnlicher Art seitens des Kompaniechefs oder eines anderen Offiziers von dem Regiment, das den Kanton beherrschte, in das ländliche Leben betrafen die bäuerliche Wirtschaft direkt. Sie begannen damit, daß schon für die Erlaubnis zur Niederlassung auf dem Land, über die das Regiment aus militärpolitischen Gesichtspunkten befinden sollte, Geld genommen wurde.[194] Da den Kompaniechefs oder den Stabsoffizieren in den Garnisonsstädten bei der Regelung der Marktpreise für Brot, Fleisch und Bier das entscheidende Wort eingeräumt wurde,[195] war auch der Verdienst des Bauern an seinen ländlichen Produkten, die er in der Stadt anbot, von diesen Offizieren bestimmt. Eine besondere Situation ergab sich daraus, daß den Regimentern die Erkennung über Desertionsfälle nicht nur im Falle wirklicher Soldaten, sondern auch bei gewöhnlichen Enrollierten zugestanden war; indem sie nun alle Landesbewohner als kantonpflichtig betrachteten, erkannten sie mancherorts in allen Fällen, in denen sich jemand außer Landes begab, sofort auf Konfiskation des Vermögens.[196] Diese wie die ganze

189 Siehe *a. a. O.*, Nr. 58, S. 146 f.

190 *Ebda.*

191 Vgl. Schwartz, *Die Klassifikation* ... (I/60), S. 33.

192 Vgl. Jany, *Die Kantonverfassung* ... (I/28), S. 246.

193 Siehe *A. B. B.* (E/3), Bd. V, 2. Hälfte, Nr. 359, *Puncta* Nr. 22.

194 Vgl. Jany, *Die Kantonverfassung* ... (I/28), S. 246; Preuß, *Friedrich der Große* (E/16), Bd. IV, S. 321.

195 Siehe *Acta Borussica*, Reihe: *Getreidehandelspolitik und Kriegsmagazinverwaltung* ... (E/11), Bd. II (1901), S. 299; ferner *Acta Borussica*, Reihe: *Die Zoll-, Handels- und Akzisepolitik* ... (E/20), Bd. III, 1. Hälfte, Nr. 429, S. 719 f. — Zur Bedeutung der Militärbevölkerung in den preußischen Städten für das gewerbliche Leben vgl. die zusammenfassende Darstellung von Hinze, *Die Arbeiterfrage* ... (E/11), S. 171 ff. — Siehe zum Ganzen noch unten ZWEITER TEIL, 2. KAPITEL, der vorliegenden Untersuchung.

196 Siehe *A. B. B.* (E/3), Bd. IX, Nr. 57, S. 112.

Reihe von Maßnahmen, die sich aus der Herrschaft des Regimentschefs, Kompaniechefs oder des betreffenden Kantonoffiziers über die ländliche untertänige Bevölkerung im Kanton ergaben, waren dazu geeignet, den Bauern zu einem stets zur Unterordnung bereiten und für militärische Zwecke disziplinierten Teil des Militärsystems als soziales System dienstbar zu machen. Gerade die Militärjustiz, die als rechtsprechende Obrigkeit über einen großen Teil der männlichen Landbevölkerung zum Kantonsystem gehörte, diente der Befestigung dieses Systems.[197]

Bauer und Junker im Militärsystem

Ein bekannter zeitgenössischer Militärschriftsteller des 18. Jahrhunderts hat geurteilt, der Kantonist wäre „ein unglückliches Mittelding zwischen Bauer und Soldat".[198] Dieser Ausspruch galt nicht nur im funktionellen Sinne, sondern erst recht im Hinblick auf das persönliche Schicksal des preußischen Kantonisten und mit ihm auf die ganze männliche Landbevölkerung. Was ihr im Regiment und vom Kantonoffizier zugemutet wurde, hatte sie auch auf dem Rittergut und von seiten des Landrates hinzunehmen.[199]

Als ausführendes Organ der staatlichen Behördenorganisation auf dem Lande organisierte der adelige Landrat zu einem großen Teil die verschiedenen Dienstleistungen der ländlichen Bevölkerung für das Militär. Auch von seiner Seite geschahen beim Ausheben der Rekruten „Menschlichkeiten", auch von ihm wurden unzulässige Gebühren für Trauscheine erhoben, wurden der bäuerliche Kantonist und seine Angehörigen für fremde Interessen eingespannt und in besonders krassen Fällen — zum Beispiel konnten königliche Remissionsgelder für die von den Landleuten geleisteten Marsch- und Vorspannfuhren gegen falsche Quittungen verschwinden — um ihnen zustehende Entschädi-

[197] Siehe hierzu noch unten Drittes Kapitel. — Über die Einflüsse der Militärjustiz auf die städtischen Verhältnisse berichtet Hinze, *Die Arbeiterfrage* ... (E/11), S. 173 ff.

[198] Siehe bei Georg Heinrich v. Behrenhorst, *Betrachtungen über die Kriegskunst*, 2. Aufl., Leipzig 1798, Bd. II, S. 210.

[199] Zur Rolle des altpreußischen Landrates im Zusammenhang mit dem Militärsystem vgl. statt vieler Otto Hintze, *Geist und Epochen der preußischen Geschichte. Gesammelte Abhandlungen*, Leipzig 1943, S. 172 ff., sowie die Darstellung des gleichen Autors in: *A. B. B.* (E/3), Bd. VI, 1. Hälfte, passim; die neueste Würdigung zu dem Problemkreis bietet Rosenberg, *Bureaucracy* ... (E/9), passim, bes. S. 165 ff.

gungen gebracht.[200] Über die Häufigkeit des Vorkommens solcher ungesetzlichen Vorfälle ist kein endgültiges Urteil möglich. Wohl aber sind die Mittel und Gebräuche bekannt, mit denen der „Junker", der adelige Gutsherr und Offizier im altpreußischen Heer, ganz allgemein seine beherrschende Gewalt über die bäuerlichen Untertanen und Kantonisten ausübte.[201]

Für alle Untertanen war im Herrschaftsbereich des adeligen Landes die erste Instanz die Grundobrigkeit.[202] Die Gewalt des königlichen Landesherrn und seiner Behörden endete, wenn man gerade von den Zugriffsmöglichkeiten des Kantonwesens absieht, rechtlich bei der Gutsherrschaft; Bauer und Knecht auf dem Gut waren Privatuntertanen.[203] Als Eigentümer des Grund und Bodens und zugleich Herr der Polizei und Gerichtsbarkeit darauf war der Junker, ausgenommen über Leben und Tod, absoluter Souverän in seinem Bereich, „das Ebenbild des preußischen Herrschers in Duodez".[204] In diesem Zusammenhang ist die Bedeutung der Tatsache ins Auge zu fassen, daß der Gutsbesitzer fast immer Offizier im Heer gewesen war oder noch im Offiziersdienst stand; wurden doch die Methoden seiner Menschenbehandlung von der Schule der Armee bestimmt.[205] Der Bauer war den Disziplinarstrafen des Gutsherrn in Form von Prügeln, „in den Stock spannen", Tragen des „spanischen Mantels", „Reiten" auf dem „scharfen Esel", „Krummschließen" und Arrest unterworfen;[206] das Landrecht erlaubte der Herrschaft auch im normalen Umgang mit den Untertanen die Benutzung der Peitsche.[207] Diese Formen der Bestrafung glichen völlig den beim

[200] Siehe *A. B. B.* (E/3), Bd. XIII, Nr. 231, S. 477; Bd. VIII, Nr. 146, S. 339 ff.; Bd. X, Nr. 286, S. 489.

[201] Der „Junker" als soziologischer Typ und Träger politischer Macht auf dem Lande ist Gegenstand des Zweiten Teils der vorliegenden Studie.

[202] Siehe *A. B. B.* (E/3), Bd. VIII, Nr. 422, S. 814; — zur gesetzlichen Regelung siehe *Allgemeines Landrecht für die Preußischen Staaten*, Berlin 1796.

[203] Vgl. Knapp, *Die Bauernbefreiung* ... (I/5), Bd. I (1887), S. 115.

[204] Siehe Johannes Ziekursch, *100 Jahre schlesischer Agrargeschichte. Vom Hubertusburger Frieden bis zum Abschluß der Bauernbefreiung*, 2. Aufl., Breslau 1927, S. 131.

[205] Zu den folgenden Ausführungen siehe noch unten den Zweiten Teil der vorliegenden Untersuchung.

[206] Vgl. Gerhard Czybulka, *Die Lage der ländlichen Klassen Ostdeutschlands im 18. Jahrhundert*, Braunschweig 1949, S. 69; vgl. auch Robert Stein, *Die Umwandlung der Agrarverfassung Ostpreußens durch die Reform des 19. Jahrhunderts*, Bd. I, Jena 1918, S. 264; dazu die Ausführungen von Knapp, *Die Bauernbefreiung* ... (I/5), Bd. I (1887), *Einleitung*, § 4.

[207] Siehe *Allgemeines Landrecht* ... (I/202), Zweiter Teil, Titel 7, §§ 227—233.

Militär geübten Strafmethoden. Auf dem Exerzierfeld konnte sich der Junker an den hemmungsfreien Gebrauch des Strafvollzugs gewöhnen, dessen Objekt der ländliche Untertan auf dem Rittergut wurde.

Im Soldatendienst traf der bäuerliche Kantonist auf eine Form von Disziplin, die nach klassisch gewordener Interpretation auf Gehorsam, Pünktlichkeit und Subordination beruhte[208] und nun über dem Leben des Bauern bei der Arbeit wie im Dienst waltete. Sie schien nur erreichbar durch Härte und Furcht vor Strafe; die Scheu vor dem selbstverständlichen Prügeln und anderen schmerzhaften Strafen im Heer sollte bewirken, daß der gemeine Soldat „vor dem Offizier mehr Furcht als vor dem Feinde haben" sollte.[209] Die Aussagen der Zeitgenossen, unter ihnen preußische Offiziere, verraten, daß wirklich in diesem Geist gehandelt wurde.[210]

Eine besonders nachhaltige Verschärfung hat die militärische Zucht nach dem Siebenjährigen Krieg erfahren. Die Hauptursache mag die Verschlechterung der Mannschaftsqualität durch die neugeworbenen Ausländer gewesen sein; den Kompaniechefs wurde in diesen Jahren die eigene Werbung entzogen und unter gemeinschaftlicher Regie für das ganze Heer auf königliche Kasse durchgeführt, was zur Folge hatte, daß die Werber, die nicht mehr für einen eigenen Truppenteil warben, nicht wie früher auf die Qualität der von ihnen geworbenen Rekruten achteten.[211] Es war teilweise der „Auswurf der Menschheit", der angeworben wurde.[212] Entsprechend verschärften sich die Methoden der soldatischen Erziehung gegenüber diesen Fremdlingen, denen die gleichzeitige patrimoniale Bindung der Kantonisten durch die Untertänigkeit auf dem Lande fehlte. Das verschärfte Prügelsystem des Heeres teilte

[208] Siehe das „Politische Testament" Friedrichs II. von 1768, in: *Klassiker der Politik* (E/8), Bd. 5, S. 155.

[209] Siehe das „Militärische Testament" Friedrichs II. von 1768, in: v. Taysen, *Friedrich der Große* ... (E/1), S. 205, sowie *a. a.* O., S. 576, die „Instruktion für die Kommandeurs der Kavallerieregimenter", aus der das obige Zitat stammt; vgl. auch v. Ciriacy, *Chronologische Übersicht* ... (I/53), S. 342, der sich dort seinerseits auf die 1798 erschienene Schrift von Behrenhorst, *Betrachtungen über die Kriegskunst* (I/198) beruft.

[210] Vgl. das bei Jähns, *Geschichte der Kriegswissenschaften* (I/16), Bd. III, S. 2234 ff., zitierte Schrifttum; siehe auch die im folgenden zitierte Literatur.

[211] Vgl. v. Gaudi, *Von Verbesserungen in der Armee* ... (zitiert bei Reinhard Höhn, *Revolution. Heer. Kriegsbild*, Darmstadt 1944, S. 74).

[212] Siehe bei Jähns, *Geschichte der Kriegswissenschaften* (I/16), Bd. III (1891), S. 2241; — das wesentlichste zeitgenössische Schrifttum zu diesen Fragen des preußischen Heerwesens behandelt Jähns, *a. a.* O., S. 2234 ff.; vgl. auch die Bibliographie bei Gieraths, *Kampfhandlungen* ... (I/152), „Quellen und Literatur".

sich nun aber auch den Landeskindern im Heere mit. Die Folge dieser negativen Einstellung zum Soldaten als Menschen war die Entmenschlichung der Beziehungen in der Armee.[213] „Barbarei, tyrannisches Prügeln, Stoßen und Schimpfen" wurden angewandt, um „menschliche Behandlung" mußte von den höchsten Vorgesetzten gebeten werden.[214] Der mißhandelte Soldat schwankte zwischen Verzweiflung, Furcht vor der Fuchtel und Selbstmordgedanken hin und her; oft nahm er sich wirklich das Leben.[215] Französische Beobachter hielten solche Art von Disziplin für „verwerflich" und meinten, der preußische Soldat müsse alles aus „der Perspektive einer elenden Sklaverei" sehen.[216]

Zu diesen zeitgenössischen Auffassungen ist nun eine wesentliche Einschränkung anzumelden. Es mochte unter den Offizieren, von deren Haltung zu den Fragen der militärischen Erziehung die entscheidenden Einflüsse ausgingen, ebensowohl Männer gegeben haben, die aus einem anderen Geist als ausschließlich dem eines Drillmeisters heraus handelten. Eine gewisse Rolle wird beispielsweise die Religiosität eines Teiles des Offizierkorps gespielt haben. Es braucht nur an die Frömmigkeit von Männern wie Schwerin, Schmettau, Zieten, Belling und anderer höherer Offiziere erinnert zu werden, um andeutungsweise verständlich zu machen, daß von hier aus eine gegenläufige Haltung in den Fragen der Menschenbehandlung möglich war.[217] Insbesondere hat sich die mit dem Namen August Hermann Franckes verbundene Bewegung des Hallischen Pietismus die sittliche Hebung des damaligen Soldatentums angelegen sein lassen.[218] Ein Beispiel dafür, daß die pietistische Berufsaskese an der Prägung des preußischen Offizierstyps mit milderndem Einfluß auf die überwiegend rauhen Praktiken des Offizierkorps beteiligt gewesen ist, bietet das Verhalten eines Obersten, der als Pietist allerdings dem Tadel seiner Vorgesetzten und Kameraden ausgesetzt

[213] Vgl. Höhn, *Revolution* ... (I/211), S. 434.

[214] Vgl. Preuß, *Friedrich der Große* (E/16), Bd. IV, S. 331 ff.

[215] Siehe die Schrift des Bischofs Eylert, *Charakterzüge und historische Fragmente aus dem Leben des Königs von Preußen Friedrich Wilhelm III.* ... (zitiert bei v. d. Goltz, *Von Roßbach bis Jena* ... [I/73], S. 145); siehe ferner Preuß, *Friedrich der Große* (E/16), Bd. IV, *Urkundenbuch*, S. 263, Nr. 2.

[216] Vgl. das Zeugnis des Herzogs von Choiseul-Amboise (zitiert bei v. d. Goltz, *a. a. O.*, S. 178).

[217] Vgl. Erich Schild, *Der preußische Feldprediger*, Bd. II, Halle 1890, S. 160.

[218] Vgl. Carl Hinrichs, *Der Hallische Pietismus als politisch-soziale Reformbewegung des 18. Jahrhunderts*, in: *Jahrbuch für die Geschichte Mittel- und Ostdeutschlands*, herausgegeben vom Friedrich-Meinecke-Institut der Freien Universität Berlin, Bd. II (1953), S. 187 ff.

war, sich jedoch als guter Soldat erwiesen hatte und seinem General beim Antritt des Kommandos einer Kompanie die Geleitworte abnötigte: „Kinder, ich übergebe euch einem Vater, der treulich für euch sorgen wird."[219] Wiederum zeigt aber gerade die Geringschätzung, die Offizieren solcher Art von allen Seiten entgegengebracht wurde,[220] wie vereinzelt dergleichen Persönlichkeiten dagestanden haben müssen. Die überwiegende Mehrheit des Offizierskorps schloß sich wohl den Methoden der Menschenbehandlung an, wie sie die königlichen Instruktionen empfahlen,[221] wie sie bei der Zusammensetzung der Mannschaft, und wie sie nicht zuletzt im Interesse einer einträglichen Kompaniewirtschaft unerläßlich schienen.[222]

Vom Standpunkt der zum Dienst im Mannschaftsstand bestimmten Untertanen mußte bei der tatsächlichen sittlichen Einschätzung des Soldatenstandes im 18. Jahrhundert der Militärdienst verhaßt sein.[223] Die Einstellung in das Heer konnte in Gerichtsverhandlungen sogar als wirkliches Strafurteil benutzt werden.[224] Die Grundeinstellung des bäuerlichen Kantonisten zum Militärdienst deuten auch schon die während des ganzen Jahrhunderts nicht abreißenden Desertionen der inländischen Bauern an; denn hauptsächlich den sozial gebundenen bäuerlichen Kantonisten schreckte naturgemäß der Gedanke an ein solches Los.[225] Beteiligten sich doch sogar manche Gutsherren an der Sicherstellung ihrer Untertanen und verhalfen ihnen zur Flucht.[226] Für viele Landleute war der einzige Grund, aus dem sie „elende Kossätenhöfe" annahmen, die „Entlassung vom Militärdienst, welche ihnen dadurch erreichbar" wurde.[227] Im Kriege mochte es allerdings vorkommen, daß die eigenen

219 Vgl. Schild, *Der preußische Feldprediger* (I/217), Bd. II, S. 174.

220 *Ebda.*

221 Vgl. oben Anm. I/209.

222 Der Beschreibung dieser Zusammenhänge wird weiter unten Raum gegeben; siehe unten Zweiter Teil, 2. Kapitel: *Der „Junker" zwischen Rittergut und „Kompaniewirtschaft"*.

223 Vgl. Preuß, *Friedrich der Große* (E/16), Bd. IV, S. 321, Anmerkung 2.

224 Vgl. Bornhak, *Preußische Staats- und Rechtsgeschichte* (E/20), S. 221.

225 Stände und Regierung waren sich darüber klar, daß es die „Werbungen" waren, denen „das dadurch hervorgerufene Ausweichen der Untertanen" zuzuschreiben war (siehe bei Knapp, *Die Bauernbefreiung* ... [I/5], Bd. II [Akten], S. 35 f.); vgl. Hintze, *Zur Agrarpolitik* ... (E/10), S. 301; vgl. vor allem die „Gravamina" der Stände in: *A. B. B.* (E/3), Bd. VI, 2. Hälfte, passim.

226 Siehe bei Knapp, *a. a. O.*, S. 40; siehe bei Preuß, *Friedrich der Große* (E/16), Bd. I, *Urkundenbuch*, S. 125, Nr. 330.

227 Siehe das Zeugnis Albrecht Thaers von 1806 (zitiert bei Knapp, *a. a. O.*, Bd. I, S. 149).

Angehörigen ihre desertierenden Männer ausstießen.[228] Dem stehen jedoch Zeugnisse gegenüber, daß die Landbevölkerung selbst in Kriegszeiten Deserteure aufnahm.[229] An der grundsätzlich ablehnenden Haltung des gemeinen Mannes gegenüber dem Militärdienst änderte offenbar auch nichts, daß der Kantonist gelernt hatte, sein Schicksal als unvermeidliche Bestimmung aufzufassen, daß manchem Soldaten die preußische Ordnung sogar gefallen mochte,[230] und daß zudem bei einem Vergleich der wirtschaftlichen Lage des ländlichen Arbeiters und des Soldaten der letztere womöglich noch besser abschnitt,[231] obwohl der Soldatenstand als einer der schlechtestbezahlten galt. Gerade die wirtschaftliche Lage der Soldaten war es, die schließlich den humaner als seine Vorgänger denkenden Friedrich Wilhelm III. auf eine Besserung ihrer Situation denken ließ; denn wie sollte sich „eine wirkliche Anhänglichkeit für den Soldatenstand erwarten" lassen, wenn seine Lage so „kümmerlich und erbärmlich" war.[232] Der Soldatenstand hatte als einziger seit 1713 keine Erhöhung seines Soldes erfahren.[233] Und was die Dauer der Dienstpflicht betraf, so wurde erst unter Friedrich Wilhelm II. im Jahre 1792 die zwanzigjährige Dienstzeit eingeführt, während bis dahin — von eintretender Invalidität oder Entlassung wegen Übernahme eines Hofes abgesehen — selbst für den Kantonisten, erst recht aber für den geworbenen Soldaten, die Dienstzeit grundsätzlich lebenslänglich währte.[234]

Bevor es zu Reformen kommen konnte, mußte während des ganzen 18. Jahrhunderts der bäuerliche Kantonist die lebenslange scharfe militärische Erziehung und Disziplinierung seines und seiner Angehörigen Leben durchmachen. Nach den Worten Friedrichs d. Gr. führte die Mannszucht im Heer zu blindem Gehorsam,[235] und dieser blinde Gehorsam war es in der Tat, der den Lebensstil des Soldaten beziehungsweise Kantonisten und in ihm des bäuerlichen Untertanen bestimmte.

[228] Vgl. Preuß, *Friedrich der Große* (E/16), Bd. II, S. 318 f.

[229] Vgl. *a. a.* O., Anhang I, S. 435.

[230] Vgl. (v. Lossow), *Denkwürdigkeiten* ... (I/8), S. 2, S. 8.

[231] Siehe das Urteil des Generalmajors v. Rüchel (zitiert bei v. d. Goltz, *Von Roßbach bis Jena* ... [I/73], S. 271).

[232] Siehe die Denkschrift König Friedrich Wilhelms III. von 1797, in: G. Küntzel und M. Hass, *Die politischen Testamente der Hohenzollern*, Bd. II, Leipzig und Berlin 1911, S. 123.

[233] *Ebda.*

[234] Vgl. Jany, *Die Kantonverfassung* ... (I/28), S. 251, Anmerkung 1.

[235] Siehe das „Politische Testament" Friedrichs II. von 1752, in: *Klassiker der Politik* (E/8), 5. Bd., S. 90.

Schließlich fand eine gegenseitige Übertragung militärischer Disziplin zwischen Regiment und Rittergut statt. Nachdem das Prügeln auf dem Gut nun einmal üblich war, schien es, als durfte man im Heer nicht weniger streng sein als im „zivilen" Leben, wollte man ein gesteigertes Maß an Disziplin erreichen, wie es in der Armee für erforderlich gehalten wurde.[236] Die militärische Disziplin konnte so beiden, dem Junker als Offizier und dem bäuerlichen Untertan als Soldaten, wie eine natürliche Fortsetzung der Ordnung des zivilen ländlichen Lebens erscheinen; der Bauer war die daraus resultierende Behandlung gewohnt. Er litt zu Hause harte Prügel vom Edelmann, Beamten, Forstbedienten, beim Vorspann, auf seinem Hof vom Reiter, dessen Pferd auf Grasung weilte, ebenso wie vom Unteroffizier und Offizier.[237] Unleugbar mußte dabei die viel schrankenlosere Gewaltanwendung im Heer, deren psychologische Gewöhnung der Offizier auf das Gut zurückbrachte, sich in einer Verschärfung der Disziplinmethoden im ländlich zivilen Rahmen auswirken. Im Kriege gar war es Sitte, daß die Regimenter die Justizvergehen der Untertanen auf dem Lande militärisch abstraften.[238] Erst ein königliches Verbot konnte die Ausdehnung dieses Brauches auf Friedenszeiten verhindern.[239]

Der soziale Prozeß der Rückübertragung der militärischen Disziplin auf das Rittergut und seine Auswirkungen konnten allerdings solange in Grenzen bleiben, wie die Gutsherrschaft eine wirklich patriarchalische Herrschaft innerhalb eines über Generationen bestehenden Verhältnisses zwischen einunddenselben Gutsbesitzerfamilie und immer denselben Untertanenfamilien blieb.[240] Sie mußte schlimme Formen annehmen, wenn dieses patriarchalische Band, das neben Strenge auch Güte und Zuneigung enthielt, zwischen Herrschaft und Untertanen fortfiel. Dieser Fall trat ein, als im letzten Drittel des 18. Jahrhunderts der Güterhandel aufblühte,[241] als man dann auf die Erhöhung des Guts-

[236] Vgl. v. d. Goltz, *Von Roßbach bis Jena* ... (I/73), S. 93.

[237] Vgl. Preuß, *Friedrich der Große* (E/16), Bd. III, S. 96.

[238] Siehe *a. a. O.*, *Urkundenbuch*, S. 222, Nr. 7.

[239] Siehe *ebda.*; ferner *A. B. B.* (E/3), Bd. XIII, Nr. 195, S. 418 f.

[240] Das Problem des patriarchalischen Herrschaftssystems durchzieht die gesamte Literatur über die gutsherrlich-bäuerlichen Verhältnisse in den preußischen Provinzen im 18. Jahrhundert (siehe das Quellen- und Literaturverzeichnis am Schluß dieses Bandes); vgl. u. a. auch Walter Görlitz, *Die Junker. Adel und Bauer im deutschen Osten*, Glückburg 1956, S. 92.

[241] Siehe hierzu noch unten Zweiter Teil, 3. Kapitel; zum speziellen Zusammenhang zwischen dem Güterhandel und dem Fortfall des patriarchalischen Verhältnisses zwischen Herrschaft und Untertanen vgl. Fritz Martiny, *Die Adelsfrage in Preu-*

wertes bedacht sein mußte und eine solche Wertanhebung nur bei ständiger Steigerung der bäuerlichen Dienste möglich war, wozu wiederum nur äußerste Strenge gegenüber den Untertanen zu helfen schien.[242] Der Lebensstil der ländlichen Gesellschaftsschichten und die Ausbildung der Disziplin des preußischen Heeres im 18. Jahrhundert hingen so mit dem Ergebnis zusammen, daß die Veränderungen im einen Bereich im anderen Bereich deutlich spürbar wurden.

Die Verhältnisse in den westlichen Provinzen der Monarchie

Die zeitlichen und lokalen Unterschiede in den Beziehungen zwischen Heer und Gesellschaft im alten Preußen, wie sie aus den zeitgenössischen Quellen sprechen, sind zu stark, als daß die vorhandenen Einzelzeugnisse ein Gesamturteil für alle seine Provinzen und für das ganze 18. Jahrhundert ohne eine differenzierende Betrachtung einfach zuließen. Als wichtigstes Beispiel für die gegebenen Verschiedenheiten können zum Vergleich die verfassungsmäßigen Verhältnisse und die soziale Ordnung herangezogen werden, die im Zusammenhang mit dem Militärsystem in den westlichen Provinzen der Monarchie herrschten.

Als die Klevische Kammer im Jahr 1748 eine „erneuerte Instruktion" empfing, die nach dem Muster der für die östlichen Kriegskammern angefertigten Instruktionen von der Voraussetzung ausging, daß auch dort Gutsherren vorhanden seien, die sich „Plackereien" zuschulden kommen ließen, mußte die Kammer antworten, daß die ländliche Verfassung in den dortigen Landen eine andere sei als im Osten und deshalb die Ausführung der Befehle der Instruktion nicht durchgehend gestatte.[243] Tatsächlich war doch die Stellung des Bauern in der Mehrzahl im Westen eine ganz andere. Die Leistungen, zu denen der Bauer hier für das Nutzungsrecht seines Hofes dem Grundherrn gegenüber verpflichtet war und die stets gemessen im Gegensatz zu den meist ungemessenen des Ostens waren, bildeten eine Substanz für sich; dem Rittergutsbesitzer war keineswegs grundsätzlich wie im Osten ein Herrschaftsrecht über die Bauerngüter eingeräumt.[244] Im Extrem bildeten

ßen vor 1806 (= Beiheft 35 zur *Vierteljahresschrift für Sozial- und Wirtschaftsgeschichte* [1938]), S. 60.

[242] Vgl. Ziekursch, *100 Jahre*... (I/204), S. 60; Martiny, *a. a. O.*, ebda.; — siehe noch unten DRITTES KAPITEL, Abschnitt *Der Militärdienst und die „Proletarisierung" der ländlichen Bevölkerung*, sowie unten ZWEITER TEIL, 3. KAPITEL.

[243] Siehe *A. B. B.* (E/3), Bd. VII, S. 786.

[244] Vgl. E. v. Kahlden, *Die ländlichen Arbeiter*, in: August Meitzen, *Der Boden*

die Bauern, wie in Ostfriesland, einen freien Stand, der — nahezu unfaßlich für altpreußische Verhältnisse — eine eigene ständische Vertretung hatte.[245] Aber auch in den übrigen westlichen Provinzen war als Ergebnis einer ganz anders verlaufenen Agrargeschichte die streng feudale Ordnung der östlichen Teile der Monarchie allerorts überholt.[246]

Mithin fehlte im Westen vor allem die Arbeitsverfassung der östlichen Güter, die auf der Erbuntertänigkeit und Frondienstverpflichtung beruhte, als durchgehende Basis der Agrarverhältnisse und damit die Disziplinierung des bäuerlichen Landbewohners zu jenem blinden Gehorsam, der im Osten die Erziehungsgrundlage des Kantonisten geworden war. Hierin lag, neben anderen Konsequenzen des Unterschiedes zwischen der östlichen Gutsherrschaft als Einheit von Grundherrschaft und Polizeigewalt und der westlichen Grundherrschaft ohne die Verbindung mit der Gerichtsbarkeit, vom altpreußischen Militärsystem her gesehen das wesentlichste Unterscheidungsmerkmal zwischen diesen beiden Formen der ländlichen Sozialverfassung. Den Bewohnern der westlichen Provinzen fehlten die Voraussetzungen, die die östlichen Landeskinder zu Soldaten prädestinierten. Und wirklich hielten es die preußischen Herrscher des 18. Jahrhunderts für das beste, diese „Halbpreußen"[247] von der Militärdienstpflicht zu eximieren beziehungsweise sie statt dessen zu erhöhten Geldleistungen in Form von Werbegeldern heranzuziehen.[248] Erst ganz zum Ende des Jahrhunderts wurden mit einzelnen Landesteilen Konventionen über Rekrutenlieferungen abgeschlossen.[249] Eine andere Möglichkeit der Einordnung der westlichen Landesbewohner in das Militärsystem schien nicht zu bestehen. Denn gerade das Fehlen der Gutsherrschaft als der Vorschule zum Heeresdienst, also die andersartige Agrarverfassung, bewirkte, daß das Militärsystem durch das Land weit mehr abgelehnt wurde, daß der Widerstand gegen den Heeresdienst insgesamt stärker war als der in den östlichen Landesteilen der Monarchie. So drangen auch die lautesten Klagen gewöhnlich aus dem

und die landwirtschaftlichen Verhältnisse des preußischen Staates, Bd. VIII, Stück IV, Berlin 1908, S. 401.

245 Siehe *A. B. B.* (E/3), Bd. VI, 2. Hälfte, Nr. 487, S. 785.

246 Vgl. Lehmann, *Freiherr vom Stein* (E/12), Bd. I, S. 89 ff., dessen Beschreibung *a. a. O.* für die hier interessierenden Zusammenhänge als grundlegend angesehen werden darf.

247 Vgl. *a. a.* O., S. 91; siehe dazu Otto Hintzes Besprechung in der *HZ* (E/10), Bd. 94 (1905), S. 418 f.

248 Zum Thema „Exemtionen" vgl. oben Anm. I/154; siehe ferner die oben in Anm. I/76 zitierten Quellen.

249 Vgl. Lehmann, *Freiherr vom Stein* (E/12), Bd. I, S. 110 ff.

Westen: wegen Geldschneiderei des Militärs,[250] wegen Bruch der Abmachungen über Werbe- und Einquartierungsfreiheit,[251] wegen Werbeexzessen trotz Verbot,[252] wegen häufiger Landesflucht der Untertanen vor Werbung,[253] wegen wüst stehender Höfe und der Schwierigkeit der Wiederbesetzung als Folge der Furcht vor militärischen Belastungen.[254]

Bei aller Vorsicht gegenüber verallgemeinernden Urteilen zur Beziehung zwischen Militärsystem und Sozialleben in den zeitlichen Abschnitten und den regionalen Bereichen des alten Preußen zeigen doch solche Berichte zum abweichendsten aller Beispiele,[255] daß sich zuletzt ein sehr ähnliches Bild von der Rolle des Militärsystems im Leben des bäuerlichen Landbewohners immer wiederholt und den aus der Summe der Zeugnisse gewonnenen Eindruck im Grunde nur unterstreicht.

250 Siehe *A. B. B.* (E/3), Bd. V, 2. Hälfte, Nr. 116, S. 179; Nr. 460, S. 811 f.; Bd. VI, 2. Hälfte, Nr. 58, S. 146 f.

251 Siehe *A. B. B.* (E/3), Bd. XIII, Nr. 77, S. 154; Nr. 138, S. 290 ff.

252 Siehe *A. B. B.* (E/3), Bd. VI, 2. Hälfte, Nr. 51, S. 134; Nr. 57, S. 141 f.; Bd. XIII, Nr. 217, S. 446 f.; Bd. XIV, Nr. 160, S. 377; Bd. XV, Nr. 28, S. 73.

253 Vgl. Lehmann, *Freiherr vom Stein* (E/12), Bd. I, S. 106; siehe *A. B. B.* (E/3), Bd. VIII, Nr. 204, S. 497; Bd. XV, Nr. 183, S. 478.

254 Siehe *A. B. B.* (E/3), Bd. V, 2. Hälfte, Nr. 21, S. 20 f.

255 Siehe noch *A. B. B.* (E/3), Bd. XIV, Nr. 212, S. 502, wo besonders auf die Auswirkungen des Militärsystems für das Leben des bäuerlichen Landbewohners der westlichen Provinzen im Kriege Bezug genommen ist.

DRITTES KAPITEL

Praxis und Auswirkungen des Militärsystems auf Bauerntum und Agrarverfassung 1733—1807

Im Rückblick auf die von der sozialen Praxis des Militärsystems her bestimmten Einzelzüge des bäuerlichen Lebens im altpreußischen Staat eröffnet sich das Verständnis auch für die säkularen Folgen, die die militärische Durchdringung des Sozialsystems für die Entwicklung des Bauerntums als ganzes im alten Preußen gehabt hat. Die nachweisbaren Vor- und Nachteile, die sich in ihrem Verlauf bis zur endgültigen Bauernbefreiung im Jahre 1807 für den Bauernstand ergaben, sollten sich zugleich als ausschlaggebend für den bald fortschreitenden, bald rückläufigen, im ganzen aber unterdrückten Liberalisierungsprozeß der alten feudal-ständischen Agrarverfassung herausstellen. Ein Teil der Zusammenhänge wird am Beispiel der Militärgerichtsbarkeit und ihrer Folgen für die soziale Struktur auf dem Lande deutlich.

Militärgerichtsbarkeit und bäuerliche „Emanzipation"

Trotz aller Bedrückungen, die die bäuerlichen Landbewohner unter den Bedingungen des Militärsystems erfahren mußten, brachte es ihnen gleichzeitig doch in manchen Bereichen von ihrer eigenen Warte aus Vergünstigungen, die — mit gebotenen Einschränkungen — zusammenfassend als „Emanzipation" und „Schutz" bezeichnet werden können. Zum ersteren Phänomen bietet ein besonders charakteristisches Beispiel das Protokoll einer militärgerichtlichen Vernehmung aus der Mitte des 18. Jahrhunderts.[256] Darin geht es um die Aussagen eines Grenadiers und Kossäten, der sich als Urlauber in seinem Heimatdorf aufhielt, gegen den Landrat des Kreises, und zwar in Gegenwart eines vom Regiment zur Verhandlung delegierten Offiziers. Der Verhörte bezeichnete den Landrat als einen „Landesverderber", der die Gemeinde schä-

[256] Siehe *A. B. B.* (E/3), Bd. VIII, Nr. 146, S. 339 ff.

dige und aussauge und seinen persönlichen Zwecken dienstbar mache. Es wäre ihm „mehr als zu wohl bekannt ..., daß der Herr Landrat leider mehr als zu oft die Untertanen, wenn sie sich über das erlittene Unrecht beklagen wollen, nicht allein gar nicht gehöret und mit der größten Härte abgewiesen, sondern auch sogar deshalb einstecken lassen, wodurch er denn freilich alles in Furcht und Schrecken gesetzet, daß so leicht kein armer Untertan mehr klagen würde, und da er seines Soldatenstandes halber mit ihm selbsten nicht auf gleiche Weise verfahren und ihn in Arrest schmeißen lassen können [!], welches sonsten dessen ordentlicher Weg zu procedieren wäre, so hätte er dennoch ... gesuchet, ihn durch Angehung des Regiments [!] zum Verhaft zu befördern. Gleichwie aber Comparent von der Gerechtigkeit des Herrn Obersten versichert wäre ..., so wäre er auch sattsam imstande, dasjenige, was er geredet, gehörig zu erweisen." Die Bewohner der Gemeinde „wollten an die Regierung und an den König gehen, wobei er [der Verhörte] auch mit Aufhebung der Hände gesagt: Wir haben einen, der heißt Friderich!" Habe er doch „S. K. Majestät mit Leib und Blut gedienet".

An allem ist von Interesse, daß die Tatsache der Zugehörigkeit des beurlaubten Kantonisten unter die Militärjurisdiktion seinesgleichen den Rücken steifte zum Widerstand gegen die öfter verzeichneten Übergriffe der Landräte und Gutsherren im Rahmen des gutsherrlich-bäuerlichen Untertänigkeitsverhältnisses. Kein Wunder, daß Adelspetitionen voller Klagen waren über die Einrichtung, daß die hörigen bäuerlichen Untertanen nicht mehr allein unter der bis zum Inkrafttreten des „Kantonreglements" ungestörten Obrigkeit der Gutsherrschaft und des Landrates, sondern nun auch unter den militärischen Institutionen standen.[257] Der Kantonist konnte sich nun auch als direkter Untertan des Königs fühlen, er mochte vielfach geistig über die Gutssphäre hinauswachsen, und vielleicht war diese Entwicklung mit ein Erfolg des Anschauungsunterrichts, den der Soldat im Regiment genoß. Die unbedingte Macht des Gutsherrn über seine Hörigen war damit in gewissem Sinne eingeschränkt, wenn man sich diese Beschränkung auch nicht allzu weitgehend vorzustellen braucht, da auch der Gutsherr die aus dem Militärsystem erwachsenden Vorteile für sich zu nutzen verstand.[258] Aber als Lohn für einen langen Soldatendienst winkte bei der Entlassung oft die

[257] Vgl. Schmoller, *Umrisse und Untersuchungen* ... (E/2), S. 280.

[258] Vgl. noch unten den Abschnitt über *Bauernbefreiung und Militärpolitik* in diesem Kapitel sowie unten Zweiter Teil, 2. Kapitel: *Der „Junker" zwischen Rittergut und „Kompaniewirtschaft"*.

Befreiung aus der Untertänigkeit,[259] und in den Reformverhandlungen der Jahrhundertwende tauchte dieser Punkt sogar als betonte Forderung auf![260] Schon früher beklagten sich die Gutsherrschaften, daß — ein Schritt auf diesem Wege — entlassene Soldaten nicht in den Ort zurückgewiesen würden, in den sie gehörten, und viele von ihnen so Gelegenheit bekamen, sich der Herrschaft zu entziehen.[261]

Eine Frage von besonderer Wichtigkeit für die ländliche Bevölkerung war die Regelung des Heiratswesens. Bis zur Einführung der Kantonverfassung lag die Heiratserlaubnis für die Immediatuntertanen auf dem Lande beim Gutsherrn. Hernach war es das Regiment, das die Trauscheine für Soldaten und Enrollierte erteilte. Die Aussagen der ständischen Gravamina bei der Thronbesteigung Friedrichs II. besagten, daß diese Regelung „das Heiraten bei der Landbevölkerung wesentlich erschwert" hätte,[262] womit auf die Mißbräuche hingewiesen wurde, die den Offizieren bei der Erteilung des Heiratskonsenses unterlaufen waren.[263] Zeugnisse aus späterer Zeit verrieten nun, daß es ebensowohl die Gutsherren oder die Landräte sein konnten, die das Heiraten ihrer Untertanen behinderten[264] und hierin den Absichten des Militärs entgegenwirkten, während das Militär zu diesem späteren Zeitpunkt schärfsten Befehl hatte, die Trauscheine „unweigerlich und unentgeltlich" zu geben,[265] um — nach den Worten des Königs (Friedrichs II.) — „das Land zu peuplieren und die Gattung zu erhalten, die bewunderungswürdig ist".[266]

In diesem Zusammenhang erwies sich erneut, wie zweitrangig eine gesetzliche Bestimmung gegenüber den realen Tatsachen der sozialen Verhältnisse im Grunde war. Der Heiratskonsens des Regiments oder der Behörde nutzte dem Bräutigam doch nichts ohne die Einwilligung des

[259] Siehe *A. B. B.* (E/3), Bd. X, Nr. 44, S. 58; vgl. Preuß, *Friedrich der Große* (E/16), Bd. I, S. 305; vgl. *a. a. O.*, *Urkundenbuch*, S. 150, Nr. 384.

[260] Vgl. Marie Rumler, *Die Bestrebungen zur Befreiung der Privatbauern in Preußen 1797—1806*, in: *FBPG* (E/10), Bd. 33 (1921), S. 331, und Bd. 37 (1925), S. 51, Anmerkung 2, sowie S. 53.

[261] Siehe *A. B. B.* (E/3), Bd. VI, 2. Hälfte, Nr. 31, S. 48.

[262] Vgl. Otto Hintze in: *A. B. B.* (E/3), Bd. VI, 1. Hälfte, S. 21.

[263] Vgl. oben Zweites Kapitel, Abschnitt über *Militärische Disziplinargewalt und bäuerliches Leben.*

[264] Siehe *A. B. B.* (E/3), Bd. VIII, Nr. 264, S. 591; Bd. XII, Nr. 256, S. 387; Bd. XIII, Nr. 5, S. 14, sowie Nr. 231, S. 477.

[265] Siehe *A. B. B.* (E/3), Bd. VII, Nr. 401, S. 603.

[266] Siehe das „Politische Testament" Friedrichs II. von 1752 (E/8), Abschnitt: *Die Kantons* (I/3).

Gutsherrn, der als einziger der Ehe die wirtschaftliche Basis im Gutsbereich geben oder sie ihr entziehen konnte. Schwierigkeiten dieser Art ergaben sich beispielsweise, wenn die Verheiratung, selbst wenn sie gegen Loskauf stattfand, der Gutsherrschaft eine Magd entriß, während der Gutsherr lediges Gesinde brauchte.[267] Die ganze im Brennpunkt des Verhältnisses von Militärhoheit und Gutsherrschaft stehende und für die Menschen auf dem Lande so lebenswichtige Frage der Heiratsmöglichkeit hatte volkswirtschaftlich und heerespolitisch ihre Bedeutung für die „Peuplierung" des Landes, für die Schaffung von Konsumenten und Produzenten wie für die Bereicherung des Rekrutenpotentials.

Gewisse Extreme der Emanzipation des bäuerlichen Kantonisten zeigten freilich, daß bei der sozialen Unselbständigkeit, in der der ländliche Untertan befangen war, seine durch einige günstige Bedingungen des Militärsystems erworbenen Vorteile, nämlich eine etwas verbesserte Freizügigkeit und ein erhöhtes Maß von Rechtsschutz, leicht in ihr Gegenteil umschlagen konnten. Darunter fällt, daß offenbar der beurlaubte Soldat seine Urlaubszeit nicht immer, wie sie gemeint war, als eine Beurlaubung zur Arbeit, sondern als eine solche zum Müßiggang auffaßte. Die Beschwerden der Stände sind voll von Klagen, daß vor allem die beurlaubten Bauernsöhne auf dem heimatlichen Hof faulenzten und ihren Eltern mehr zur Last lägen, als daß sie ihnen zur Hand gingen.[268]

Schlimmer aber noch wirkte sich das durch das Bewußtsein seiner Zugehörigkeit zum Soldatenstand mit dessen gesonderter Gerichtsbarkeit neuerweckte Selbstgefühl des Kantonisten in seinem Verhältnis zur zivilen Obrigkeit aus.[269] Nicht nur in den Fällen, in denen sie sich gegen Übergriffe dieser Obrigkeit wandten,[270] sondern wohl mehr noch in solchen, bei denen sie wegen Unzucht, Unruhestiftung und Trunkenheit zur Rechenschaft gezogen werden sollten, verschanzten sich die Urlauber hinter der Jurisdiktion des Regiments, wo sie oft Schutz gegen den Gutsherrn, der zugleich der Gerichtsherr auf dem Lande war,

[267] Siehe dazu *A. B. B.* (E/3), Bd. XII, Nr. 256, S. 387; Bd. XIII, Nr. 5, S. 14; vgl. Knapp, *Die Bauernbefreiung* ... (I/5), Bd. I (1887), S. 67.

[268] Siehe *A. B. B.* (E/3), Bd. V, 2. Hälfte, Nr. 359, S. 628; — Bd. VI, 2. Hälfte, Nr. 31, S. 48; Nr. 43, S. 92 ff.; Nr. 50, S. 119; — Bd. XIV, Nr. 163, S. 386; — vgl. Schwartz, *Die Klassifikation* ... (I/60), S. 31.

[269] Siehe *A. B. B.* (E/3), Bd. VI, 2. Hälfte, Nr. 50, S. 118 ff.; vgl. Schwartz, *a. a. O.*, ebda.

[270] Gemeint sind Fälle wie der eingangs dieses Abschnitts wiedergegebene Rechtsstreit zwischen Kossät und Landrat vor einem Militärgericht.

fanden.[271] Ursprünglich nahmen dieses Recht für sich auch die Enrollierten schon vor ihrer eigentlichen Einstellung als Soldaten in das Regiment in Anspruch; es kostete lange Jahre der Argumentation zwischen Ständen und Behörden, bis der König schließlich — zuerst offenbar noch ohne durchschlagende Wirkung, dann aber endgültig — den Verbleib der noch nicht in Reih und Glied stehenden Enrollierten unter der lokalen Jurisdiktion bestimmte.[272] Die Beurlaubten blieben selbstverständlich unter der Militärgerichtsbarkeit.[273] Die Soldaten nützten diesen Umstand aus, um gerichtliche Forderungen gegen Bürger und Bauern an sich zu kaufen oder gegen Belohnung in Rechtssachen Vertretung zu stellen, wodurch die betreffende Sache dem ordentlichen Gericht entzogen wurde und die Gegenseite außergerichtlich unter Druck gesetzt werden konnte.[274] Solche Konsequenzen der Militärjustiz mußten natürlich die zivile Gerichtsbarkeit erheblich schädigen.[275]

Die Adaption eines militärischen Charakters an seinen zivilen Status führte den ländlichen Untertanen zu einer Steigerung seines Selbstgefühls, das in seinen Auswirkungen die bisherige ständische Ordnung zwischen der adeligen Herrschaft und ihren Untertanen nicht unwesentlich gelockert haben mag. Freilich hat es der Adel verstanden, seinen eigenen Einbau in dasselbe militärische System zu nutzen und die vom Bauern gewonnenen rechtlichen Vorteile durch Gewinne auszugleichen, die ihm aus seiner eigenen militärischen Position zuwuchsen. Eine Auflockerung der ständischen Gesellschaftsordnung durch die Emanzipation des bäuerlichen Landbewohners vom Militärsystem her kann deshalb nur in dem folgenden Sinne verstanden werden: Neben die ständische Gliederung mit ihrer Reihenfolge König—Adel—Bauernstand, in der der Untertan auf dem Gut rechtlich, auf den Domänen praktisch nur indirekt über seinen adeligen Herrn oder den Pächter eine Beziehung zum König hatte, trat eine Ordnung, in der jeder Stand durch das Medium des Heeres und in seinem Rahmen eine direkte Beziehung zum König und obersten Kriegsherrn gewann. Nicht nur der Offizier, son-

[271] Vgl. Otto Hintze in: *A. B. B.* (E/3), Bd. VI, 1. Hälfte, S. 19; siehe auch *A. B. B.*, Bd. V, 2. Hälfte, Nr. 359, S. 628; Bd. VI, 2. Hälfte, Nr. 43, S. 92.

[272] Siehe die „Königliche Versicherung" Friedrich Wilhelms I. von 1739 (zitiert nach Lehmann, *Werbung* ... [E/10], S. 280, Anmerkung 1); siehe ferner *A. B. B.* (E/3), Bd. IX, Nr. 243, S. 422 ff.; vgl. zu allem Otto Hintze in: *A. B. B.*, Bd. VI, 1. Hälfte, S. 19.

[273] Siehe *A. B. B.* (E/3), Bd. IX, Nr. 363, S. 642.

[274] Siehe *A. B. B.* (E/3), Bd. VI, 2. Hälfte, Nr. 43, S. 88; Nr. 50, S. 120; Bd. VII, Nr. 131, S. 323.

[275] Siehe *A. B. B.* (E/3), Bd. VI, 2. Hälfte, Nr. 43, S. 88 ff.

dern auch der Soldat hatte Möglichkeiten, eine Eingabe direkt an den König gelangen zu lassen.[276] Die „aufgelockerten" ständischen Fronten versteiften sich aber zugleich mit der Ausrichtung auf die monarchische Spitze, denn gerade die Erhaltung der ständischen Schranken garantierte die auf ihnen aufgebaute Struktur des Heeres. Was dem Dasein des Bauern neue und freiheitliche Perspektiven gab, band ihn anderseits um so stärker an die bestehende Ordnung. Darum blieb er weiterhin gebunden an die „hergebrachte ländliche Verfassung, die zur Grundlage des monarchischen Militärstaates in Preußen geworden war".[277]

Bauernschutz als Soldatenschutz

Die gleichen Ergebnisse wie beim Vorgang der bäuerlichen Emanzipation durch das Militärsystem begegnen wieder bei der Durchführung des „Bauernschutzes" im altpreußischen Staat. Der Bauernschutz oder — wie es im zeitgenössischen Sprachgebrauch hieß — die Bestrebung zur „Konservation" des Bauern war bekanntlich ein Rechtsschutz des bäuerlichen Landes und des Bauernstandes gegen die Ausdehnungs- und Einziehungstendenz des Großgrundbesitzes und nur insoweit ein Schutz des einzelnen Bauern, als er Besitzer solchen Landes und Angehöriger dieses engeren Standes war. So verbot die Bestimmung nicht die Absetzung eines Bauern von seiner Stelle durch den Gutsherrn, sondern machte es dem letzteren lediglich zur Pflicht, die Stelle neu zu besetzen, um weder die Anzahl der Bauern noch die der Bauernhöfe und Bauernhufen zu vermindern.[278] Fragt man nach dem Zweck des altpreußischen Bauernschutzes, so wird man die staatliche Absicht der Erhaltung einer landwirtschaftlich leistungsfähigen und wirtschaftlich gesicherten Schicht von Ackerbauern nennen müssen. Nicht weniger aber erklären ihn die im Hintergrund stehenden militärpolitischen Beweggründe, die vielleicht sogar den stärkeren Antrieb gegeben haben.[279] Zu

[276] Siehe z. B. bei Georg v. Albedyll, *Geschichte des Kürassier-Regiments Königin (Pommersches) Nr. 2*, Teil 1: *1717—1806*, Berlin 1896, bes. S. 450, wo die königliche Erlaubnis zu „immediaten Anfragen" an eine große Zahl von Regimentern behandelt wird; — bei Preuß, *Friedrich der Große* (E/16), Bd. I (1832), *Urkundenbuch*, S. 150, Nr. 384, ist ein Fall aufgeführt, in dem ein Soldat in einer „immediaten Vorstellung" an den König um seine Loslassung aus der Untertänigkeit bittet.

[277] Siehe Otto Hintze in: *Vorwort* zu *A. B. B.* (E/3), Bd. XV, S. IX f.

[278] Vgl. Knapp, *Die Bauernbefreiung* ... (I/5), Bd. I (1887), S. 51.

[279] Vgl. dazu u. a. die zusammenfassende Darstellung von Friedrich Meinecke, *Das Zeitalter der deutschen Erhebung*, Leipzig 1941, S. 30.

nennen ist die Sorge um die Ergänzung des Heeres aus einem sozial gesicherten und fest verankerten Menschenschlag und die Erhaltung des Heeres aus der vom Bauern geleisteten Kontribution, seinem Beitrag zur Akzise und aus den Ergebnissen seiner Arbeit als Amtsbauer zur Aufbringung der Domänengefälle. Neben diesen Hauptmotiven waren es noch der Gedanke an die Belieferung der Armee mit Hafer, Heu und Stroh unter dem Marktpreis,[280] die freie Weide für die Pferde, die Dienste für die Bespannung von Artillerie und Bagage, die Erhaltung der Straßen, die Kriegsfuhren zu den Festungen und zur Armee und viele andere Leistungen, die unter militärischen Gesichtspunkten die Erhaltung des Bauernstandes auf seinem Land notwendig erscheinen ließen.

Schon in den Edikten vom 22. November 1709 unter Friedrich I., vom 29. Juni 1714 und 14. März 1739 unter Friedrich Wilhelm I. wurde der Grundsatz des Bauernschutzes ausgesprochen;[281] militärische Befehle, die Verabschiedung ausgedienter Soldaten betreffend, enthielten das Motiv: „... alles, damit die Höfe zu Sr. Königlichen Majestät Schaden nicht unbesetzt bleiben."[282] Eigentlich akut wurde das Problem des Bauernschutzes jedoch erst von der zweiten Hälfte des 18. Jahrhunderts an, als die technische Entwicklung der ostdeutschen Landwirtschaft „den vielleicht heftigsten Anstoß zum Bauernlegen" gab.[283] Unter Friedrich d. Gr. begann das Problem sich mit den großen Bauernschutzedikten von 1749 beziehungsweise 1764 in voller Breite zu entrollen. Das Edikt vom 12. August 1749, „daß Niemand bei seinen Gütern Bauern- oder Kossätenhöfe eingehen und die Äcker und Wiesen davon an sich ziehen dürfe etc.",[284] erging für alle Provinzen und die adeligen Vasallen ebenso wie für andere Grundherren (Stifter, Klöster, Kirchen etc.) als auch für die königlichen Dominialgüter. Bezeichnend war, daß die darauf erfolgende Erklärung der Gutsherrschaften, bei Einziehung der Bauerngüter die Kontribution und andere auf den von ihnen eingezogenen Höfen ruhende Pflichten übernehmen zu wollen, so daß die staatlichen Etats kei-

280 Vgl. Ziekursch, *100 Jahre* ... (I/204), S. 159.

281 Siehe bei Knapp, *Die Bauernbefreiung* ... (I/5), Bd. I, S. 52, und Bd. II (Akten), S. 33.

282 Siehe die „Kabinetsordre an die Chefs sämtlicher Regimenter" von 1738 (abgedruckt bei Mylius, *Corporis Constitutionum Marchicarum Continuatio*, Teil I, S. 219, Nr. 44); vgl. dazu Lehmann, *Werbung* ... (E/10), S. 280.

283 Vgl. Knapp, *Die Bauernbefreiung* ... (I/5), Bd. I, S. 55.

284 Siehe bei Mylius, *Novum Corpus Constitutionum*, Bd. III, Nr. 42, S. 449 (dort auch das Edikt vom 12. Juli 1764); siehe Knapp, *Die Bauernbefreiung* ... (I/5), Bd. II (Akten), S. 51.

nen Schaden haben sollten, als nicht ausreichend abgelehnt wurde;[285] übrigens lagen diese Lasten dinglich auf dem Bauernland, so daß ihre Übernahme ohnehin selbstverständlich gewesen wäre.

Trotzdem ließe sich kaum der Schluß ziehen, steuerliche Rücksichten wären für die Einrichtung des Bauernschutzes nicht maßgeblich gewesen.[286] Ein Grund zu vorsichtigem Abwägen auch in dieser Frage liegt in der sattsam bekannten Tatsache, daß wirkliches Geschehen oft genug anders aussah, als die gesetzliche Vorschrift glauben machen könnte. So gibt es Veranlassung zu glauben, daß es den Gutsherren wohl möglich war, sich den steuerlichen Abgaben von den eingezogenen Höfen, soweit sie sie nicht überhaupt auf die übriggebliebenen bäuerlichen Kontribuenten abwälzten, zu entziehen.[287] Vor allem aber muß man sich in diesem Zusammenhange wohl daran erinnern, daß die Kontribution eine Heeressteuer war und in die Kriegskasse floß, so daß jede steuerliche Rücksicht bei der „Konservation" des Bauern im Grunde ohnehin eine militärpolitische Erwägung sein mußte.

Für die Tatsache, daß der militärische Charakter des Bauern als Motiv bei seinem Schutz mitwirkte, lieferte einen überzeugenden Beweis jene königliche Versicherung, daß „Wir denjenigen, welcher einen Untertanen durch . . . unverantwortliche Prozeduren aus dem Lande zu gehen nötigt, nicht anders bestrafen . . . lassen werden, als wenn jemand sich gelüsten ließe, jemanden Unserer Soldaten aus Reih und Glieder zu jagen".[288] Ferner galt für das ganze Jahrhundert die bezeichnende Anschauung, die der „Soldatenkönig" gesetzlich geprägt hatte, daß jeder Untertan, der ohne Erlaubnis außer Landes ging, einem Deserteur der Armee gleich geachtet und behandelt werden sollte.[289] Auch ergingen jeweils einige Wochen oder Monate nach Erlaß der Bauernschutzedikte von 1749 und 1764 erneuerte Edikte, betreffend außer Landes gehende „austretende" Kantonisten und die Konfiskation ihres Vermögens,[290] die in der Hauptsache den „vermögenden", also den landbesitzenden Bauern an die Scholle fesseln sollten.

[285] Siehe Knapp, *a. a. O.*, S. 52.

[286] Vgl. Knapp, *Die Bauernbefreiung* . . . (I/5), Bd. I, S. 55 f.

[287] Siehe *A. B. B.* (E/3), Bd. VI, 2. Hälfte, Nr. 31, S. 55; Bd. XII, Nr. 256, S. 387.

[288] Siehe *A. B. B.* (E/3), Bd. VII, Nr. 401, S. 672.

[289] Siehe das Edikt vom 17. Oktober 1713 (zitiert nach Courbière, *Geschichte der Brandenburgisch-Preußischen Heeres-Verfassung* [I/34], S. 80).

[290] Siehe die Edikte vom 24. September 1749 und vom 17. November 1764 (bei Mylius, *Corporis Constitutionum Marchicarum Continuatio* [I/282], Teil IV, Spalte 186 ff., und *Novum Corpus Constitutionum* [I/284], Bd. IV, Spalte 519 ff.); siehe auch *A. B. B.* (E/3), Bd. XIV, Nr. 39, S. 107.

Besonders klare Beweise für den militärpolitischen Hintergrund des „Bauernschutzes" liefert auch der Briefwechsel um das Bauernschutzedikt vom 12. Juli 1764 wegen Wiederherstellung der wüst gewordenen Bauern-, Halbbauern- und Kossätenstellen und wegen verbotener Einziehung der bäuerlichen Äcker,[291] das bis 1807 in Kraft blieb. „Ew. Majestät ist am besten bekannt", schrieb der Minister v. Schlabrendorff an den König,[292] „wie sehr einem Lande an Konservation der Bauern gelegen, als wodurch das Kreisgespann vermehret, die Lieferungen, Transport und andere Fuhren zur Armee und denen Festungen erleichtert und die bereits vorhandenen Bauern in kontribuablem Stande erhalten werden." Wenn die in den letzten Jahrzehnten zuvor wüst gewordenen Bauernstellen (über 3000 in Schlesien) „wieder retabliert und der Dominialkultur entzogen werden, erhalten Ew. Majestät soviel Bauern und Untertanen mehr, wovon die Kantons mit der Zeit profitieren und bei Kriegszeiten der Armee die Bedürfnisse mehr befördert ... werden können". Und einige Jahre später schrieb der Minister: „Welches Vergnügen für mich, daß Schlesien nach solchem harten Krieg [dem Siebenjährigen Krieg] mehr Possessiones als vor dem Kriege hat. Hätte ich dem Verlangen der Großen gefolgt, würde es wüste sein, und wie hätte es mit der Königlichen Armee ihrer Subsistance ausgesehen?"[293]

Unter solchen Gesichtspunkten wurde die Konservationspolitik des altpreußischen Staates fortgesetzt. Zu der bestehenden Verfügung, daß Bauerngüter nicht über die Hälfte ihres Wertes verschuldet werden durften,[294] trat der Umstand, daß bei Errichtung des landschaftlichen Kreditsystems nach 1770 Bauerngüter nicht beleihungsfähig blieben.[295] Beide Maßnahmen dienten dem Zweck, die Beweglichkeit der Bauerngüter und ihr Übergehen in adeligen Besitz durch den Verkaufszwang bei ständiger und hoher Verschuldung zu verhindern und die Möglichkeit zu unterbinden, daß Bauern von den Gerichtsobrigkeiten aus Verschuldungsgründen ausgesetzt wurden, ohne daß sich ein neuer bäuerlicher Käufer fand.

[291] Siehe bei Knapp, *Die Bauernbefreiung* ... (I/5), Bd. II (Akten), S. 77.

[292] Siehe Knapp, *a. a. O.*, S. 67.

[293] Siehe *A. B. B.* (E/3), Bd. XV, Nr. 10, S. 26.

[294] Siehe *A. B. B.* (E/3), Bd. X, Nr. 219, S. 285 f.

[295] Vgl. Hermann Mauer, *Das landschaftliche Kreditwesen Preußens — agrargeschichtlich und volkswirtschaftlich betrachtet* (= Abhandlungen aus dem staatswissenschaftlichen Seminar zu Straßburg, Heft 22), Straßburg 1907, S. 99, S. 103; vgl. Ziekursch, *100 Jahre* ... (I/204), S. 160 ff.

Aber nicht nur die untertänigen Bauern, sondern auch die freien Köllmer wurden von der Bauernschutzgesetzgebung durchaus berücksichtigt. Neben den schlesischen Freibauern und den pommerschen Freischulzen waren die Köllmer und ihr Land frei und standen rechtlich zwischen den Bauern und den Grundbesitzern.[296] Ihr Besitz war daher sehr begehrt. Eine aufschlußreiche Ordre des Generaldirektoriums zum Ende des 18. Jahrhunderts zeigte die vorwiegenden Gründe für das Verbot des Aufkaufs köllmischer Güter durch den Adel:[297] „Die Besetzung der köllmisch und preußisch freien Güter mit Instleuten [also ländlichen Arbeitern des Gutes] tut der Sache kein Genüge. Instleute sind, da sie nichts Eigenes haben, keine sicheren Untertanen, sie leisten dem Staate und den Kantons [!] der Regimenter lange nicht das, was Eigentümer prästieren."

Der Gedanke, daß es nicht auf „Peuplierung" schlechthin, sondern auf die Erhaltung und Vermehrung von landbesitzenden beziehungsweise mit Landbesitzern familiär und sozial verbundenen und darum militärisch sicheren Landleuten ankomme, ist schon von dem Grundsatz Friedrichs II. her bekannt, der lieber eine Bauernstelle als drei Gärtnerstellen etabliert sehen wollte[298] und das Angebot der Gutsherren ablehnte, an Stelle eines beseitigten Bauern mehrere ländliche Dienstleute zu beschäftigen.[299] Neben dem Faktor der größeren sozialen Verankerung der Person des Bauern beziehungsweise Bauernsohnes spielte fraglos wieder die Bedeutung herein, die der Bauernhof bei Truppenmärschen für Einquartierung und Verpflegung hatte.[300] Noch die letzten Jahre des alten Regimes waren beherrscht von dem Gedanken, im Bauern den sichersten aller Untertanen im Militärsystem zu „schützen". Im Jahr 1792 erkannte das Generaldirektorium darauf, daß es durch „viele Verordnungen verboten" sei, „kontribuable Bauernhöfe zu adeligen Gütern zu schlagen, auch mehrere unter einem Besitzer zusammenzuziehen, weil solches sowohl der Population als auch dem Kantonwesen schadet".[301] Die preußischen Reformer selbst haben sich mit

[296] Vgl. v. Kahlden, *Die ländlichen Arbeiter,* in: August Meitzen, *Der Boden und die landwirtschaftlichen Verhältnisse* ... (I/244), Bd. VIII, Stück IV, S. 392.

[297] Siehe die Ordre bei Knapp, *Die Bauernbefreiung* ... (I/5), Bd. II (Akten), S. 87 f.

[298] Siehe Knapp, *a. a. O.*, S. 64.

[299] Siehe *A. B. B.* (E/3), Bd. X, Nr. 173, S. 308.

[300] Siehe Knapp, *Die Bauernbefreiung* ... (I/5), Bd. II (Akten), S. 67; vgl. oben Zweites Kapitel, Abschnitt über *Die bäuerlichen Geld- und Dienstleistungen für das Militär.*

[301] Siehe Knapp, *a. a. O.*, S. 89.

diesem Motiv auseinanderzusetzen gehabt. Das Gutachten der Immediatkommission aus Memel vom 17. August 1807 bestätigte die herrschende Anschauung, daß der Grund zu der Vorsorge, eine bestimmte Anzahl von Bauernstellen auf einem Gut zu erhalten, aus dem Kantonwesen herrühre![302] So gesehen, bekommt der Bauernschutz der preußischen Könige und ihrer Beamten ein prägnantes Gesicht, das aus demselben Stoff geschnitzt war wie der ganze Staat. Der „Bauernschutz" erklärt sich so nicht zuletzt als ein Soldatenschutz, die Bauernschutzpolitik als eine Soldatenschutzpolitik.

Militärsystem und Kolonisation

Zum Bauernschutz im weiteren Sinne, nämlich zur Erhaltung, wenn nicht Vermehrung des Bauernstandes an Zahl und in seinem Landbesitz, gehört auch die bedeutsame innere Kolonisation des altpreußischen Staates. Da sie als Aktion zur Vermehrung der Bevölkerung des Landes gedacht war, kamen für die Durchführung in erster Linie ausländische Siedler in Frage, die mit dem Versprechen auf Land und günstige Rechts- und Lebensverhältnisse ins Land gezogen wurden. Als wichtige Auswirkung der bäuerlichen Kolonisation ist die Vermehrung der Zahl der kleinen Bauern bekannt.[303] Das Verhältnis dieser Bewegung zum Militärsystem wird andeutungsweise aus der Verfügung deutlich, daß „alle und jede fremde, mit gutem Vermögen und Habseligkeiten anziehende Familie und einzelne Personen samt den ihrigen von aller gewaltsamen Werbung und Enrollierung gänzlich befreit gehalten" werden sollten.[304] Diese Befreiungen wurden verschieden erteilt. Refugiés erhielten sie auf immer, andere für die Leute, die sie mit sich brachten, für sich und ihre Kinder bis zur dritten und vierten Generation, später nur für die mitgebrachten Söhne, endlich (1785) nicht einmal für die Söhne mehr, wenn der Hof unter 10 Morgen groß war.[305]

Die Befreiung vom Militärdienst als Kolonistenbenefizium wurde ungern erteilt, doch war sie nicht vermeidbar, weil die Einwanderer die Exemtion zu ihrer Bedingung machten. Auch die Befreiung von Kaval-

[302] Siehe das Gutachten bei Knapp, *a. a. O.*, S. 149.

[303] Vgl. Schmoller, *Umrisse und Untersuchungen* ... (E/2), S. 623.

[304] Siehe *A. B. B.* (E/3), Bd. VI, 2. Hälfte, Nr. 257, S. 496; vgl. Courbière, *Geschichte der Brandenburgisch-Preußischen Heeres-Verfassung* (I/34), S. 117 ff.

[305] Siehe die statistische Übersicht bei Preuß, *Friedrich der Große* (E/16), Bd. IV (1834), S. 323, Fortsetzung von Anmerkung 2 auf S. 322; vgl. Udo Froese, *Das Kolonisationswerk Friedrichs des Großen*, Heidelberg-Berlin 1938, S. 26.

leriegeld, Lieferungen und Einquartierungen wurde gewährt.[306] So wurde die Kolonisation militärpolitisch nur auf lange Sicht zu einer gewinnbringenden Anlage. Daß der König diese Auffassung pflegte, beweist seine Entscheidung: „Die neuen Kolonisten werden nicht enrolliert, aber ihre Familien auf ewig zu eximieren, gehet nicht an, ein jeder muß zum Besten des Landes konkurrieren."[307] Der militärpolitische Erfolg der Kolonisation lag in der Entlastung der Gesamtheit der Kantonisten, deren Fehlen für Landwirtschaft und Steuerwesen dadurch zu einem gewissen Teil aufgewogen wurde, und in der Sicherheit, daß die Kinder und Kindeskinder dem Kanton wenigstens in der Zukunft „obligat" wurden.

Mehr in den Bereich der städtischen Kolonisation fiel die Einwanderung über das Heer durch die im Ausland geworbenen Berufssoldaten. Ihre Verheiratung im Inland wurde begünstigt; als handwerkende „Freiwächter" „peuplierten" sie die Städte. Die Zahl der in Preußen beheimateten ausländischen Soldaten erreichte immerhin die Summe von 300 000 bis 400 000 Menschen im Laufe des 18. Jahrhunderts.[308] Darüber hinaus war das Militär in die staatliche Kolonisation aber auch in Form von Kolonistenwerbung eingeschaltet. Behördliche Aufträge lauteten, „zweckdienliche Vorschläge [zur Etablierung neuer Kolonisten] auszuarbeiten und die Annahmekonditionen zu entwerfen, welch letztere nicht nur den ausländischen Residenten, sondern auch den Werbeoffizieren kommuniziert werden könnten".[309] Neben der Anwerbung von Rekruten sollten die Werber im Ausland auch die Ansiedelung in Preußen empfehlen; fürs erste empfahlen sie damit eigentlich eine einfache Möglichkeit, jeder Zwangswerbung durch sie selbst auf immer zu entgehen.

Auch das „Etablissement" der aus dem Heere ausgeschiedenen, „ausrangierten", aber besitzlosen Soldaten der Regimenter auf dem Lande, wie es vornehmlich Friedrichs II. Willen entsprechend vorgenommen wurde, fiel in den Komplex der vom Heerwesen mitbestimmten Kolonisation. An die „Konservation" von Soldaten, diesmal auch aus Gründen der Belohnung, hatte der König gedacht, als er die Wiederbesetzung „wüster Hufen" und die Teilung größerer Bauernstellen zu ihren Gun-

306 Vgl. u. a. Froese, *a. a.* O., S. 27.

307 Siehe *A. B. B.* (E/3), Bd. XIV, Nr. 251, S. 590.

308 Vgl. Schmoller, *Umrisse und Untersuchungen* ... (E/2), S. 576; siehe das Zitat bei Jähns, *Geschichte der Kriegswissenschaften* (I/16), Bd. III (1891), S. 2240.

309 Siehe *A. B. B.* (E/3), Bd. XV, Nr. 22, S. 55.

sten forderte.[310] Die „ausrangierten Landeskinder" sollten gleichviel „auf abzubauende Äcker oder auf unkultiviertes Land oder auf wüste Höfe" oder selbst „als Instleute" „etabliert" werden. Wohl gelang es auch, viele dieser Soldaten als Büdner im Netze- und Warthebruch anzusiedeln;[311] die Akten beweisen jedoch, daß trotz der befohlenen Zusammenarbeit zwischen Kammern und Regimentern der Aktion im übrigen ein nicht allzu großer Erfolg beschieden war.[312] Nur das Motiv für das gesamte Unternehmen sprach wieder für den unlöslichen Zusammenhang zwischen Militärsystem und Kolonisation.

Bauernbefreiung und Militärpolitik

Wie stark die Rücksicht auf die militärische Funktion des bäuerlichen Kantonisten im sozialen System des altpreußischen Staates die Position der Bauern als Stand bestimmte, ergab sich auch bei den Verhandlungen um die Frage der Loslassung der Bauern aus der Gutsuntertänigkeit, mit der doch die „Bauernbefreiung" um die Jahrhundertwende stand und fiel. Sie zeigten mit größter Deutlichkeit den Einbau des Bauern in das vom altpreußischen Heerwesen geprägte altpreußische Sozialsystem, der ihm einerseits zu einer gewissen sozialen Emanzipation verholfen hatte, ihn anderseits aber desto stärker in seiner ständischen Position festhielt. Aus der zeitgenössischen Perspektive des Heerwesens waren es zwei Beweggründe, die die Befreiung des Bauern aus der Gutsuntertänigkeit gefährlich und darum nicht ratsam erscheinen ließen. Einmal schien das Kantonwesen selbst durch eine Freizügigkeit des Bauern bedroht. Ferner aber, weil das Untertänigkeitsverhältnis des Bauern zum Gutsherrn mit Einschluß seiner rechtlichen Gebundenheit an die Scholle eine Voraussetzung der Arbeitsverfassung der großen Güter in den Hauptprovinzen der Monarchie war, glaubte man durch sie den Gutsbetrieb gefährdet, der die wirtschaftliche Grundlage des im Heer als Offizier dienenden Gutsherrn oder Angehörigen des Gutsherrn bildete. Beide Bedenken hingen eng zusammen.

Unter anderem setzte sich v. Schlabrendorff als Minister für Schlesien mit diesen Vorbehalten auseinander. Auf ein Reskript, in dem er forderte, die Gutsherrschaften sollten einen Untertanen, „der um Erlassung

[310] Siehe bei Knapp, *Die Bauernbefreiung* ... (I/5), Bd. II (Akten), S. 37 ff.; siehe ferner *A. B. B.* (E/3), Bd. VII, Nr. 401, S. 603 ff.

[311] Vgl. Preuß, *Friedrich der Große* (E/16), Bd. II (1832), S. 376.

[312] Siehe bei Knapp, *Die Bauernbefreiung* ... (I/5), Bd. II (Akten), S. 42; siehe ferner *A. B. B.* (E/3), Bd. VII, Nr. 401, S. 718.

von der Erbuntertänigkeit zur Verbesserung seiner Glücksumstände Ansuchung tut", „bei Strafe" nicht abweisen, besorgte die Kammer, lasse „man jede Einschränkung fallen, so würden zahlreiche Untertanen ihre Entlassung fordern, sich auf dem Lande herumtreiben, der Gesindemangel würde sich verschärfen, und die Gutsherrschaften würden außer Stande sein, ausgesetzte Stellen und Wüstungen zu besetzen, der Konfusion der Kantons [!], die daraus entstehen würde, nicht zu gedenken".[313] Der Minister hielt die letztere Besorgnis für übertrieben: „Wie sollte es denn bei den Dominien stehen, die nur Freileute unter sich" hätten und „bei denen in Wirklichkeit die Seßhaftigkeit am größten" sei?[314] Gleichlautende Stimmen drangen in derselben Zeit aus Pommern: Mit Aufhebung der Gutspflichtigkeit werde die „Desertion vom Militär" bei den Bauern zunehmen.[315] Diese Auffassung erhielt sich bis zum Jahrhundertende. Unter den Schwierigkeiten, die einer Aufhebung der Erbuntertänigkeit entgegenstünden, wurde in einem Bericht des Ministers v. Schroetter an Friedrich Wilhelm III. angegeben, die freien „Losleute" würden bald von ihren Herrschaften fortziehen, und durch das dadurch hervorgerufene Umherziehen würden die Einrichtungen des Kantonwesens erschüttert werden; blieben doch die freien Losleute schon jetzt selten über drei Jahre an einem Ort.[316] Das Generaldirektorium als ganzes sprach sich gegen eine Befreiung der Bauern aus, weil es eine Verminderung der Zahl der Ackerleute befürchtete; hierdurch würde die Kraft des Staates leiden, denn „die an den Ackerbau gewöhnten Kantonisten" seien „die beste Pflanzschule für die Armee".[317] Man rechnete nicht zu Unrecht auf die Treue, die der mit Weib und Kind und Ackernahrung angesessene Untertan in der Schlacht um dieser seiner sozialen Bindung willen zeigen würde.[318] Aus diesem Grunde ergingen auch die Bestimmungen, daß bei der Wahl des Bauernerben auf die Erfordernisse des Kantons in erster Linie Rücksicht genommen wer-

[313] Siehe *A. B. B.* (E/3), Bd. XIII, Nr. 315, S. 626 ff.

[314] Siehe *a. a. O.*, S. 627.

[315] Vgl. Wilhelm v. Brünneck, *Die Aufhebung der Leibeigenschaft durch die Gesetzgebung Friedrichs des Großen und das Allgemeine Preußische Landrecht*, in: *Zeitschrift der Savigny-Stiftung für Rechtsgeschichte*, Germanistische Abteilung, Band X (1898), S. 34.

[316] Siehe bei Knapp, *Die Bauernbefreiung* ... (I/5), Bd. II (Akten), S. 105.

[317] Vgl. Lehmann, *Freiherr vom Stein* (E/12), Bd. II, S. 60 f.

[318] Siehe die Schilderung bei *Magister Laukhard, sein Leben und seine Schicksale, von ihm selbst beschrieben* (I/183), S. 222 f.; Laukhard als ein unter die Soldaten geratener, gestrandeter Intellektueller charakterisiert die fraglichen Gefühlsmomente im Soldatenstand.

den müsse;[319] daß selbst die Loslassung eines Untertanen zur Erlernung eines Handwerkes in der Stadt neben anderem erst nach Befriedigung des Rekrutenbedarfs seines Regiments erlaubt sein sollte;[320] daß sogar die zur Jahrhundertwende freigewordenen Domänenbauern ihren Wohnort wegen der Kantoneinrichtung nur gegen ein Abzugsattest verändern durften.[321] Gerade aber die Aufhebung der Gutsuntertänigkeit und die Freizügigkeit des Bauern von Ort zu Ort sowie die freie Wahl des Gewerbes waren Hauptstücke des Bauernbefreiungswerkes nach 1807.[322] Die Notwendigkeit, wie man sie sah, den Bauern als den Hauptträger der militärischen Last, die der altpreußische Staat der Gesellschaft auferlegte, für seine militärische Rolle zu sichern, indem man ihn im Rahmen des gutsherrlich-bäuerlichen Verhältnisses gebunden hielt, war ein wesentlicher Grund für das Ausbleiben der Befreiung der Privatbauern vor dem Zusammenbruch des alten Preußen.

Zum gleichen Ergebnis gelangt man mit Bezug auf die Wirkung der aus dem Militärsystem herrührenden Vorbehalte bei der Entwicklung der Arbeitsverfassung der adeligen Gutswirtschaften. Friedrich II. kleidete die Bedenken der preußischen Monarchie gegen die Veränderung der herrschenden Rechtsverhältnisse — gleichsam für das ganze 18. Jahrhundert — in die ausweichenden Worte: „Die Landwirtschaft ist auf die Frondienste der Bauern eingerichtet; wollte man dieses abscheuliche [gutsherrlich-bäuerliche] Verhältnis mit einem Schlage beseitigen, so würde man die ganze Gutswirtschaft auf den Kopf stellen, und man müßte den Adel zum Teil für seinen Einkommensverlust entschädigen."[323] Seine Äußerung klingt halbwahr,[324] weil in ihr nicht erwähnt wird, daß die Aufrechterhaltung der Gutswirtschaft zur Sicherung der wirtschaftlichen Existenz der adeligen Gutsherren wiederum hauptsächlich insoweit notwendig schien, als sie und ihre Verwandten die Offiziere der Armee stellten und sich und ihre Angehörigen in dieser Stel-

319 Siehe bei Knapp, *Die Bauernbefreiung* ... (I/5), Bd. II (Akten), S. 121.

320 Siehe *A. B. B.* (E/3), Bd. XIII, Nr. 136, S. 286, Anmerkung 1; sowie Nr. 315, S. 626 f.

321 Siehe bei Knapp, *Die Bauernbefreiung* ... (I/5), Bd. II (Akten), S. 93.

322 Siehe die §§ 2 und 10 des Oktoberedikts von 1807, in: *Publikationen aus den preußischen Staatsarchiven*, Bd. XXX, S. 330 ff.

323 Siehe *Friedrich der Große, Sur les formes de gouvernement (1777). Oeuvres posthumes*, Bd. 9, S. 205 f. (Sämtliche Werke [dtsch], Bd. 7).

324 Vgl. Friedrich Meinecke, *Die Idee der Staatsraison in der Neueren Geschichte*, München und Berlin 1924, S. 355, Anmerkung 2; Meinecke stellt hier eine Verhüllung des Grundmotivs fest, nämlich des obersten Gesetzes des altpreußischen Staates, ein ungewöhnlich starkes Heer zu halten.

lung unterhielten. Intimere Untersuchungen über die finanziellen Verhältnisse des Offizierskorps der Armee geben freilich Aufschluß, daß in den höheren Rängen die Übernahme der Verpflichtungen eines Offiziers nicht nur Ausgaben, sondern auch Einnahmen versprach.[325] Doch bleibt als Tatsache bestehen, daß die Rücksichtnahme auf den Gutsherrn als Träger des Offiziersdienstes ein wesentliches Motiv abgab für die Aufrechterhaltung der Gutsherrschaft, für das Festhalten des Bauern in dem untertänigen Rechtsverhältnis zum Gut innerhalb der auf diese Weise künstlich erhaltenen, starren ständischen Schranken.[326]

Bezeichnenderweise lag das Problem anders in den ländlichen Gebieten der Monarchie, die wohl auch gutswirtschaftlich organisiert waren, in denen aber nicht die Existenz eines adeligen Gutsbesitzers und seiner Verwandten, also einer Offiziersfamilie, auf dem Spiele stand; gemeint sind die von bürgerlichen, mit der Macht eines Gutsherrn ausgestatteten Pächtern verwalteten königlichen Domänen. Wohl hatten auch die Domänenbauern ihre Dienstleistungen für das Militär zu erbringen und Rekruten zu stellen; trotzdem wurden sie vom Jahre 1777 an stufenweise von der Untertänigkeit und den Zwangsdiensten befreit und ihr Besitz in erbliches Eigentum verwandelt, so daß im Jahre 1807 die Befreiung der Domänenbauern bereits vollendet war.[327] Entscheidend war, daß auf den Ämtern sowohl der Widerstand des Adels als auch die Notwendigkeit königlich-staatlicher Rücksichtnahme auf den Adel fehlte. Dagegen blieb das Problem auf dem unter adeliger Herrschaft stehenden Land drängend; und da über die Hälfte der Gesamtfläche des altpreußischen Staates in den Händen der adeligen Rittergutsbesitzer lag, während der Adel durch das zum Gut gehörige Bauernland sogar weit mehr als diesen Besitz beherrschte,[328] blieb die Problemlage des Verhältnisses von Bauernbefreiung, Gutswirtschaft und militärpolitischen Rücksichten auf dem adeligen Land bestimmend für die gesamten Agrarbeziehungen im Rahmen der altpreußischen Monarchie.

[325] Siehe hierzu noch unten ZWEITER TEIL, 2. KAPITEL: *Der „Junker" zwischen Rittergut und „Kompaniewirtschaft"*.

[326] Hierzu mehr unten im ZWEITEN TEIL, 2. KAPITEL, Abschnitt *Militärsystem und adelige Landwirtschaft*.

[327] Vgl. Knapp, *Die Bauernbefreiung* ... (I/5), Bd. I (1887), S. 91 ff.; siehe *a. a.* O. auch S. 80 und S. 314.

[328] Diesen Angaben sind die Verhältnisse der Kurmark zu Grunde gelegt (vgl. Martiny, *Die Adelsfrage* ... [I/241], S. 9); siehe aber auch die Feststellung von Froese, *Das Kolonisationswerk Friedrichs des Großen* (I/305), S. 21, für die Gesamtmonarchie.

Der Militärdienst und die „Proletarisierung" der ländlichen Bevölkerung im alten Preußen

Unter den Bedingungen von Erbuntertänigkeit und Militärdienstpflicht im Rahmen von Gutsherrschaft und Kantonsystem lief trotz „Bauernschutz" und den Bestrebungen zur Bauernbefreiung im letzten Drittel des 18. Jahrhunderts das Verhältnis zwischen Bauern und landbesitzendem Adel — besonders in Kriegszeiten — im ganzen recht eindeutig auf den Vorteil der adeligen Wirtschaft hinaus. Das Ergebnis allein der im Frieden sich vollziehenden Auswirkungen von Werbung und Enrollierung auf das bäuerliche Leben war die permanente Schwächung der wirtschaftlichen und rechtlichen Position des Bauern gegenüber der Gutsherrschaft. Wurden durch „Wegwerbung" der Bauernsöhne und Einziehung der Bauern selbst in den Kantons Höfe frei, so zog nicht selten der Gutsherr diese „Bauernerben" direkt oder in Form von Vorwerken zu seinem Besitz ein; wenn Kossäten, Instleute, Knechte, Gärtner, Hofleute und Krüger zu den Regimentern abgefordert wurden, konnte es geschehen, daß er „untüchtige" Bauern oder solche, die er „entbehren" konnte, in die Stelle dieser Gärtner, Instleute und Hirten setzte und ihr Erbe an sich zog.[329] Wenn die „Proletarisierung" der ländlichen Bevölkerung, „das heißt die Zunahme der völlig oder fast völlig besitzlosen Leute auf dem Lande" schon vor 1807 bedeutende Fortschritte gemacht hatte,[330] so dürfte der auf diese Weise zustande gekommene Besitzverlust des Bauern eine nicht geringe Rolle dabei gespielt haben.

Ganz besonders wurde das Freiwerden der Bauernstellen durch die Auswirkungen des Militärdienstes im Kriege gefördert. Dadurch, daß — wie im Siebenjährigen Kriege — in den meisten Schlachten fast die Hälfte aller beteiligten preußischen Soldaten ausfiel[331] und der Abgang mehr und mehr nahezu ausschließlich aus dem Inland, nämlich aus den Kantons, ersetzt wurde,[332] wird begreiflich, daß — nach zeitgenössischer Schilderung — das „starke Enrollement und Zufälle der Kriegszeit" manche Kreise „depeuplierten".[333] Auch in den ersten Schlesischen Krie-

329 Siehe bei Knapp, *Die Bauernbefreiung* ... (I/5), Bd. II (Akten), S. 35 ff.

330 Vgl. Ziekursch, *100 Jahre* ... (I/204), S. 76.

331 Vgl. (v. Lossow), *Denkwürdigkeiten* ... (I/8), S. 9; vgl. auch Jähns, *Geschichte der Kriegswissenschaften* (I/16), Bd. III, S. 2223 f.

332 Vgl. Courbière, *Geschichte der Brandenburgisch-Preußischen Heeres-Verfassung* (I/34), S. 110.

333 Siehe *A. B. B.* (E/3), Bd. XII, Nr. 186, S. 285.

gen kamen von den eingezogenen Soldaten, Artillerie-, Proviant-, Ponton- und Equipageknechten in manchen Kreisen — nach einer vielleicht überspitzten, aber das Ausmaß der Verluste hinlänglich charakterisierenden Formulierung aus jener Zeit — „die wenigsten“ zurück.[334] Vor allem, „wie viel Soldaten, so wirklich kontribuable Höfe besessen oder einzige Söhne gewesen, sind nicht in der Kampagne geblieben!“[335] Allein im Lebusischen Kreis der Kurmark wurden im Siebenjährigen Krieg 173 Höfe wüst.[336] In Schlesien und anderen Gebieten zeitweiliger feindlicher Durchmärsche sind Bauernhöfe außer durch die „Wegnahme“ zu den Soldaten auch durch den Tod der Besitzer, durch Vertreibung der Bewohner oder Einäscherung der Häuser wüst geworden.[337] Das Eingehen „vieler Bauernhöfe“ im Kriege hat vor allem die Wirkung gehabt, daß die Herrschaften die Bauerngüter an sich zogen und obendrein die darauf entfallenden Lieferungen, Transportfuhren, Vorspannleistungen und die übrigen Lasten, die mit den Höfen verbunden waren, auf die im Umkreis übrig gebliebenen Bauern übertrugen,[338] die durch solche zusätzlichen Belastungen naturgemäß wiederum in großen Druck gerieten. Auf Grund der „Depeuplierung“ des Landes durch das Enrollement mußten während des Krieges auch, und zwar auf behördliche Anordnung, die Freileute, Angerleute, Häusler und Dreschgärtner zeitweilig Erntearbeiten für Herrschaften und Bauern übernehmen.[339] Für „possessionierte“ Soldaten mußten schon im Frieden während der Exerzierzeit die Angehörigen die Dienste mitverrichten, die jene der Herrschaft schuldeten.[340] In Krieg und Frieden bewirkte also die Militärdienstpflicht im alten Preußen eine Schwächung der sozialen Lage, der Rechtsstellung und des Besitzstandes der erbuntertänigen bäuerlichen Bevölkerung gegenüber den Gutsherrschaften.

Nicht einmal der verstärkte Bauernschutz und die Retablissementsbestrebungen nach dem Siebenjährigen Krieg reichten aus, um das ehemalige, jetzt eingezogene Bauernland wieder ausreichend mit bäuerlichen Landwirten zu besetzen.[341] Vor allem blieben den Gutsherren Praktiken genug, die Wiederbesetzung zu verzögern oder ganz zu ver-

334 Siehe *A. B. B.* (E/3), Bd. X, Nr. 64, S. 91.
335 Vgl. Schwartz, *Die Klassifikation* ... (I/60), S. 33.
336 Siehe *A. B. B.* (E/3), Bd. XIII, Nr. 188, S. 399.
337 Siehe *A. B. B.* (E/3), Bd. XII, Nr. 349, S. 520.
338 Siehe bei Knapp, *Die Bauernbefreiung* ... (I/5), Bd. II (Akten), S. 73; siehe auch *A. B. B.* (E/3), Bd. XII, Nr. 256, S. 387.
339 Siehe *A. B. B.* (E/3), Bd. XII, Nr. 186, S. 285.
340 Siehe *A. B. B.* (E/3), Bd. XIII, Nr. 220, S. 453.
341 Vgl. hierzu Ziekursch, *100 Jahre* ... (I/204), S. 170 ff., S. 184.

hindern; eine davon war, die Höfe absichtlich so herunterzuadministrieren, daß sich für sie keine Käufer mehr finden wollten.[342] Eine besondere Handhabe zur Verschleppung aber boten die Konsequenzen des Militärsystems. Das Hauptargument der Gutsherrschaften war nämlich, daß sie keine Leute zur Besetzung der fraglichen Höfe fänden, und sie sahen alle Wiederbesetzungsversuche davon abhängig, ob in genügender Zahl Landeskinder vom Heer entlassen würden: Wenn erst „Landeskinder, besonders einzige Söhne und angesessene Wirte", zur Entlassung kämen, „dann die Wüstungen leichter zu besetzen sein würden".[343] Denn „wegen Einziehung der vielen Enrollierten zu den Regimentern und schwer zu erhaltender Dimission [!], wenn entledigte oder abgelebter Wirte Höfe durch angewachsene Untertanen besetzt werden wollen," wurde „die Konservation der Nahrung [Ackernahrung = Hof] ... sauer gemacht".[344]

Mit diesen Vorstellungen stießen die Gutsherren nun allerdings auf die Meinung des Königs, daß „es wohl der Gebrauch ist, daß eine Armee sich aus dem Lande komplettiert, keineswegs aber die maniere ist, daß ein Land sich aus der Armee komplettieren oder ergänzen will".[345] Nach diesem Grundsatz wurden dann auch die Beziehungen zwischen Armee und „Land" geregelt. Durften doch bei Strafe nicht einmal Advokaten Bittschriften aufsetzen, in denen angesucht wurde, Bauernsöhnen oder Verwandten den Kriegsdienst zu erlassen.[346] Deshalb durften auch schon in Reih und Glied stehende Soldaten, die noch keine Hofbesitzer waren, nicht als Ackerwirte angesetzt werden.[347] Weiter sollte die Verabschiedung von „bloßen Büdnern, die nichts als ein bloßes Haus" hatten, nicht zu weit getrieben werden, da sie „wohl Soldaten sein [bleiben] könnten, indem [weil] die Höfe [zwar] mit Wirten besetzt werden, die Regimenter aber auch tüchtige Leute haben" müßten. Einzige Söhne dagegen sollten zur direkten Übernahme von Ackerwirtschaften verabschiedet werden.[348] Dennoch entließen die Offiziere — entgegen dem königlichen Willen — die Kantonisten, die auf ledige Höfe zu setzen gewesen wären, durchaus nicht immer;[349] der König selbst mußte sie

[342] Vgl. Ziekursch, *a. a. O.*, S. 171 ff.
[343] Siehe bei Knapp, *Die Bauernbefreiung* ... (I/5), Bd. II (Akten), S. 70 f.
[344] Vgl. Schwartz, *Die Klassifikation* ... (I/60), S. 33.
[345] Siehe bei Knapp, *Die Bauernbefreiung* ... (I/5), Bd. II (Akten), S. 71.
[346] Siehe *A. B. B.* (E/3), Bd. VI, 2. Hälfte, Nr. 255, S. 494 f.
[347] Siehe *A. B. B.* (E/3), Bd. XIII, Nr. 267, S. 538.
[348] Siehe *A. B. B.* (E/3), Bd. XV, Nr. 119, S. 345.
[349] Siehe *A. B. B.* (E/3), Bd. XIV, Nr. 163, S. 386.

anhalten, mehr Leute „auszurangieren“.[350] Erst im letzten Drittel des 18. Jahrhunderts lockerten sich die Bestimmungen über Entlassungen von Untertanensöhnen;[351] aber von mehreren Söhnen hatte es der kleinste zu sein, der zur Verabschiedung angetragen wurde;[352] und mindestens war bei der Auswahl der Erben für einen Bauernhof wegen der Soldatentüchtigkeit auf die Kantongesetze in erster Linie Rücksicht zu nehmen.[353]

Kriegsgeschehen und Enrollierungsbrauch bewirkten nicht nur, daß das Bauernerbe oft für immer in die Hand des Rittergutsbesitzers überging, sondern haben es auch mit sich gebracht, daß der bestimmten Kategorien von Bauern gehörige Besitz lange Zeit in schlechten Rechtsverhältnissen gebunden blieb. Bis zur Lockerung der strengen Bestimmungen über die Entlassung von Soldaten galt beispielsweise die Schwierigkeit, für die zur Übernahme eines Erbes in Frage kommenden Kantonisten die erforderliche Dimission zu erhalten, amtlich [!] als Haupthindernis bei der Erblichmachung des Laßbauernbesitzes und anderer Ackernahrungen.[354] Solche Auswirkung der Militärdienstpflicht auf das Leben der bäuerlichen Kantonisten zeigten wieder den weitreichenden Einfluß der Kantongesetzgebung auf die sozialen Chancen des Bauerntums in der Agrargesellschaft des alten Preußen, die in dem Maße eingeschränkt blieben, wie sie nicht mit den Lebensinteressen der preußischen Armee zusammenliefen. Aus diesem Grunde mußten vor dem Zusammenbruch des altpreußischen Staates und mit ihm seines Militärsystems auch die Bestrebungen zur Befreiung der Privatbauern Stückwerk bleiben, selbst wenn sich die Junker hiervon eine Verbesserung ihrer wirtschaftlichen Verhältnisse versprechen durften.

Zum Jahrhundertausgang wurden — sogar unter lebhafter Billigung des Königs (Friedrich Wilhelm III.) und der Regierung — von Teilen des ostpreußischen Adels private Bauern aus der Untertänigkeit entlas-

350 Siehe bei Preuß, *Friedrich der Große* (E/16), Bd. 1 (1832), *Urkundenbuch*, S. 138.

351 Siehe *A. B. B.* (E/3), Bd. XV, Nr. 122, S. 354.

352 Siehe *ebda.*; vgl. noch Courbière, *Geschichte der Brandenburgisch-Preußischen Heeres-Verfassung* (I/34), S. 120.

353 Siehe bei Knapp, *Die Bauernbefreiung* ... (I/5), Bd. II (Akten), S. 121. — Gleiche Schwierigkeiten, wie sie die Gutsherrschaften auf dem Lande bei dem Versuch hatten, die Freistellung ländlicher Untertanen vom Militärdienst zu erwirken, erlebten auch die Unternehmer in den Städten, wenn sie Soldaten für industriell-gewerbliche Zwecke reklamieren wollten; vgl. dazu Hinze, *Die Arbeiterfrage* ... (E/11), S. 224 f.

354 Siehe *A. B. B.* (E/3), Bd. XV, Nr. 122, S. 354.

sen.[355] Die notwendige und für die Gutsherren erfreuliche Folge davon war: die Aufhebung der Bauernschutzgesetzgebung für ihren Bereich, in dem der freie Vertrag zwischen Bauer und Grundherr an die Stelle der Untertanenpflichten getreten war; die Aufhebung des Zwanges zur Wiederbesetzung der Höfe, weil doch der Bauer nicht länger zur Annahme der Stelle gezwungen werden konnte; und, damit verbunden, die Aufhebung des Verbots der Einziehung von Bauernland. Ferner hatte der Adel in den letzten Jahrzehnten des ausgehenden 18. Jahrhunderts mancherorts bereits den Wunsch, Dismembrationen seiner Güter, also die Parzellierung in Bauernstellen und deren Verkauf an Bauern, durchzuführen,[356] und häufig wurden Bauern von Adeligen, die Güter kauften und verkauften, aus der Untertänigkeit befreit; Dienstablösungen waren die einleuchtende Folge von Güterspekulationen, nachdem das patriarchalische Verhältnis bei mehrfachem Besitzwechsel ohnehin zerstört war.[357] Die Aufhebung des Patrimoniums endlich empfahl sich dem Adel zum Ende des Jahrhunderts deshalb, weil eine viel nüchternere Kalkulation, als sie bis dahin angestellt worden war, ergab, daß die zwangsweise herbeigeführten Bauerndienste in summa eine schlechtere Ausnutzung der in den Bauern steckenden Arbeitskraft waren als nach der Dienstablösung ihre Auswertung im Vertragsverhältnis.[358] Wenn trotz aller Ansätze die Bauernbefreiung auf dem privaten Land bis zum Ende der Epoche nicht durchdringen konnte, so deshalb, weil sie ebenso ein Problem der Überwindung beziehungsweise Erneuerung des altpreußischen Militärsystems wie der Ablösung der überlebten Agrarverfassung war.

ZUSAMMENFASSUNG

Das Militärsystem des alten Preußens war, soweit es das bäuerliche Leben berührte, keineswegs nur die Organisation zur Rekrutierung und Versorgung der Armee. Dieses System erfaßte vielmehr den ganzen Menschen als soziales Individuum in allen seinen Lebensbereichen. Es forderte Geld in Form von Kontribution und Reitergeld und körperliche Dienste beim Vorspann und Festungsbau. Es lieferte den Bauern, der unter der Gewalt des Gutsherrn stand, durch die Kantoneinrich-

[355] Vgl. Otto Hintze, *Preußische Reformbestrebungen vor 1806*, in: *HZ* (E/10), Bd. 76 (1896), S. 419 ff.

[356] Vgl. Martiny, *Die Adelsfrage* ... (I/241), S. 33.

[357] Vgl. Martiny, *a. a.* O., S. 60; — vgl. auch oben im ZWEITEN KAPITEL den Abschnitt *Bauer und Junker im Militärsystem.*

[358] Vgl. Martiny, *a. a.* O., S. 12.

tung zugleich dem Regiment und seinen Offizieren aus. Die Niederlassung des Bauern auf dem Land, seine Loslassung vom Dienst, seine Heirat waren vom Regiment abhängig und kosteten ihn auf legale Weise, aber auch durch die illegalen „Pressuren" seiner Vorgesetzten sein Geld. Die Strafmethoden auf dem Lande waren durch die wechselseitigen Anregungen von Gutsherrschaft und Heer bestimmt. Der Kompaniechef im Regiment war Gutsherr zuhaus. Die Prügel für den Soldaten im Dienst wie für den Urlauber auf dem Feld erzogen den bäuerlichen Kantonisten, in dessen Person sich beide vereinten, zu blindem Gehorsam. Durch Dienstleistungen vieler Art und durch die Uniform, von der er mindestens ein Stück auch zu Hause tragen mußte, wurde er ständig im Bewußtsein seiner halb bäuerlichen, halb militärischen Rolle erhalten. Diese Rolle bestimmte seinen Lebensstil.

Wenn mitunter, entgegen selbst den Gesetzen im militärischen System, der Hofbesitzer oder sein einziger Sohn gewaltsam zum Soldatendienst entführt wurden, mußte der Bauer den Verlust des Hofes an einen landhungrigen Gutsherrn befürchten. Mindestens war der Ertrag der Wirtschaft abhängig von der Einziehung oder dem Verbleib der Arbeitskräfte zur Zeit von Saat und Ernte; denn nicht immer waren die Urlauber zur rechten Zeit zuhaus. Ansonsten war der landbesitzende Bauer für den Staat und die Gesellschaft vor allem des Heerwesens wegen unentbehrlich. Durch Abgaben und Leistungen erhielt er die Armee, seine Söhne und Knechte stellten die Soldaten. Darum wurde er in seinem Besitz geschützt. Aber nicht seiner Person war der Schutz zugedacht, sondern seinem Dasein als soziales Individuum. Der „Bauernschutz", der zum wesentlichen Teil aus militärpolitischen Gründen erfolgte, galt dem Bauernland und dem Bauernstand. So war der Bauernschutz im Grunde ein Soldatenschutz, die Bauernschutzpolitik der Könige eine Soldatenschutzpolitik. Die Kolonisation zur Vermehrung der Zahl der kleinen Bauern erwies sich militärpolitisch als Schaffung einer Reserve auf lange Sicht, indem die Enkel der von den militärischen Lasten befreiten Kolonisten diesen Verpflichtungen schließlich verfallen mußten.

Beide Aktionen, Bauernschutz und Kolonisation, richteten sich in gewissem Sinne direkt oder indirekt gegen die Gutsherren und ihre Ausdehnungsbestrebungen. Schon bei Einführung des Kantonwesens, seit 1733, schien der Gutsherr eine Beeinträchtigung seiner sozialen Herrschaftsstellung befürchten zu müssen. Der bäuerliche Kantonist, in vielen Angelegenheiten der Gerichtsbarkeit des Gutsherrn entzogen und der des Regiments unterstellt, schien sich weitgehend emanzipieren zu können. Nicht mehr allein Privatuntertan, sondern Untertan seines Königs und der Monarchie konnte er sich als Kantonist fühlen. In seiner ständischen Gebundenheit mußte er freilich dennoch verharren, nur hatte sie eine neue Richtung bekommen. Von einer Auflösung der Arbeitsverfassung auf den Gütern, die auf Untertänigkeit und Zwangsdiensten der Bauern beruhte, war keine Rede, wenige Ausnahmen in der Zeit der Vorreform bis 1807 ausgenommen. Im Gegenteil schien die Loslassung des bäuerlichen Untertanen wiederum aus militärischen Gründen unmöglich; die Furcht vor dem Entstehen von Unordnung im Kantonwesen war wesentlich mitbestimmend. Man glaubte, den bäuerlichen Kantonisten um seiner militärischen Rolle willen in dem zivilen Rahmen des gutsherrlich-bäuerlichen Verhältnisses der Untertänigkeit festhalten zu müssen. Die gleichen Gesetze des Militärsystems, die dem Bauern zu einer beschränkten Emanzipation verholfen und seinem Dasein freiheitliche Perspektiven gegeben hatten, banden ihn zugleich um so stärker an die bestehende Ordnung. Der Sinn dieser Maßnahme war die Notwendigkeit der sozialen Unterbauung des Heeres, ihre Folge die Militarisierung des ländlichen Soziallebens. Als Folge mußte auch die „Bauernbefreiung“ um die Jahrhundertwende ebenso zu einem Problem der Überwindung des altpreußischen Militärsystems wie der alten Agrarverfassung werden.

Die eingehende Untersuchung der Wirkungen des Militärsystems auf das bäuerliche Leben ergab, daß das Kantonsystem im weitesten Sinne die soziale Verfassung des Landes in allen Bereichen durchdrang und bestimmte, seine Wurzeln auch in der gutsherrschaftlich organisierten Agrarverfassung ruhen hatte. Die Verhältnisse in den westlichen Landesteilen der Monarchie mit ihrer von den östlichen Provinzen abweichenden ländlichen Verfassung zeigten, daß dasselbe Militärsystem — unbeschadet seiner augenscheinlich ähnlichen Wirkungen — in der gleichen Form dort nicht bestehen konnte. Das Militärsystem als soziales System war unlöslich verflochten mit der in den östlichen Landesteilen bestehenden Agrarverfassung, die mit Gutsherrschaft verbunden auftrat. Die Verschmelzung beider Systeme zu einem einzigen, die sich unter Friedrich Wilhelm I. vollzog, bildete den Prozeß einer sozialen Militarisierung ihrer Träger, deren einer der Bauer war, und bezeichnete den Beginn „preußischer“ Lebensform.

Der Bauernstand war der quantitativ bedeutendste, aber nicht der alleinige Träger der militärischen Last des Staates. Das Bestehen des

Heeres und seine Aktionsfähigkeit hingen von der „Konservation" der adeligen Gutsherren und ihrer Angehörigen, die das Reservoir für das Offizierkorps der Armee bildeten, ebenso ab wie von der Erhaltung des Bauernstandes als Rekrutenstamm für das Heer. Gleichzeitig schienen die Frondienste des Bauern zur Aufrechterhaltung der Gutswirtschaft als der Existenzgrundlage des adeligen Offiziers unentbehrlich. Die Verbindung von Gutsherrlichkeit und Offizierscharakter des adeligen Gutsbesitzers machte die außerordentlich starke soziale Position des „Junkers" im altpreußischen Staat des 18. Jahrhunderts erst eigentlich aus. Auf den königlichen Domänengütern, wo Rücksichten auf einen Junker nicht zu nehmen waren, konnte das Werk der Bauernbefreiung nach manchen Widerständen schon vor 1807 gelingen. Auf den adeligen Gütern aber standen die Interessen des Junkertums und der Bauernschaft im Widerstreit. Die Analyse der sozialen Stellung des Junkers im Rahmen der Agrarverfassung und des Militärsystems im alten Preußen erklärt die militärpolitischen Hintergründe.

ZWEITER TEIL

Militärsystem und Junkertum im alten Preußen

ERSTES KAPITEL

Die Eingliederung des Landadels in das Militärsystem

Die sozialen Voraussetzungen, die der preußische Landadel in seiner gutsherrschaftlichen Lebenssphäre gewonnen hatte, befähigten ihn wie keinen anderen Stand im altpreußischen Staat des 18. Jahrhunderts zur Übernahme der führenden Funktionen auch in dem neuorganisierten militärischen System, das sich aus den gleichen sozialen Schichten und Gruppen aufbaute, aus denen die Agrargesellschaft des alten Preußen als ganzes gebildet war. Den Kern der sozialen Herrenstellung und zugleich die Quelle der ursprünglichen Macht des Junkertums in der altpreußischen Gesellschaft, aber auch im Verhältnis zur Gewalt des absolutistischen Staates, zum Königtum und seiner Bürokratie bildete der Rittergutsbesitz mit seinen Rechten.[1] Aus dem Ringen zwischen Adel und Landesherrn in den Jahrhunderten zuvor war die Obrigkeit über seinen Boden als Pfand in den Händen des Adels geblieben, für das er dem Landesherrn die politische Vorherrschaft im Staat überlassen mußte.

In den Grenzen seines Gutsbezirks war der adelige Besitzer der nahezu unumschränkte Herr. Mit dem Gutsbesitz war die Hoheit über die im Gutsbezirk lebenden bäuerlichen Untertanen in wirtschaftlicher, rechtlicher und politischer Hinsicht verbunden. Ausgestattet mit der Polizeigewalt und mit der Gerichtsbarkeit erster Instanz, die er mittels

[1] Aus der außerordentlich umfangreichen verfassungs-, verwaltungs- und rechtsgeschichtlichen sowie sozial- und wirtschaftshistorischen Literatur zu den hier wie im folgenden genannten Zusammenhängen seien nur die grundlegenden Forschungen von Otto Hintze und Gustav Schmoller, die Freiherr-vom-Stein-Biographien von Max Lehmann und Gerhard Ritter, die agrargeschichtlichen Untersuchungen von Georg Friedrich Knapp und Johannes Ziekursch und die historisch-politologischen Arbeiten von Hans Rosenberg (darunter für die Frühgeschichte des Junkertums Rosenbergs Studie über *The Rise of the Junkers in Brandenburg-Prussia 1410—1653,* in: *The American Historical Review,* XLIX/1943—44) hervorgehoben, denen die vorliegende Darstellung die unterschiedlichsten Anregungen verdankt. (Zu den einzelnen Titeln vgl. unten das LITERATURVERZEICHNIS.)

eines durch ihn selbst bestellten Justiziars ausübte, herrschte der Gutsherr über das Dorf und seine Bewohner, kraft seiner Patronatsstellung führte er die Aufsicht über Kirche und Schule. Wie der adelige Vasall unter dem König stand, war der Bauer direkt dem Gutsherrn untertan; an den Grenzen der Gutsherrschaft endete die direkte landesherrliche Gewalt. Es ergibt sich hieraus die politische Bedeutung der nahezu uneingeschränkten Herrschaft des adeligen Gutsherrn in Haus, Bauernhof und Dorf, in Kirche und Schule: Alle staatliche Politik, die sich auf die Bewohner des platten Landes richtete, soweit sie privater Gutsherrschaft und nicht staatlicher Domänenaufsicht unterstanden, war in der Regel durch die gutsherrliche Gewalt mediatisiert.

Die Macht der Gutsherren erhielt noch Gewicht dadurch, daß über die Hälfte des Staatsgebietes privater Gutsherrschaft unterworfen war.[2] Die Gutsobrigkeit wurde zudem noch gestützt durch die Kreisverfassung, jenen Bezirk der ständischen Selbstverwaltung, in dem der Adel seine politische Mittlerstellung zwischen Landesherrn und ländlicher Bevölkerung ausübte. Der Landrat als unterstes Organ der staatlichen Bürokratie auf dem Lande war in einer Person als Kreisdirektor zugleich Spitze der ständischen Selbstverwaltung, und er war Gutsherr wie die anderen Gutsbesitzer des Kreises, aus deren Reihen er stammte und die ihn wählten beziehungsweise zur Bestätigung durch den König vorschlugen. Die Sonderstellung des Adels im alten Preußen ist daher nicht nur sozial und wirtschaftlich bestimmbar. Sie hatte vielmehr einen durchaus politischen Charakter; beruhte sie doch auf der Machtgrundlage des Bodens, auf der Herrschaft über den Boden und seine Bewohner.

Während des Prozesses der systematischen Eingliederung des altpreußischen Landadels in das Heer der werdenden und reifenden Kantonverfassung, in das altpreußische Militärsystem als soziales System, und durch die Folgen dieses Prozesses für Heer und Gesellschaft, Wirtschaft und Staat kam die Vorzugsstellung des Landjunkertums im Gesellschaftsaufbau der altpreußischen Monarchie erneut und betont zum Ausdruck. Auch und gerade in diesem Vorgang, der nicht nur die sozialökonomischen, militär- und sozialpolitischen Beziehungen zwischen Militärsystem und adeligem Leben, sondern darüber hinaus die Gesamtheit des Verhältnisses zwischen Königtum und Adel, zwischen absolutem Staat und ständisch organisierter Gesellschaft unausweichlich tief berührte, manifestierte sich das politische Bündnis zwischen Krone und Adel im alten Preußen zu Beginn und im Verlauf des 18. Jahr-

[2] Vgl. oben Anm. I/328.

hunderts.[3] Der König, der sich aus den Bedingungen der gesellschaftlichen Struktur der altpreußischen Monarchie heraus veranlaßt sah, seine adeligen Vasallen zur Übernahme der Offiziersstellen in der Armee zu zwingen, war aus dem gleichen Grunde selbst gezwungen, den Adel als Stand in seinem Besitz und seinen Vorrechten zu schützen und zu bewahren.[4] So wurde das Militärsystem als soziales System zu einem Ausdruck des politischen Verhältnisses zwischen König und Adel. Während des ganzen 18. Jahrhunderts, im Zeitraum des politischen Kompromisses zwischen Krone und Junkertum im preußischen Staat, wurden „die Erhaltung des Adels ein Gegenstand der Politik des Königs von Preußen" und „der Adelsstand die Grundlage und die Säulen des Staates".[5]

Adel und Offiziersdienst

Vor der Zeit, in der der Adel in den einzelnen Provinzen der preußischen Monarchie zur Hauptstütze des Königs und seiner Armee und damit des Staates werden konnte, in der Epoche bis zum Regierungsantritt Friedrich Wilhelms I., war die Verbindung der adeligen Vasallen zu dieser Armee so oberflächlich und teilweise so feindlich wie zum Staat selbst. Das Heer war Instrument des Herrschers, und ihm allein oblag die Sorge um seine Ergänzung und Erhaltung. Die Ritterfolge der adeligen Vasallen hatte sich durch die Errichtung der stehenden Armee seit dem Großen Kurfürsten überholt. Mit dem Offizierkorps dieser Armee fühlte der Adel sich nur insoweit verbunden, als er in ihm eine

[3] Zum Kompromißcharakter der Beziehungen zwischen Königtum und Adel vgl. z. B. die Formulierung von Gerhard Ritter, *Stein. Eine politische Biographie*, Stuttgart-Berlin 1931, Bd. I, S. 195 f.: „Die preußischen Herrscher entschädigten gewissermaßen ihren Landadel für den Verlust seiner politischen Rechte durch Schonung seiner patrimonialen Herrenstellung ... An eine radikale Beseitigung ihrer (der ostelbischen Junkerklasse) politischen und sozialen Vorzugsstellung war aber im Ernst nicht zu denken." — Siehe neuerdings die Darstellung von Hans Rosenberg, *Bureaucracy, Aristocracy and Autocracy* ... (E/9), z. B. S. 44 ff., S. 75 ff., S. 138 ff. und passim.

[4] Das Argument, als habe vorwiegend seine moralische Qualität den Adel zum Offiziersdienst als dem *metiér d'honneur* bestimmt, ist erst durch Friedrich II. besonders hervorgehoben worden und war, obgleich mitbestimmend, geeignet, die wesentlichen sozialen Beweggründe zu verwischen; zu den Auffassungen Friedrichs d. Gr. siehe u. a. *A. B. B.* (E/3), Bd. XIV, Nr. 186, und Preuß, *Friedrich der Große* (E/16), Bd. III (1833), S. 133.

[5] Siehe das „Politische Testament" Friedrichs II. von 1752, in: *Klassiker der Politik* (E/8), 5. Bd., S. 32 f.

standesgemäße Unterkunft sah. Ebensowohl gingen seine Angehörigen in die Fremde, um dort in einem Heer zu dienen.[6] Die Armee war Fremdkörper im Staat und in der Gesellschaft, weil und solange sie außerhalb der Gesellschaft und in ungeregeltem Verhältnis zu ihr stand.[7]

Das negative Verhältnis zwischen Heer und Staat änderte sich erst, als aus den sozialen Verhältnissen heraus und durch die Initiative Friedrich Wilhelms I. das neue Militärsystem entstand, das mit der Schaffung des bäuerlichen Kantonisten, erst recht aber mit der gleichzeitigen Einbeziehung des Adels in das System seine entscheidende Vollendung erhalten sollte. Indem der „Soldatenkönig" als bedeutenden Schritt auf dem Wege zur Verflechtung des Heeres mit den Untertanen seines Landes es für sich und seine Nachfolger zum politischen Grundsatz erhob, den gesamten Adel des Landes in die Armee einzureihen beziehungsweise dem Militärsystem einzugliedern, ist aus der primären Absicht des Königs, seiner Armee ein beständiges Offizierkorps zu geben,[8] zugleich jene politisch-gesellschaftliche Reform entstanden, die das gesellschaftliche und politische Bild des alten Preußen fortan prägen sollte.[9]

Der beschrittene Weg zur Umgestaltung der sozialen und militärischen Verhältnisse war mit empfindlichen Einschränkungen und Belastungen für den heimischen Landadel verbunden. Die erste Sorge des Königs galt dem Bemühen, den Edelmann noch fester an das Land und an den Staat zu binden, als es bisher der Fall gewesen war. Auch der Adel war an seine Scholle gebunden, wenn auch in anderer Art als seine Untertanen, auf deren sozialer Verkettung mit dem Land durch die Untertänigkeit ihr Wert für den neuen Heeresaufbau vorwiegend beruhte. Einmal fesselte den adeligen Landbesitzer die schwierige Verkäuflichkeit seines Gutes an seinen Besitz; sodann aber erlaubten ihm die Standesrücksichten wenig andere berufliche Beschäftigungen als die Landwirtschaft. Auch durfte er seinen Boden nicht aufgeben, wenn er seine auf der Gutsherrlichkeit beruhende Machtgrundlage nicht verlieren wollte.

[6] Vgl. Schmoller, *Umrisse und Untersuchungen* ... (E/2), S. 280.

[7] Vgl. Otto Hintze, *Staat und Verfassung. Gesammelte Abhandlungen* (hrsg. von Fritz Hartung), Leipzig 1941, S. 60, dessen hier zitierter Hinweis besonders für die oben behandelte Zeit zutrifft.

[8] Siehe die Instruktion Friedrich Wilhems I. für seinen Nachfolger aus dem Jahr 1722, in: *A. B. B.* (E/3), Bd. III, Nr. 249, S. 450: „Mein Successor muß das vor eine Politik halten ..., daß aus allen seinen Provinzen ... die von Adel und Grafen in die Armee employiert und die Kinder unter die Kadetts ge(p)resset werden ... Ist formidable vor seinen Dienst und Armee und ruhiger in seinen Ländern ...".

[9] Vgl. Schmoller, *Umrisse und Untersuchungen* ... (E/2), S. 286.

Zum Überfluß aber wurden scharfe Edikte erlassen, die das Außerlandesgehen adeliger Vasallen streng untersagten, und zwar sowohl das einfache Reisen ins Ausland,[10] das bereits den Verlust, das heißt die Konfiskation, des Vermögens nach sich zog,[11] als auch und vor allem den Eintritt in auswärtige Dienste.[12] Wie den bäuerlichen Untertan, bei dem das Verlassen des Landes bereits als Fahnenflucht angesehen wurde,[13] stempelten diese Edikte, die während des Jahrhunderts, besonders unter Friedrich II., ständig wiederholt wurden, auch den adeligen Vasallen, wenn er das Land verließ, im Grunde zum Deserteur. Erst recht zogen Offiziere, auch wenn sie gedient hatten und bereits entlassen worden waren, die außer Landes gingen, den Grimm ihres Königs auf sich.[14]

Die verschiedenartigen Maßnahmen des Herrschers, sich die adeligen Vasallen dienstbar zu machen, erstreckten sich schon auf den jungen Adel. Den Eltern war aufgetragen, ihre Söhne nicht in die Fremde zu schicken, sondern sie im Gegenteil aus dem Ausland zurückzurufen, wenn sie dort aufgewachsen waren oder wenn sie dort schon in Diensten standen.[15] Sie sollten im Sinne des neuen, vom König verfolgten Systems erzogen werden und in die Institutionen des Landes hineinwachsen.[16] Zu diesem Zweck gipfelten die entsprechenden Ordres später sogar in dem Verbot, ausländische Universitäten und Schulen zu besuchen — bei Strafe des Verlustes einer Anstellungsmöglichkeit in preußischen Landen.[17] Dafür bestimmte der König ohne weiteres, wer von den jungen Adeligen in das Kadettenkorps seiner Armee einzutreten habe; die Kammern hatten Auftrag, die jungen Edelleute, die für den Offiziersdienst befähigt schienen, zu melden, und die Landräte mußten jährlich eine gewisse Anzahl von ihnen nach Proportion des Kreises

[10] Siehe die Instruktion Friedrich Wilhelms I. (wie Anm. II/8); ferner *A. B. B.* (E/3), Bd. VI, 2. Hälfte, Nr. 418.

[11] Siehe *A. B. B.* (E/3), Bd. VII, Nr. 312; Bd. X, Nr. 8.

[12] Siehe *A. B. B.* (E/3), Bd. VI, 2. Hälfte, Nr. 24; Bd. VII, Nr. 168; Bd. VIII, Nr. 404.

[13] Vgl. oben die Schilderung im Ersten Teil, 2. Kapitel, Abschnitt *Militärische Disziplinargewalt und bäuerliches Leben.*

[14] Siehe *A. B. B.* (E/3), Bd. VIII, Nr. 380.

[15] Siehe *A. B. B.* (E/3), Bd. V, 2. Hälfte, Nr. 465; Bd. IX, Nr. 48; Bd. XIII, Nr. 60.

[16] Siehe in der Instruktion Friedrich Wilhelms I. von 1722 an seinen Nachfolger (wie Anm. II/8) die Worte: „... wird den Vorteil haben, daß der ganze Adel in Euren Diensten von Jugend auf darinnen erzogen werden und keinen Herrn kennen als Gott und den König in Preußen".

[17] Siehe *A. B. B.* (E/3), Bd. IX, Nr. 96.

nach Berlin schicken,[18] wo sie „entweder unter die Kadets oder bei den Regimentern sich engagieren lassen müssen, um S. K. M. wie rechtschaffene Vasallen gebühret zu dienen".[19] Auf das Abschiedsgesuch eines jungen Legationsrates ließ der König erwidern, er solle „wohl überlegen, was er als ein S. K. M. angeborener Vasall Deroselben zu leisten schuldig sei" und „Höchstdieselbe intentionieret seind, ihn ... unter eines derer preußischen Regimenter zu setzen ... mithin sich nicht entschließen werden, ihn Dero Diensten bei seinen noch ganz jungen Jahren und der ihm obliegenden Schuldigkeit, dem Staat und Vaterlande zu dienen, gänzlich zu erlassen".[20]

Die Heranziehung des jungen Adels wurde in einem solchen Maße ausgedehnt, daß von den Lauenburgschen Ständen Beschwerden einkamen, man solle den Edelleuten nicht mehr ihre Söhne nehmen, damit sie etwas Ordentliches lernen könnten, „um Seiner Majestät auch im Zivilstand zu dienen".[21] Es war nicht unmöglich, daß junge Adelige die Zivillaufbahn einschlugen, doch war es nicht nur aus Standesrücksichten ausgeschlossen, etwa sich dem Handel zu widmen; Friedrich d. Gr. verbot dem Adel die Einrichtung von Kontors in den Handelsstädten, weil die Adeligen „dadurch von dem métier d'honneur abgezogen werden und vielleicht verschiedene von ihnen der Handelschaft mehr als dem ihnen anständigen Kriegswesen obliegen würden".[22]

Der König erreichte schließlich, indem er den Adel von Jugend auf systematisch in das Offizierkorps der Armee drängte, daß allmählich der inländische Adel und das Offizierkorps sich weitgehend und immer mehr identifizierten, zumal von nun an in der Regel nur Mitglieder des inländischen Adelsstandes — Ausnahmen bildeten zum Beispiel die gleichgestellten Réfugiés aus der Fremde — zur Offizierslaufbahn in der preußischen Armee zugelassen waren.[23] Verständlicherweise wurde allerdings infolge der Zwangsmaßnahmen des Königs besonders im Anfang der Offiziersdienst mehr als arge Last denn als besonderes Vorrecht empfunden. Mochte auch die Vermutung des Grafen v. Manteuffel aus dem letzten Regierungsjahr Friedrich Wilhelms I., der Adel in Preußen stehe vor der Revolte,[24] übertrieben gewesen sein, so läßt dieser

[18] Siehe *A. B. B.* (E/3), Bd. V, 2. Hälfte, Nr. 357, Nr. 465.

[19] Siehe *A. B. B.* (E/3), Bd. VII, Nr. 266.

[20] Siehe *A. B. B.* (E/3), Bd. VIII, Nr. 397.

[21] Siehe *A. B. B.* (E/3), Bd. VI, 2. Hälfte, Nr. 59, S. 151.

[22] Siehe *A. B. B.* (E/3), Bd. IX, Nr. 169.

[23] Vgl. Courbière, *Geschichte der Brandenburgisch-Preußischen Heeres-Verfassung* (I/34), S. 81.

[24] Siehe *A. B. B.* (E/3), Bd. V, 2. Hälfte, Nr. 439, S. 776.

Eindruck eines informierten Zeitgenossen doch etwas von der Reaktion des Adels auf die königlichen Maßnahmen durchblicken. Dennoch dürfte, als der König in einer jener Ordres, die 1733 die Kantonverfassung einführten, die Pflicht des Adels zum Offiziersdienst noch einmal ausdrücklich betonte, dieses Gebot dem Edelmann auch in seinem Interesse lange zur Selbstverständlichkeit geworden sein.[25]

Die Anerkennung der Pflicht zur Offiziersgestellung in der heimischen Armee durch den Adel bedeutete im altpreußischen Staat des 18. Jahrhunderts für den einzelnen Angehörigen des Adelsstandes, daß er sich dem Offiziersdienst in der Praxis für Jahrzehnte verschrieb. Die meisten Offiziere dienten bis zum Kapitäns-, Majors- oder Oberstenrang; wer nur den Leutnantsgrad erreichte, hatte dafür diesen Rang gewöhnlich lange inne.[26] Bei erfolgreicher Karriere war mit etwa 15 Dienstjahren der Kapitänsrang zu erreichen; anschließend blieb man bis zu 8 Jahren Kapitän, bis zu 6 Jahren Major, etwa 2 Jahre Obristleutnant und etwa 6 Jahre Obrist.[27] An die 50 Jahre alt war der Adelige, wenn er als Hauptmann oder Obrist auf das Gut zurückkehrte. Darüber hinaus hatte der ausgediente Offizier im Kriege die Offiziersstellen bei den Landmilizen zu bekleiden.[28] Und nicht nur bestimmte diese Einspannung des Landadels in das altpreußische Heer die Lebensform des einzelnen Adeligen durch ihre Militarisierung von Grund auf — das Maß seiner Heranziehung wuchs auch mit der fortwährenden Verstärkung der Armee. Die Vermehrung des Heeres von 40 000 auf 235 000 Mann in der Zeit von 1713 bis 1806 bedeutete auch ein Anwachsen des Offizierkorps im angemessenen Verhältnis (1740 = 3116, 1786 = 5511, 1806 = 7000 bis 8000 Offiziere),[29] eine Erweiterung des militärischen Potentials, für die der Adel allein die Menschen zu stellen hatte.

Auf diese Weise wurde die Ergänzung des Offizierkorps durch den heimischen Landadel zum Prinzip der Heeresverfassung, sodann aber, indem diese Beanspruchung das ganze adelige Leben und soziale und

[25] Vgl. Lehmann, *Werbung* ... (E/10), S. 269, Anmerkung 4.

[26] Die oben genannten Verhältnisse lassen sich u. a. ablesen aus den Berufsangaben der *Vasallentabellen;* für die Provinz Ostpreußen siehe die *Vasallen-Tabellen des Ostpreußischen Kammerdepartements,* in: *Ostpreußische Folianten* (in: *Staatliches Archivlager,* Göttingen, vormals *Zonales Archivlager,* Goslar).

[27] Vgl. (v. Lossow), *Denkwürdigkeiten* ... (I/8), S. 34.

[28] Siehe *A. B. B.* (E/3), Bd. XI, 1. Hälfte, Nr. 157, S. 234; Nr. 172, S. 276.

[29] Vgl. Jupp Hoven, *Der preußische Offizier des 18. Jahrhunderts,* Diss. Leipzig 1936, S. 58.

wirtschaftliche Dasein des Landjunkertums auf das engste berührte und deshalb für seine Gestaltung mitbestimmend wurde, notwendigerweise auch ein Faktor der Agrarverfassung. Wie durch die Person des bäuerlichen Kantonisten trat durch die Person des adeligen Offiziers das neue Militärsystem in direkte Beziehung zu Gesellschaft und Wirtschaft, deren integrierender Bestandteil die Armee mehr und mehr wurde.

Die Leistungen des Adels für das Militärsystem

Die volle Weite der Beziehungen zwischen Militärsystem und Agrarverhältnissen in der Person des adeligen Vasallen und Gutsbesitzers sowie seiner Angehörigen und die eigentliche Einbeziehung des Edelmannes in das System und nicht nur in das Heer wird erst recht klar, wenn man die Dienstleistungen des Adels für das Militär auch in ihrem finanziellen und gesamten zivilen Aufwand erfaßt, wie er vornehmlich von den grundbesitzenden Vasallen bestritten wurde. In der Reihe dieser Leistungen stand mit an erster Stelle das „Lehnsritterpferdegeld" und seine Einführung im Zusammenhang mit der Allodifikation der Lehen. Die Verpflichtung des Adels aus der Zeit, in der er als „getreue Ritterschaft" dem Landesherrn mit einer Anzahl von Mannen und Rossen, die er selbst ausrüstete und führte, beim Heereszug folgte, war mit der Errichtung eines stehenden Heeres, das vom Herrscher selbst zusammengestellt und ausgerüstet wurde, hinfällig geworden. Friedrich Wilhelm I. drang deshalb darauf, die adeligen Güter, die nach altem Recht der adelige Vasall vom Landesherrn zu Lehen erhalten hatte, und auf die sich die Verpflichtung des Lehnsträgers zu selbständiger Waffenfolge gründete, zu allodifizieren, das heißt sie in das Eigentum des Lehnsträgers zu überführen. Der Sinn dieser Maßnahme bestand darin, die bisherigen Naturalrossedienste in einen jährlichen „Geldkanon" pro Pferd umzuwandeln, der der Kriegskasse zufließen sollte. Gegen den jahre- und jahrzehntelangen Widerstand des Adels wurde diese Summe für die verschiedenen Provinzen festgesetzt. In der Kurmark wurde ein Kanon von 40 Talern für jedes schuldige „Lehnpferd" (seit 1717), ebenso in der Neumark (seit 1718) und in Magdeburg (seit 1719), niedriger in Pommern — 17 bis 26 Talern — und nur 10 Talern in der Provinz Preußen (seit 1733), das heißt in jeder Provinz im Verhältnis zu ihrem natürlichen Reichtum erhoben.[30]

Zum Ausgleich war der altpreußische Adel in den meisten Provinzen

[30] Vgl. Bornhak, *Preußische Staats- und Rechtsgeschichte* (E/20), S. 153 f.

von der Kontribution befreit, die dem Bauern auferlegt war. Jedoch war diese Regelung so zu verstehen, daß der ritterliche Inhaber eines Gutes grundsteuerfrei war nur für seinen Ritteracker nach der Klassifizierung, wie sie im Kataster bei der Einrichtung eingetragen worden war.[31] Da die Grundsteuer aber dinglich auf dem Lande lag und durch die Besitzverschiebungen zwischen Bauern und Gutsherren viele kontribuable Bauernhufen sich in adeligem Besitz befanden,[32] hatte der Grundherr für sie die auf den kontribuablen Hufen liegende Steuer zu entrichten. Darunter fiel neben der Kontribution auch das „Kavalleriegeld“, das ebenfalls nach kontribuablen Hufen berechnet wurde; die Beamten des Königs sahen darauf, daß die Grundherren sich ihren Verpflichtungen im Hinblick auf die in ihrem Besitz befindlichen kontribuablen Äcker nicht entzogen.[33] Nicht umsonst auch baten die Gutsherren um weitestmögliche Ausdehnung der „Remissionen“, der Rückvergütungen des Staates für entstandene Schäden oder Ausfälle in der Landwirtschaft: Ihr Wunsch war verständlich, weil der Gutsherr für das Kontributionsquantum seiner Untertanen haftete, wenn dieser oder jener die Steuer nicht entrichten konnte.[34] Vor allem aber war der Adel nicht in allen Provinzen steuerfrei; vielmehr zahlte er Kontribution in Schlesien, in Ost- und Westpreußen und in Litauen.[35] Endlich gehört zur Abrundung des Bildes vom Verhältnis des Adels zur staatlichen Besteuerung für Kriegszwecke noch die Erwähnung, daß der Edelmann auch zur städtischen Akzise beisteuerte in dem Preis der Waren, die er aus der Stadt bezog, und in der Versteuerung der von ihm aus dem Ausland bezogenen Manufakturerzeugnisse.[36]

Neben die direkten gesetzlichen Steuerlasten traten auf mehrfache andere Weise weitere Belastungen des adeligen Gutsherrn im Rahmen des militärischen Systems, die nirgendwo in der Fülle der staatlichen Ordres und Reglements erwähnt sind, aber indirekt und gewissermaßen gewohnheitsrechtlich die schwerste finanzielle Heranziehung des Adels zur Fundierung des Militärsystems bedeuteten. An erster Stelle stand die Unterhaltung der Söhne und anderen Angehörigen des adeligen

31 Vgl. Knapp, *Die Bauernbefreiung* ... (I/5), Bd. I, S. 56.
32 Vgl. *a. a.* O., Einleitung § 1.
33 Siehe *A. B. B.* (E/3), Bd. XII, S. 387.
34 Vgl. Otto Hintze in: *A. B. B.* (E/3), Bd. VI, 1. Hälfte, S. 28.
35 Siehe *A. B. B.* (E/3), Bd. VI, 2. Hälfte, Nr. 215; vgl. Preuß, *Friedrich der Große* (E/16), Bd. IV (1834), *Anhang II*, S. 417 („Nachricht von dem Finanzwesen“, verfaßt 1774/75 von dem Geh. Finanzrat Roden).
36 Vgl. Otto Hintze in: *A. B. B.* (E/3), Bd. VI, 1. Hälfte, S. 29.

Gutsherrn in den Subalternrängen des Heeres unterhalb des Kapitänsranges. Mit 9 bis 11 Talern monatlich einschließlich des Servisgeldes für die Einquartierung, die etwa ein Sekondeleutnant von seinem Gehalt ausgezahlt erhielt,[37] war nach der Meinung eines kompetenten Gutachters[38] nur ein kümmerliches Leben möglich, besonders unter Berücksichtigung der Tatsache, daß selbst der Subaltern als Offizier sich standesgemäß zu geben hatte. Ohne bedeutenden Zuschuß vom Zuhause war diese Lebensführung nicht aufrechtzuerhalten. Auch die spätere Übernahme einer Kompanie als Kapitän bedeutete in manchen Fällen zunächst, daß man die Schulden eines wirtschaftlich untüchtigen Vorgängers, die auf der Kompanie lasteten, beim Antritt mit zu übernehmen hatte.[39] Erst als Kompaniechef konnte mancher Offizier daran denken, die als Subaltern gemachten Schulden zu begleichen; wenn aber der Offizier nur bis zum Leutnant oder Kapitän avancierte, ohne je eine Kompanie gehabt zu haben, um dann auf das heimatliche Gut abzugehen, konnte die jahrzehntelange Ausgabe zum Unterhalt dieses Offizierslebens abgeschrieben werden. So hatte der adelige Guts- und Grundbesitzer einen wesentlichen Teil der finanziellen Last zu tragen, die zur Aufrechterhaltung des Militärsystems von der Seite der Führung her nötig war. Wenn er überdies noch selbst als Offizier im Heere diente, was keineswegs selten der Fall war,[40] so konnte seine damit verbundene häufige Abwesenheit vom Gut insofern sehr kostspielig für ihn werden, als er gezwungen war, es durch einen Pächter verwalten zu lassen, falls es ihm nicht gelang, durch mehrfachen längeren Urlaub die Bewirtschaftung nebenher selbst zu ermöglichen.[41]

Als eine belastende Folge des Militärsystems für den adeligen Gutsherrn erwies sich auch die Beeinträchtigung, die die Gutswirtschaft durch die Heranziehung der bäuerlichen Untertanen als Kantonisten erfuhr. Nicht umsonst waren die Stände aller Provinzen des Landes zunächst

[37] Vgl. die Ausführungen bei Friedrich Meusel, *Die Besoldung der Armee im alten Preußen* etc. (*Aus Marwitz' Memoiren*), in: *FBPG* (E/10), Bd. 21 (1908), S. 243.

[38] Siehe das Urteil des Generalfeldmarschalls Hermann v. Boyen in seinen „Erinnerungen“ (zitiert bei v. d. Goltz, *Von Roßbach bis Jena* ... [I/73], S. 131).

[39] Vgl. Lehmann, *Werbung* ... (E/10), S. 268, S. 269, Anmerkung 1. — Über die Verhältnisse bei der „Kompaniewirtschaft“ des altpreußischen Heeres siehe im einzelnen noch unten im Zweiten Kapitel den Abschnitt *Der Junker und die Kompaniewirtschaft.*

[40] Zum Beispiel waren in der Kurmark im Jahre 1800 17 % der Vasallen aktive Offiziere; vgl. dazu Martiny, *Die Adelsfrage* ... (I/241), *Anhang:* Tabelle A 1.

[41] Vgl. Preuß, *Friedrich der Große* (E/16), Bd. IV (1834), S. 342; Jany, *Geschichte der Königlich Preußischen Armee* (I/17), Bd. III (1929), S. 37, S. 417, S. 421.

einmütig in ihrer Opposition gegen das Militärsystem.[42] Abgesehen von der als krisenhaft empfundenen „Emanzipation" des bäuerlichen Kantonisten durch den Einfluß der Militärgerichtsbarkeit,[43] war der wirtschaftliche Schaden empfindlich durch die Wegwerbung der tüchtigen bäuerlichen Wirte, der Verwalter, Kämmerer, Pächter, Brauer, Gärtner, Jäger, Köche und anderer, deren Ausbildung Geld gekostet hatte und die nun sehr oft gerade zu der Zeit fehlten, wenn sie am dringendsten auf dem eigenen und auf dem Gutshof gebraucht wurden.[44] Wie die Arbeitsverfassung der herrschaftlichen Güter von der Qualität und Quantität der Dienstleistungen der schollenpflichtigen, untertänigen Bauern und Knechte abhing, war auch der Ernteertrag der Gutsäcker und nicht nur der Eigenertrag der bäuerlichen Wirtschaft davon abhängig, daß tüchtige Bauern und Knechte auf dem Hof anwesend waren. In der zweiten Jahrhunderthälfte wurden die Herrschaften häufig durch den Mangel an fähigen Hofwirten, der durch die Einziehung der Kantonisten entstand, daran gehindert, die von der Regierung verlangte Wiederbesetzung der wüst gewordenen Bauernstellen vorzunehmen.[45] Die Klagen der Stände von 1740, durch „die angestellten Werbungen" sei „der Adel auf eine höchst empfindliche Art mitgenommen" worden,[46] dürften zu Recht bestanden haben.

War auf diese Weise schon im Frieden die adelige Wirtschaft durch die Auswirkungen des Militärsystems betroffen, so brachten erst recht die Kriegszeiten ihr empfindliche Nachteile dieser Art. Die Einstellung oder doch Einschränkung der Remissionszahlungen für Schäden, Fourage- und Magazinlieferungen während des Krieges,[47] die Lieferungen, Fuhren und Kontributionen für die feindlichen Truppen in den zeitweilig vom Feind besetzten Gebieten,[48] sowie die Reduzierung der Untertanendienste auf dem Gut um das Maß, das die Bauern für Kriegszwecke zu leisten hatten,[49] bedeuteten Ausfall und empfindliche Schmälerung der Einkünfte für den Adel. Die entstehenden Einschränkungen der adeligen Wirtschaft und

[42] Siehe die „Gravamina" der Stände von 1740, in: *A. B. B.* (E/3), Bd. VI, 2. Hälfte.

[43] Zur Art und zum Verlauf dieser Erscheinungen vgl. oben Erster Teil, 3. Kapitel, Abschnitt *Militärgerichtsbarkeit und bäuerliche „Emanzipation"*.

[44] Vgl. oben Erster Teil, 2. Kapitel, Abschnitt *Militärische Disziplinargewalt und bäuerliches Leben.*

[45] Siehe bei Knapp, *Die Bauernbefreiung* ... (I/5), Bd. II (Akten), S. 35 f.

[46] Siehe *a. a.* O., S. 70 f.

[47] Siehe *A. B. B.* (E/3), Bd. XII, Nr. 155, Nr. 210.

[48] Siehe *a. a.* O., Nr. 99, Nr. 155, Nr. 156, Nr. 157, Nr. 159, Nr. 210.

[49] Siehe *A. B. B.* (E/3), Bd. XI, 1. Hälfte, Nr. 164, S. 249 ff.

des gutsherrschaftlichen Einkommens gehörten mit zu den Tributen, die der Adel dem Militärsystem zu zollen hatte.

Dem zivilen Aufwand für militärische Zwecke im weiteren Sinne, nämlich dem Dienst für das Militärsystem im zivilen Dasein, ist ferner die Erfüllung der Aufgaben zuzuzählen, die der Adel in der Person des Landrats im Rahmen des Systems versah. Die Pflichten des Landrats in dieser Hinsicht erstreckten sich von den Anstalten zur Ergänzung und Versorgung der Armee im kleinen bis zu ihrer Betreuung bei Operationen im Lande. Darunter fiel einmal die Aufsicht über die Eintragung der jungen Kantonisten auf dem Lande und ihre Aushebung zum Regiment als Rekruten oder als Artillerieknechte.[50] Der Landrat mußte um die Wiederergreifung von Deserteuren bemüht sein und ihr Vermögen beschlagnahmen.[51] Er hatte nicht nur für die Aufbringung der Mannschaft, sondern auch für die laufende Komplettierung der Anzahl der ausgeschriebenen Artillerie- und Proviantpferde für die Armee zu sorgen. Ebenfalls gehörte die richtige Verteilung der Kavalleriepferde auf das Land zur Grasung in den Sommermonaten und die Erhebung der Fouragegelder in den Wintermonaten zu den Obliegenheiten des Landrates. Sodann sollte der Landrat die Wahrung der Rechte des Kantonisten garantieren: die genehmigungsfreie Heirat, die einwandfreie Auszahlung der Remissionsgelder für geleistete Fuhren und Lieferungen an die Bauern durch die Beamten und Edelleute und die richtige Weitergabe von Beschwerden der Untertanen über Werbungs-, Einquartierungs- und andere Militärangelegenheiten an den Kompanie- oder den Regimentschef. Und er hatte sich laut Anweisung um die Etablierung der ausrangierten Soldaten auf zu teilende Bauernhöfe zu kümmern.

Vor allem aber war der Landrat unentbehrlich für die Führung der marschierenden Korps der Armee durch seinen Kreis, die er gemäß Absprache mit der Kriegs- und Domänenkammer leitete und für die er nach dem Marschreglement die Quartiere und die Fourage für die Truppen, den Vorspann für den Troß und die Offiziere zu besorgen hatte; seine Aufgabe war dann die Abrechnung mit den Kommandeuren über die genossene Verpflegung, die Erteilung von Attesten über gute Ordnung auf dem Marsch, schließlich Bericht und Überweisung der Liquidationen an die Kammer.[52] Der militärische Charakter besonders dieses letzten Teils der Landratspflichten ergab von selbst eine Bevor-

[50] Vgl. oben Erster Teil, 2. Kapitel.

[51] Hierzu wie zum folgenden siehe die Landratsinstruktionen in *A. B. B.* (E/3), Bd. IX, Nr. 250, Nr. 320; Bd. XIII, Nr. 235; Bd. XIV, Nr. 39, Nr. 50, Nr. 53.

[52] *Ebda.*

zugung von alten ausgedienten Offizieren unter den angesessenen Gutsbesitzern des Kreises für die Kandidatur zum Landratsamt. Wie die Entstehung dieses Amtes aus der Kombination des Kreisdirektors mit dem Marschkommissar schon seinen militärischen Charakter offenbart,[53] so wurde es nun durch die fast ausschließliche Besetzung mit gewesenen Offizieren — soweit sie im Kreis Landbesitz hatten — gänzlich militarisiert. Aller Protest der Stände hiergegen half nichts,[54] die Durchführung wurde vom König erzwungen.[55] Die Arbeit des adeligen Landrates war so auf das engste mit dem Militärsystem verbunden, sie war eine der Leistungen des Adels für das Militärsystem.

Das Verhältnis zwischen Adel und Offizierkorps

Aus den politischen Testamenten Friedrich Wilhelms I. und Friedrichs d. Gr. von 1722, 1752 und 1768 ergibt sich in allen Abschnitten, die die Bedeutung des Adelsstandes für den Aufbau der königlichen Armee behandeln, der Eindruck einer fast vollkommenen Identität von Adel und Offizierkorps im preußischen Staat des 18. Jahrhunderts. Doch gibt vor allem ein Phänomen Anlaß zu der Frage, inwieweit es wirklich für das Offizierkorps zutraf, daß es nur aus Adeligen zusammengesetzt war, beziehungsweise, wie weit wirklich der Adel mit allen seinen Gliedern dem Offizierkorps angehörte: die seltsame Tatsache, daß in den „Gravamina" der Stände, die doch von den Beauftragten des Adels, von der Ritterschaft auf den Kreistagen, mit abgefaßt und unterschrieben wurde, der Adel scharfe Stellung bezog gegen das Offizierkorps, das er aus seinen eigenen Reihen bildete.[56]

Der König sollte die „Miliz" schärferer Aufsicht unterziehen, damit sie nicht das Land „aussauge" und „depeupliere". Gemeint waren die Rekrutierungsmethoden der Offiziere, ihre „Geldpressuren" und anderen „Plackereien" gegenüber den bäuerlichen Untertanen ihrer Kantons, der Mißbrauch der Rekruten zu persönlichen Diensten auf den eigenen Gütern. Die vorgebrachten Beschwerden richteten sich ferner gegen die Eingriffe der Offiziere in die zivile Obrigkeit, weil sie sich teilweise faktisch selbst eine Schiedssprechung anmaßten. Überhaupt wurde die

[53] Vgl. Gustav Schmoller in: *A. B. B.* (E/3), Bd. I, *Einleitung*, S. (101).

[54] Siehe *A. B. B.* (E/3), Bd. X, Nr. 325, S. 572.

[55] Siehe *A. B. B.* (E/3), Bd. V, 2. Hälfte, Nr. 343, S. 605; Bd. IX, Nr. 92, S. 155.

[56] Siehe die „Gravamina" der Stände von 1740, in: *A. B. B.* (E/3), Bd. VI, 2. Hälfte. — Im folgenden wird auch noch einmal auf schon oben im Ersten Teil geschilderte Tatbestände Bezug genommen.

Gewalt des Regiments- beziehungsweise des Kompaniechefs über die gutsuntertänige Bevölkerung, zum Beispiel in der Frage der Ansässigkeit oder des Heiratswesens, als sehr störend bezeichnet. Man opponierte gegen die Auswüchse des Militärsystems, wie sie von den Offizieren und ihren Beauftragten in die gutsherrschaftliche Sphäre hineingetragen wurden, und zwar nicht nur mit Worten, sondern gelegentlich auch mit Taten. Die Gutsherren schickten mitunter ihre zum Militärdienst vorgesehenen Untertanen aus dem Lande, um sie so vor der Einziehung zu bewahren, sie verhinderten zu verschiedenen Malen die Enrollierung — besonders im Oberschlesischen und im Westfälischen — und machten unter Umständen sogar mit den Bauern gemeinsame Sache gegen die Werber. Selbst manche Landräte bereiteten — wie zum Beispiel in Schlesien — Schwierigkeiten bei der Beschaffung von Rekruten. Im ganzen allerdings hatten die Stände zu fürchten, daß die Landräte, insoweit sie aus dem Kreise früherer Offiziere bestellt wurden, auf Grund ihrer militärischen Vergangenheit eine besondere Vorliebe für diesen Stand behielten und sich daher den Übergriffen des Militärs gegenüber mehr als tolerant verhielten;[57] sie wehrten sich deshalb dagegen, daß lauter gewesene Offiziere zu Landräten gemacht wurden.[58]

Der offenkundige Gegensatz zwischen dem Adel als Stand und dem aus Adeligen gebildeten Offizierkorps als Berufsstand, der sich aus den ständischen Gravamina ergibt, wird verständlich, wenn man die wechselseitige Bedeutung der beiden sozialen Einheiten füreinander einer differenzierenden Betrachtung unterzieht.

Von Friedrich Wilhelm I., der seinem berühmteren Sohn den schärferen Blick für soziale Realitäten voraus hatte, war der Adel aus politischen und sozialen Gründen zum Offiziersdienst als Staatsdienst herangezogen worden,[59] weil er aus den tatsächlich bestehenden Verhältnissen erkannte, daß der Adel allein zur Übernahme dieser Aufgabe geeignet war.[60] Er sah, daß nur die Angehörigen der Landaristokratie aus ihrer herrschaftlichen Tradition heraus befähigt waren, die Befehlsgewalt in einem Heer auszuüben, dessen Soldaten aus großenteils widerwilligen Rekruten der ländlichen Sozialsphäre zusammengesetzt waren. Und er verband damit den Nutzen, die politisch gefährlichste Bevölke-

[57] Vgl. Lehmann, *Freiherr vom Stein* (E/12), Bd. I, S. 169.

[58] Wie Anm. II/55.

[59] Siehe die Instruktion Friedrich Wilhelms I. für seinen Nachfolger aus dem Jahr 1722 (II/8).

[60] Vgl. dazu Jany, *Geschichte der Königlich Preußischen Armee* (I/17), Bd. II (1928), S. 219.

rungsschicht des Landes zum Dienst für die Monarchie zu erziehen. Erst unter Friedrich d. Gr. verwandelte sich diese sachliche Einstellung zu einer Vorliebe des Monarchen für den Adel, die im Adelsstand geistige und moralische Werte verkörpert sah, auf die der König aufzubauen wünschte. Für das Offizierkorps hatte freilich schon der „Soldatenkönig" das Prinzip aufgestellt, daß allen seinen Handlungen die Ehre vorangestellt sein müsse;[61] jedem adeligen Offizier seien „die Gesetze der Ehre schon von Hause aus bekannt".[62] Der besondere Charakter des Offizierkorps wurde schon damit betont, daß die Dienstreglements für Unteroffiziere und Gemeine von denen für Offiziere streng getrennt waren.[63] Nicht mehr nur ein gradueller, sondern ein spezifischer Unterschied zwischen Offizieren und Nicht-Offizieren entstand.[64] Zum Zeichen der Exklusivität fehlten innerhalb des Offizierkorps vom Fähnrich bis zum Obristen alle äußeren Rangabzeichen, so daß die gesellschaftliche Gleichheit aller Ränge bestätigt war,[65] das Offizierkorps zugleich aber tatsächlich zu einem besonderen Stand, einem Berufsstand von eigenen inneren Gesetzen gestaltet wurde, der obendrein dadurch zum ersten Stand der Gesellschaft überhaupt erhöht war, daß der König — Friedrich Wilhelm I. wie alle seine Nachfolger — den einfachen Offiziersrock trug und Wert darauf legte, in erster Linie als Offizier angesehen zu werden.[66]

In der Folgezeit war der absolute Vorrang der im Militärdienst stehenden „Bedienten" vor den Zivilbeamten eine feststehende Tatsache;[67] in einem Streit zwischen einem Fähnrich und einem Legationsrat war es beispielsweise selbstverständlich, daß der Fähnrich bevorzugt wurde,[68] obgleich im übrigen beide Personen von Adel waren. Nimmt man hinzu, daß der Offiziersstand mit Ausnahme weniger juristischer

[61] Siehe das Dienstreglement für Offiziere von 1726, Teil XI, Titel I, Artikel 8 (siehe bei Jähns, *Geschichte der Kriegswissenschaften* [I/16], Bd. II, S. 1579).

[62] Vgl. Jähns, *a. a. O.*, ebda.

[63] Vgl. *a. a.* O., S. 1575.

[64] Vgl. Courbière, *Geschichte der Brandenburgisch-Preußischen Heeresverfassung* (I/34), S. 81.

[65] Vgl. Jähns, *Geschichte der Kriegswissenschaften* (I/16), Bd. II, S. 1579.

[66] Vgl. Jany, *Geschichte der Königlich Preußischen Armee* (I/17), Bd. I, S. 624; Jähns, *a. a.* O., S. 1572; Leopold von Ranke, *Sämtliche Werke*, Bde 27 und 28 (Dritte Gesamtausgabe von 1879), S. 151.

[67] Man vergleiche hierzu das *Neue Rangrelement* von 1713 mit dem bis dahin gültigen Reglement (siehe *A. B. B.* [E/3], Bd. I, Nr. 143); zum ganzen Problem vgl. Hinrichs, *Der Regierungsantritt Friedrich Wilhelms I.* (I/18), S. 199 ff.

[68] Vgl. Preuß, *Friedrich der Große* (E/16), Bd. II (1833), S. 372.

Bereiche einen eigenen Gerichtsstand hatte[69] und es ihm außerdem verboten war, irgendwelchen gesellschaftlichen Verkehr mit anderen Ständen als dem Adelsstand zu unterhalten,[70] so wird aus der Summe aller dieser Ansprüche erklärlich, daß die Zugehörigkeit zu einem solchen Stand von entsprechenden Voraussetzungen des Denkens und Handelns des einzelnen Mitgliedes abhängig gemacht worden ist: von Voraussetzungen, die vereinfachend unter dem Begriff „Ehre" zusammengefaßt wurden. Solche Ansprüche aber konnten den gesellschaftlichen Verhältnissen gemäß nur an den Adel gestellt werden, bei dem die Tradition der Namen und Sitten eine ausreichende Basis für ihre Erfüllung versprach. Eine unbedingte Bevorzugung des Adels aus diesem Grunde ist allerdings erst durch die Überspitzung Friedrichs d. Gr. eingetreten, der zumindest in den Hauptwaffengattungen seiner Armee kein „unadelig Geschmeiß" dulden wollte,[71] „weil der Adel gewöhnlich Ehre hat" und ihm keine andere Zuflucht bliebe als sich durch den Degen auszuzeichnen; verliere er seine Ehre, so würde er selbst im väterlichen Hause nicht mehr aufgenommen; hingegen der Bürgerliche sich durch begangene „Gemeinheiten" nicht entehrt glaube.[72]

So hoch die Erwartungen waren, die die Könige in das Offizierkorps setzten, so geringes Vertrauen genoß der gemeine Soldat, der nach der Anschauung der Zeit nur durch Drill und Disziplin gezügelt werden konnte und im Prinzip als unzuverlässig angesehen wurde;[73] dann aber, wenn die Mannschaft in dieser Weise eingeschätzt werden mußte, war in der Tat das Offizierkorps die einzig zuverlässige Stütze des Königs und obersten Heerführers. Die adelige Familie und ihre Gebundenheit an einen bestimmten Ehrenkodex, das traditionelle Hineinwachsen in eine Sphäre des herrschaftlichen Befehlens auf dem Gut und die Gewohnheit, Gehorsam zu empfangen, garantierten für die Durchsetzungsfähigkeit des adeligen Offiziers, zu der die Ausbildung im Rechnen und Wirtschaften kam, die in der Gutswirtschaft erworben werden konnte und in der „Kompaniewirtschaft" des Heeres den adeligen Offizier schließlich auch zum Kompaniechef vorzüglich geeignet machte. Die besonderen Talente, die das Offizierkorps zum Rückgrat des Heeres machten, erhielten ihre größte Bedeutung erst recht in der Schlacht, im Kriege. Die

[69] Vgl. (v. Lossow), *Denkwürdigkeiten* ... (I/8), S. 55 f.

[70] Siehe bei v. Taysen, *Friedrich der Große. Militärische Schriften*, Berlin 1882, S. 570 („Instruktion für die Commandeurs der Infanterie-Regimenter" vom 11. Mai 1763).

[71] Siehe *A. B. B.* (E/3), Bd. XIV, Nr. 186.

[72] Vgl. Preuß, *Friedrich der Große* (E/16), Bd. III (1833), S. 133.

erhöhte Einschätzung der kriegerischen Tugenden der Offiziere wurde mehr und mehr selbstverständlich in einem Lande, in dem „das Militär die erste Stelle" einnahm, weil man „auf häufige Kriege gefaßt sein" mußte.[74] „An solchen ... Tagen lernt man den Wert guter Offiziere schätzen; da lernt man sie lieben", schrieb Friedrich II. über seine Erfahrungen mit dem altpreußischen Offizierkorps in der Schlacht.[75] Und er resümierte, daß man ihnen die Achtung hierfür nicht nur zollen dürfe, wenn man sie brauche, sondern ihnen auch in Friedenszeiten das Ansehen geben müsse, das sie verdient hätten. Aus dieser Bedeutung, die dem Offizier im Krieg wie im Frieden zugeordnet war, erklärt sich seine über alle Stände und Schranken dominierende Stellung im sozialen System des alten Preußen.

Der Wille des Königs, die Offiziere seiner Armee aus Angehörigen des Adelsstandes zusammenzusetzen, führte zu dem Ergebnis, daß während des ganzen 18. Jahrhunderts das preußische Offizierkorps zu 90 % und mehr aus Adeligen bestand;[76] und zwar waren nach der Rangliste von 1739 von 34 Mitgliedern der Generalität alle adelig, von 211 Stabsoffizieren nur 11 nicht adelig, während bei den Offizieren vom Kapitänsrang abwärts keine Adelstitel angegeben wurden. Eine Ausnahme bildete das Ingenieurkorps. Zum Ende der Regierungszeit Friedrichs II. stand das Verhältnis vom Major aufwärts bis einschließlich der Generalität wie 689 zu 22. Zur Zeit des Zusammenbruchs des altpreußischen Militärsystems, im Jahre 1806, waren — einschließlich der unteren Ränge — von 7000 bis 8000 Offizieren nur 695 nicht adelig.[77]

Die wechselseitige Bedeutung von Offizierkorps und Adel füreinander läßt sich am Problem des Verhältnisses der bürgerlichen Offiziere zu dem auf das Adelsprinzip gestellten Offizierkorps ablesen, das sich aus den Vergleichszahlen ergibt. In einer sehr bezeichnenden Entwicklung konnten Söhne von Rittergutsbesitzern bürgerlichen Standes nach zehnjähriger Dienstzeit als Kapitän bei der Artillerie oder in der Garnison die Erhöhung in den Adelsstand erwarten.[78] Aber auch bürgerliche

[73] Vgl. oben ERSTER TEIL, 2. KAPITEL, Abschnitt *Bauer und Junker im Militärsystem.*

[74] Siehe das „Politische Testament" Friedrichs II. von 1752, in: *Klassiker der Politik* (E/8), Bd. 5, S. 82.

[75] Siehe *a. a. O.*, S. 83.

[76] Vgl. Karl Demeter, *Das deutsche Offizierkorps in seinen historisch-soziologischen Grundlagen*, Berlin 1930, S. 6.

[77] Vgl. Demeter, *a. a. O.*, ebda., mit den dort angegebenen Quellen.

[78] Gemäß Edikt vom 28. Mai 1768 (gedruckt bei Mylius, *Novum Corpus Constitutionum*, Bd. IV, Nr. 45, S. 3081).

Unteroffiziere hatten die Möglichkeit, wenn sie sich im Kriege auszeichneten, zu Offizieren gemacht zu werden und das Adelspatent zu erwerben.[79] In den Nobilitierungslisten tauchen häufig die Namen bürgerlicher Offiziere auf.[80] Eine Reihe von Obersten und Generalen der friderizianischen Armee, darunter einige der berühmtesten, blickten auf eine bürgerliche Vergangenheit zurück.[81] Die maßgebliche Meinung Friedrichs d. Gr. zu dem Thema war, daß niemand für Geld nobilitiert werden solle, vielmehr „der Adelsstand nur durch den Degen oder Bravoure oder andere vorzügliche Conduite und Verdienst acquiriert werden muß. Ich will auch keine anderen Vasallen haben, als welche mir in der Armee zu allen Zeiten nützliche Dienste zu leisten capable sind."[82] Es ergab sich aus allem, daß wechselseitig nicht mehr nur der Adelsstand für die Offizierslaufbahn, sondern nun auch die Offizierslaufbahn für den Eintritt in den Adelsstand qualifizierte, indem Offiziere, sofern sie eben auf dem Wege militärischer Leistung in den Offiziersstand gelangt waren, die Nobilitierung erwarten durften. Der Offiziersstand war auf diese Weise die Steigerungsform des Adelsstandes geworden.

Seit der Einführung des Militärsystems als soziales System hatte das Militär die Bildung des jungen Adels in der Hauptsache übernommen. Die Ausbildung erfolgte in den seit Friedrich Wilhelms I. Vergrößerung des Berliner Kadettenhauses ständig vermehrten Kadettenanstalten in Potsdam, Stolpe, Kulm und wieder Berlin[83] oder sofort bei der Truppe, wo die jungen Adeligen nach zwei- bis vierjähriger Fahnenjunkerschulung zu Fähnrichen gemacht wurden. Diese Tatsache stand am Anfang der zunehmenden Bedeutung, die die Entwicklung des altpreußischen Offizierkorps für das Leben des Landadels in allen preußischen Provinzen im Verlauf des 18. Jahrhunderts gewann. So weit ging die Heranziehung des jungen Adels zur militärischen Ausbildung, daß die Stände in manchen Provinzen Klage dagegen erhoben.[84] Von einer einzelnen Provinz wie Pommern war bekannt, daß dort der Adel schon 1724 mit wenigen Ausnahmen aus lauter ehemaligen oder noch aktiven

[79] Siehe bei v. Taysen, *Friedrich der Große. Militärische Schriften* (II/70), S. 626 („Instruktion für die Commandeurs der Kürassier-, Dragoner- und Husarenregimenter").

[80] Siehe bei Preuß, *Friedrich der Große* (E/16), Bd. I (1832), *Anhang*, S. 453 ff.; Bd. II (1833), *Anhang*, S. 447 ff.; Bd. III (1833), *Anhang*, S. 550 ff.

[81] Vgl. Preuß, *Friedrich der Große* (E/16), Bd. III, S. 135.

[82] Siehe *A. B. B.* (E/3), Bd. XIII, Nr. 17, S. 27 f.

[83] Vgl. Preuß, *Friedrich der Große* (E/16), Bd. III, S. 128.

[84] Siehe *A. B. B.* (E/3), Bd. VI, 2. Hälfte, Nr. 59, S. 151; siehe auch Bd. XIV, Nr. 15, S. 35.

Offizieren bestand,[85] was auch das besonders lobende Zeugnis Friedrichs d. Gr. würdigt.[86] Einen solchen Prozentsatz erreichten die übrigen Provinzen freilich nicht. Immerhin waren jedoch in der Kurmark zum Ende des 18. Jahrhunderts 68 % der männlichen erwachsenen Adeligen gewesene oder noch aktive Offiziere.[87] In der Provinz Ostpreußen stellte sich der Anteil der ausgedienten und noch im Dienst stehenden Offiziere an der Zahl der Adeligen überhaupt auf durchschnittlich um 60 %.[88]

Diese Verhältniszahlen erweisen einerseits, in welch überwältigendem Maße das adelige Leben vom Offiziersdasein bestimmt wurde; sie nö-

[85] Siehe *Acta Borussica*, Reihe: *Getreidehandelspolitik und Kriegsmagazinverwaltung* ... (E/11), Bd. III, S. 241; vgl. Leopold von Ranke, *Sämtliche Werke* (II/66), S. 150.

[86] Siehe das „Politische Testament" Friedrichs II. von 1752, in: *Klassiker der Politik* (E/8), Bd. 5, S. 31 ff.

[87] Vgl. Martiny, *Die Adelsfrage* ... (I/241), *Anhang*, Tabelle A IV.

[88] Siehe für Ostpreußen zum Beispiel die Verhältnisse in den beiden *Ämtern* Brandenburg und Balga des *Kreises* Brandenburg in der *Provinz* Preußen (= Ostpreußen). Die folgende Aufstellung über diese Ämter ist den *Vasallen-Tabellen des Ostpreußischen Kammerdepartements pro anno 1800* entnommen (siehe diese Tabellen in: *Ostpreußische Folianten*, Nr. 14834 — Alter Titel: 146^2, Nr. 27, in: *Staatliches Archivlager*, Göttingen, vormals *Zonales Archivlager*, Goslar). Die Adeligen wurden jeweils in den Ämtern mitgezählt, in denen sie als ansässig vermerkt waren. Bei den 44 Vasallen des Amtes Brandenburg wurden die Angaben in zwei Fällen ergänzend geschätzt.

Tabelle

Das Verhältnis des Adels zum Offiziersberuf
im Kreis Brandenburg der Provinz Preußen
für das Jahr 1800

1. Amt Brandenburg

	Adelige überhaupt	Männl. erwachsene adelige Vasallen	Männl. erwachsene adelige Vasallen-angehörige	Adelige Offiziere (aktiv und a. D.)	Adelige Offiziere i. d. oberen Rängen	Adelige Vasallen i. d. oberen Rängen
In absoluten Zahlen	81	44	37	46	21	16
In % der Adeligen überhaupt	100	54,3	45,7	56,8	26	20
In % der adeligen Vasallen	—	100	—	—	—	36,9

tigen anderseits zu der Einschränkung, daß eben doch nicht der gesamte Adel durch die Reihen des Offizierkorps ging. Zum Verständnis dieser Tatsache hat man sich zu vergegenwärtigen, daß die Unterschiede innerhalb der Adelsschicht nach Familientradition und Standeshöhe, nach Besitzverhältnissen, beruflicher Einordnung und Lebensführung doch erheblich und demzufolge die Einstellung zum Offiziersdienst recht verschiedenartig gewesen sind. In der Hauptsache waren diese Abweichungen gekennzeichnet durch die Besitzunterschiede. Besonders bei Besitzern und Erben großer traditioneller Reichtümer aus fürstlichen, gräflichen und freiherrlichen Häusern sowie anderen wohlhabenden Familien des höheren Adels, die man im Besitz vieler Dörfer und Güter antraf, scheint die Neigung zum Militärberuf verhältnismäßig und mit wenigen bekannten Ausnahmen nicht groß gewesen zu sein.[89] In diesen Kreisen hatte wohl der Hang zur Bewahrung der Selbständigkeit gegenüber der monarchischen Spitze seinen besonderen Sitz.[90] Das Verhältnis zum Königtum war aber nun einmal gekennzeichnet durch das Verhältnis zum Offiziersdienst, denn in ihm lag im altpreußischen Staat des 18. Jahrhunderts der Ausdruck aller Loyalität des Adels gegenüber der Krone.

(Fortsetzung von 88)

2. Amt Balga

	Adelige überhaupt	Männl. erwachsene adelige Vasallen	Männl. erwachsene adelige Vasallen-angehörige	Adelige Offiziere (aktiv und a. D.)	Adelige Offiziere i. d. oberen Rängen	Adelige Vasallen i. d. oberen Rängen
In absoluten Zahlen	62	30	32	39	12	6
In % der Adeligen überhaupt	100	48,4	51,6	63	19,4	9,7
In % der adeligen Vasallen	—	100	—	—	—	20

[89] Vgl. z. B. die Angaben der Berufsspalte in den Vasallentabellen; für Ostpreußen siehe die *Vasallen-Tabellen des Ostpreußischen Kammerdepartements* (II/26), passim.

[90] Über die Verschiedenartigkeit der sozialen Typen innerhalb des Junkertums und damit ihrer Einstellung zu den Institutionen des Staates, der Gesellschaft, der Wirtschaft und der Kultur finden sich verstreut Angaben in Werken wie Ziekursch, *100 Jahre* ... (I/204); Martiny, *Die Adelsfrage* ... (I/241); einen andeutenden Überblick bietet Czybulka, *Die Lage der ländlichen Klassen* ... (I/206); vgl. auch Görlitz, *Die Junker* ... (I/240); Rosenberg, *Bureaucracy* ... (E/9), passim.

Die Ausgangsfrage für alle solche Überlegungen, wie nämlich die Gegensätze zwischen Adel und Offizierkorps, die in den Gravamina der Stände einerseits und in manchen rücksichtslosen Handlungen von Offizieren gegenüber ihren adeligen Standesgenossen anderseits zum Ausdruck kamen, zu erklären sind, könnte angesichts der festgestellten Verhältniszahlen damit beantwortet werden, daß eben doch keine vollkommene Identität zwischen Adelsstand und Offizierkorps vorlag. Zur Dekkungsgleichheit sozialer Gebilde gehört jedoch nicht nur die quantitative, sondern vielmehr auch die qualitative Übereinstimmung. Die wesentliche Identität zwischen Offiziers- und Adelsstand war vor allem in der gleichen sozialen Verhaltensweise gegeben. Derselbe Edelmann, der auf dem Gut — auch unter Anwendung von Disziplinarstrafen — die Herrschaft über seine untertänigen Bauern ausübte und seine Landwirtschaft betrieb, kommandierte mit den gleichen Mitteln über die Rekruten im Heer und führte dort, war er Kapitän, die Wirtschaft seiner Kompanie. Die Methoden der Ausübung von Befehlsgewalt und die Methoden der Wirtschaftsführung mußten sich so aus einem Bereich in den anderen übertragen und dort auch jene adeligen Angehörigen miterziehen, die nicht in so weitgehendem Maße und nicht selbständig mit den Verantwortlichkeiten des einen oder anderen Bereichs betraut waren. Von der Ausbildung des jungen Adeligen als Fahnenjunker bis zu der Zucht und politischen, sozialen und wirtschaftlichen Formung, die der Hauptmann oder Oberst auf das Rittergut zurückbrachte,[91] erfuhr der altpreußische Adelige durch seine militärisch-zivile Doppelrolle eine Erziehung, die seinen Lebensstil bestimmte und ihn zu einem Menschentyp von besonders ausgeprägter und selbstverständlicher Einstellung zur Macht und zur Wahrung seiner Interessen prägte. Die Macht, die der antistaatliche Junkertyp des 17. Jahrhunderts sich ständig hatte gegen die Krone bewahren müssen, war dem für den Staat wirkenden Junkertyp des 18. Jahrhunderts garantiert und zu einem anerkannten Besitz geworden, den er voll auszunutzen verstand. Für den Staat wirkte er, indem er für das Militärsystem wirkte. Der Junker scheute zur Wahrung seiner Interessen auch nicht den Interessengegensatz in den eigenen Reihen, wie die in den ständischen Gravamina zutage tretende Diskrepanz zwischen den Ansprüchen des Adels und denen des Offizierkorps erweist, und ebenso nicht die Selbstkritik, nämlich die Kritik an den Angehörigen seines eigenen Standes. Freilich kann man sich über die Verurteilung des Offizierkorps in den ständischen Gravamina um so

[91] Vgl. hierzu Schmoller, *Umrisse und Untersuchungen* ... (E/2), S. 284.

weniger wundern, als doch in zahlreichen Schriften während des 18. Jahrhunderts die schärfste Kritik am Offizierkorps aus dessen eigenen Reihen kam.[92]

Insgesamt war die Heranziehung des ländlichen Gutsadels zu militärischer Dienstleistung und sonstiger Inanspruchnahme für das neue Militärsystem, in dessen Rahmen er die Offiziere im Heer stellte, einerseits nur möglich durch die Identifikation von Adel und Offizierkorps mit dem Ergebnis, daß in der Person des Junkers das Agrarsystem im Militärsystem auch auf diesem Weg aufging. Anderseits konnte sie nur dadurch gelingen, daß die politische Macht des Junkertums in seinen sozialen Bereichen und damit gegenüber der Krone beziehungsweise dem Staat garantiert wurde. Die wechselseitige Abhängigkeit dieser Voraussetzungen hat sich in den Einzelheiten und Auswirkungen der Militarisierung des adeligen Lebens im 18. Jahrhundert in reichem Maße gezeigt.[93]

Die Verschiedenheit zwischen der Agrarverfassung der östlichen, der Hauptprovinzen des altpreußischen Staates und der seiner westlichen Gebietsteile im 18. Jahrhundert hat bei der engen Verflechtung von Militärsystem und Agrarverhältnissen notwendig auch für die Verhaltensweise des Adels gegenüber dem Militärsystem in den verschiedenen Gebieten abweichende Ergebnisse gezeitigt. Der Gutsherr in Ostelbien, der als Gerichtsherr und Polizeigewaltiger in einer sozialen Sphäre aufwuchs, in der er zum Herrschen und Befehlen wie seine Untergebenen zum Dienen und Gehorchen geboren und erzogen wurde, war von Hause aus prädestiniert zur Übernahme der Befehlsgewalt im Heer, wo er als Offizier die gleichen sozialen Voraussetzungen und Verhältnisse vorfand. In den westlichen Teilen des alten Preußen verlieh der Besitz eines Rittergutes keineswegs immer das Herrschaftsrecht über die Bauern, da die grundherrschaftliche Verfassung im Westen Deutschlands keinen Anspruch auf grundherrliche Berechtigung eines Rittergutes kannte und anderseits Grundbesitzer nicht auch unbedingt Rittergutsbesitzer waren.[94] Erbuntertänigkeit des Bauern war so gut wie unbekannt; es gab keine Gutsobrigkeit im Sinne des Preußischen Landrechts;

[92] Vgl. die Zusammenstellungen und Zitate bei Jähns, *Geschichte der Kriegswissenschaften* (I/16), 3 Bände (1899/91), jeweils unter dem Titel „Heerwesen"; — als zeitgenössische Darstellung ist besonders zu erwähnen Georg Heinrich v. Behrenhorst, *Betrachtungen über die Kriegskunst*, 2 Bde, 2. Aufl., Leipzig 1798.

[93] Siehe die Darstellung in den folgenden Kapiteln.

[94] Vgl. E. v. Kahlden, *Die ländlichen Arbeiter*, in: August Meitzen, *Der Boden und die landwirtschaftlichen Verhältnisse* ... (I/244), S. 401.

der Bauer unterstand direkt seinem Landesherrn.[95] In Ostfriesland zahlten die Stände ein hohes „Aversionalquantum“ zur Befreiung der Bauern von den Rekrutenlieferungen; da diese Bauern keine Privatuntertanen, sondern wohlhabende Besitzer und Pächter ihrer Höfe waren, die die Edelleute des Landes lediglich zu Grundherren hatten, hätte ihre Heranziehung zum Militärdienst den Ruin des Adels bedeutet, der auf die bäuerlichen Abgaben angewiesen war.[96] Der Edelmann in den westlichen Provinzen des alten Preußen hatte also nicht im gleichen Maße wie der ostelbische Junker die Ausübung von Herrschaft und Gewalt gelernt. Gleichwohl war auch der Adelsstand in den westlichen Provinzen dem Militärsystem unterworfen; die Folgen der Militarisierung des Adels erstreckten sich daher bis auf die Einschränkungen, die sich aus den andersartigen Voraussetzungen der Agrarverhältnisse ergaben, ebenso auf seine westlichen Angehörigen. Auf die gesamte Monarchie bezogen, blieben für das Entstehen der positiven und der negativen Folgen aus der Eingliederung des altpreußischen Adels in das Militärsystem der altpreußischen Monarchie die Unterschiede der sozialen Erscheinungsweise innerhalb der gesamten Adelsschicht ohne prinzipielle Bedeutung.

[95] Siehe *A. B. B.* (E/3), Bd. VII, Nr. 401, S. 786 f. und S. 787, Anmerkung 1; — vgl. Lehmann, *Freiherr vom Stein* (E/12), Bd. I, S. 271 f.

[96] Siehe *A. B. B.* (E/3), Bd. VI, 2. Hälfte, Nr. 482, Nr. 487.

ZWEITES KAPITEL

Der „Junker" zwischen Rittergut und „Kompaniewirtschaft"

Die Epoche der preußischen Geschichte von der Regierungszeit Friedrich Wilhelms I. oder spätestens vom Regierungsantritt Friedrichs d. Gr. bis zum Jahre 1807 ist im ganzen eine Periode der „Konservation" des Adels auch in seinen wirtschaftlichen Grundlagen gewesen. Die auf die Erhaltung des Adels in seinen Besitztümern gerichtete „Konservationspolitik" der preußischen Herrscher entstand als notwendiger Ausgleich für eine ganze Reihe von wirtschaftlichen und sozialen Beschränkungen, die die agrarpolitischen Maßnahmen der Krone dem Adel auferlegten,[97] und als Konsequenz aus der Belastung des Adels mit militärischen Funktionen, deren Wahrnehmung ihm nur möglich war, wenn er in seiner wirtschaftlichen Stellung geschützt blieb. Zu den Verzichtleistungen, die die preußischen Könige ihrem Landadel dafür abverlangten,[98] gehörte unter anderem auch das Verbot der Übernahme einer Domänenpacht durch Adelige oder Offiziere.[99] Die königliche Agrarpolitik, die den Adels- und Offiziersstand zugunsten bürgerlicher Pächter von der Verwaltung königlicher Domänengüter prinzipiell ausschloß, während sie gleichzeitig die privaten Rittergüter unter grundsätzlicher Ablehnung bürgerlicher Aspiranten ausschließlich in den Händen adeliger Besitzer bewahrt sehen wollte, ließ immer wieder auch die militärpolitische Motivation erkennen.[100] Die dabei offenbar werdenden Zusammenhänge

[97] Einige davon — zum Beispiel das Verbot der Veräußerung von Rittergütern an Bürgerliche, die Beschränkung der Berufstätigkeit des Adels im wesentlichen auf Landwirtschaft und Offiziersdienst, die Behinderung der Ausdehnung adeligen Besitzes auf Bauernland, die Verhütung von Getreidepreisspekulationen aus Gründen der Magazinpolitik der Heeresverwaltung, das Verbot der Übernahme einer Domänenpacht — sind Gegenstand der folgenden Abschnitte dieses und des nächsten Kapitels, soweit sie mit den Fragen des Militärsystems als soziales System in Verbindung stehen.

[98] Wie Anm. II/97.

[99] Siehe *A. B. B.* (E/3), Bd. V, 1. Hälfte, Nr. 224.

[100] Wie Anm. II/97.

zwischen Agrarpolitik und Heerwesen bieten so zugleich einen gründlichen Einblick in das Verhältnis von Landjunkertum und Krone nach der Eingliederung des heimischen Adels in das neue Militärsystem der altpreußischen Monarchie.

Militärsystem und adelige Landwirtschaft

Angesichts des nicht gewöhnlichen Vorganges, daß Friedrich Wilhelm I. nach bereits zwanzigjähriger Regierung im Jahre 1732 „Offiziere und Edelleute“ von der Domänenpacht ausschloß und die Verwaltung seiner Güter ausschließlich Bürgerlichen zuwies, schien es zunächst, als wäre der Adel bei aller Bedeutung, die er beim Aufbau des für das Militärsystem grundlegend wichtigen Offizierkorps der Armee hatte, dem König jederzeit doch soweit entbehrlich, daß er ihn beliebig aus Bereichen der Wirtschaft und Verwaltung entfernen zu können glaubte, ohne damit sich und dem System zu schaden. Tatsächlich stellte die Domänenpolitik des Königs den letzten Nachklang des Gegensatzes zwischen Landesherrn und Ständen aus dem 17. Jahrhundert dar.[101] Zugleich stieß aber der Herrscher in dieser Frage an die Grenzen seiner Willkür: Er wurde vor die Entscheidung gestellt, seine subjektiven Intentionen im Bereich der Agrarpolitik in die Bahnen des sozialen Systems einmünden zu lassen, das er selbst zu errichten im Begriff stand, oder dieses System und damit seine eigene Position darin zu sprengen. Friedrich Wilhelm I. war schon einmal in eine solche Situation geraten, als die rücksichtslose Ausdehnung der Werbung vor Einführung des Kantonreglements die Landwirtschaft und die Bauern zu ruinieren drohte, deren Arbeit und Steuerleistung anderseits die Basis für den Unterhalt der Armee bildete. Das Kantonsystem wurde in jenem Falle zum Kompromiß zwischen den Ansprüchen des Königs für seine Armee und den Existenzvoraussetzungen, die dem Bauern gewährt werden mußten.[102]

Bei dem Problem, dem sich der König nun gegenübersah, handelte es sich um die Notwendigkeit, zwischen seinen agrarpolitischen Forderungen einerseits und den notwendigen Existenzvoraussetzungen des Landadels anderseits im Rahmen des ganzen sozialen Systems einen gesunden Ausgleich zu finden. Die Agrarpolitik Friedrich Wilhelms I. war bis dahin ausschließlich Domänenpolitik gewesen.[103] Er hatte von Anfang

[101] So bezeichnet sie W. Naudé in: *Acta Borussica,* Reihe: *Getreidehandelspolitik* ... (E/11), Bd. III, S. 6.

[102] Vgl. oben ERSTER TEIL, 1. KAPITEL.

[103] Vgl. W. Naudé in: *Acta Borussica,* Reihe: *Getreidehandelspolitik* ... (E/11), Bd. III, S. 6.

seiner Regierung keine Chance ausgelassen, seine Domänen durch Neuerwerbungen auf Kosten adeligen Landes zu vergrößern.[104] Eine unbeschränkte Ausdehnung des Krongutes und Verdrängung des Adels, wie Fürst Leopold von Anhalt-Dessau, der Freund des Königs, es in seinem Ländchen tat und dem König ebenfalls zu tun riet,[105] hätte aber, selbst wenn sie durchführbar gewesen wäre, erfordert, daß das Problem des Verbleibs des dann depossedierten Adels geklärt worden wäre. Wie anders aber hätte er dann in der ständisch organisierten Gesellschaft des altpreußischen Staates untergebracht werden können, denn als Pächter der ehemals in seinen Händen befindlichen Güter? Vollends gab es nach dem Verbot der Übernahme einer Domänenpacht durch Adelige oder Offiziere für die überwältigende Mehrheit des Adels keine andere standesgemäße Existenzgrundlage mehr als die eigenen Güter.

Das historische Ergebnis des Gegensatzes zwischen der Tendenz des absoluten Staates, das gesamte Land in Domänenbesitz umzuwandeln,[106] und der politischen Notwendigkeit, die Existenzbedingungen des Adels zu garantieren, war schließlich das Ende der ursprünglichen Domänenpolitik Friedrich Wilhelms I. und ihre Umkehrung in eine Politik der Erhaltung des adeligen Landes, die unter Friedrich II. zuletzt um jeden Preis und auf die Gefahr eigenen Schadens hin ausgeübt wurde. Als Hauptmotiv klang wieder die vor allem vom Militärsystem her gebotene Notwendigkeit durch, den Adel für seine militärischen Aufgaben zu erhalten, wie Friedrich d. Gr. mit seinen Instruktionen für das Generaldirektorium und die Kammern wissen ließ: „Denen Fiskälen soll bei Henken verboten werden, ... die Edelleute zu schikanieren, ihnen alte Prozesse und Grenzstreitungen aufzuwärmen. Ein Edelmann, der schon vor anno 1740 im Besitz gewesen ist, darf es nicht höher beweisen [müssen], und in streitigen Sachen zwischen Domänen und Edelleuten soll das Generaldirektorium nicht alleine Gerechtigkeit widerfahren lassen, sondern Mir lieber selber Unrecht tun. Denn was ein kleiner Verlust vor Mir ist, ist dem Edelmann ein großer Vorteil, dessen Söhne das Land defendieren und die Rasse davon so gut ist, daß sie auf alle Art meritieret, konservieret zu werden."[107] Nachdem so die Frage, ob sich im weiteren Verlauf des 18. Jahrhunderts überwiegend die Krone oder der Adel in den Besitz der großen Güter setzen beziehungsweise in ihm erhalten würde, schon unter Friedrich Wilhelm I.

104 Vgl. *ebda.*
105 Vgl. Schmoller, *Umrisse und Untersuchungen* ... (E/2), S. 160.
106 Vgl. *ebda.*
107 Siehe *A. B. B.* (E/3), Bd. VII, Nr. 401, S. 562 f.

mit einem Kompromiß, unter seinem Nachfolger gar zugunsten des Adels entschieden worden war, konnte die größte Gefahr für einen Auskauf des Adels und damit seine wirtschaftliche Entwurzelung als gebannt gelten. Fortan sollten, „weil S. K. M. die adeligen Familien im Lande konservieret wissen wollen",[108] „die von Adel bei ihren possessiones mit Nachdruck maintenieret werden"[109] — der Adel sollte nicht „ausgekauft", sondern eher „vermehrt" werden[110] — „und meritieren diese um so mehr konservieret zu werden, da solche mit ihren Söhnen in Kriegszeiten die meisten Dienste tun und das Land defendieren müssen".[111] Der „würdige Adel hat Gut und Blut im Dienste des Staates geopfert ... Es ist ihre [der Herrscher] Pflicht, die verarmenden Familien zu unterstützen und sie im Besitz ihrer Güter zu erhalten".[112]

Noch klarer wird die Aufhellung der Motive für die Unterstützung des Adels durch die Könige in den Zeugnissen über das Verbot des Aufkaufs adeliger Güter durch Bürgerliche, das ebenfalls der „Konservation" des Adels im Rittergutsbesitz dienen sollte. Es ergab sich, daß diese Art des Adelsschutzes einen doppelten Charakter aufwies: Nicht nur ein Recht des Adels auf den Grundbesitz, sondern auch eine Verpflichtung für den Adel, sich im Grundbesitz zu erhalten, sprach daraus. Das Verbot, adelige Güter ohne königlichen Konsens zu veräußern, bestand unter der Regierung Friedrich Wilhelms I.,[113] setzte sich unter Friedrich II. verschärft fort[114] und fand in der positivierten Form eines ausschließlichen Anrechtes des Adels auf Rittergüter Eingang in das Allgemeine Landrecht.[115] Um Genehmigung zum Verkauf adeliger Güter mußte angesucht werden, weil sie nicht in die Hände bürgerlicher Personen kommen sollten und dadurch „nach und nach die Anzahl des Adels im Lande mehr und mehr verringert werde, mithin es endlich an Offizieren von adeligem Herkommen bei Meiner Armee fehlen möge".[116] Noch konkreter hieß es, die „adeligen Familien" sollten „konservieret"

[108] Siehe *a. a.* O., S. 635.

[109] Siehe *a. a.* O., Nr. 144.

[110] Siehe *A. B. B.* (E/3), Bd. VIII, Nr. 111.

[111] Siehe *A. B. B.* (E/3), Bd. VII, Nr. 401, S. 617.

[112] Siehe das „Politische Testament" Friedrichs II. von 1752, in: *Klassiker der Politik* (E/8), Bd. 5, S. 32.

[113] Siehe *A. B. B.* (E/3), Bd. V, 1. Hälfte, Nr. 267.

[114] Siehe *A. B. B.* (E/3), Bd. VII, Nr. 267; Bd. XIV, Nr. 39, S. 107; — vgl. Preuß, *Friedrich der Große* (E/16), Bd. I, S. 299.

[115] Siehe *Allgemeines Landrecht für die Preußischen Staaten*, Berlin 1796, Zweiter Teil, Titel 9, § 37.

[116] Siehe *A. B. B.* (E/3), Bd. IX, Nr. 78.

werden, „weilen Ich ohnumgänglich viel Edelleute bei Meiner Armee gebrauche“.[117] Nicht einmal in die Hände von bürgerlichen Beamten, also des gehobenen Bürgerstandes, sollten adelige Güter geraten,[118] weil „dadurch die Anzahl der Adeligen, deren ich so viele bei Meiner Armee gebrauche“, sich mehr und mehr verringern könnte.[119] Die Auffassung, daß der Adel ohne Landbesitz seinen adeligen Charakter verliere, wurde in vielen weiteren Zeugnissen ausgedrückt. So sollte der Erwerb von Rittergütern durch Bürgerliche deshalb nicht sein, weil der König „Edelleute zur Armee haben“ müsse, und „wenn die Güter alle an bürgerliche Personen verkauft werden, so ist es so gut, als wenn der Adel ganz ausginge“.[120]

Die ständige Abhängigkeit von adeligem Charakter, Landbesitz und militärischer Pflicht der Offiziersgestellung, die nach Auffassung der Zeitgenossen des alten Preußen einen logischen Zusammenhang bildeten, zeigt wieder, wie Adelscharakter und Offizierscharakter zu zwei untrennbaren Seiten ein- und desselben sozialen Individuums, des in das Militärsystem hineingestellten adeligen Junkers, geworden waren; sie weist ebenso hin auf die unzertrennliche Beziehung zwischen dem Junker als Träger der Offiziersgewalt im Militärsystem und seiner gleichzeitig beherrschenden Position in der altpreußischen Agrarverfassung. Als der König (Friedrich d. Gr.) sich am Ende des Siebenjährigen Krieges zur finanziellen Rettung seines Adels gezwungen sah, den Erwerb von Rittergütern durch Bürgerliche teilweise oder ganz frei zu geben,[121] war daran die Bedingung geknüpft, daß die bürgerlichen Besitzer „wenigstens einen von ihren Söhnen zum Militärstand widmen und solchen dergestalt erziehen, daß derselbe bei der Armee dienen und bei guter Conduite als Offizier mit employiert werden“ könne.[122] Sofort nach Friedensschluß widerrief Friedrich II. die erteilte Erlaubnis[123] mit der folgenden Begründung: „Erwerben Bürgerliche Landbesitz, so stehen ihnen alle Staatsämter offen. Die meisten denken niedrig und sind schlechte Offiziere.“[124] Dem König — das war das Charakteristische an

[117] Siehe *a. a. O.*, Nr. 130, S. 230.

[118] Siehe *A. B. B.* (E/3), Bd. VIII, Nr. 22.

[119] Siehe *A. B. B.* (E/3), Bd. IX, Nr. 19.

[120] Siehe *a. a. O.*, Nr. 264, Anmerkung 1.

[121] Siehe *A. B. B.* (E/3), Bd. XII, Nr. 387; — vgl. Preuß, *Friedrich der Große* (E/16), Bd. III, S. 78 f.; Ziekursch, *100 Jahre* ... (I/204), S. 4.

[122] Vgl. Preuß, *a. a. O.*, S. 79.

[123] Vgl. *ebda.;* ferner Ziekursch, *100 Jahre* ... (I/204), S. 4.

[124] Siehe das „Politische Testament“ Friedrichs II. von 1768, in: *Klassiker der Politik* (E/8), Bd. 5, S. 138.

diesem „Adelsschutz" — war es gleichgültig, ob dem Adel die zu seiner „Konservation" bestimmten Maßnahmen gefielen. Auf einen Einspruch des Adels gegen das Verbot des Verkaufs adeliger Güter an Bürgerliche äußerte der König sein Erstaunen, da eben diese Anordnung doch in Absicht der Konservation der Ritterschaft und Edelleute geschehe. Der Adel solle es nun aber bei dieser Resolution bewenden lassen, „gestalten dann selbst die Wohlfahrt des Staates und Deroselben Armee darauf beruhet, indem es notwendig ist, daß Höchstdieselbe jederzeit genugsame Edelleute in Dero Landen haben, um solche bei letzterer employieren zu können; welchen Endzweckes sie verfehlen würden, wann die Anzahl derer Edelleute durch Verkaufung ihrer Güter an Personen bürgerlichen Standes nach und nach verringert werden sollte".[125] Des Junkers Position im sozialen System des altpreußischen Staates war also gesichert, solange er sie sich durch militärische Leistung verdiente; andernfalls mußte er mit der Ungnade des Herrschers und entsprechenden Konsequenzen rechnen.[126] Die Schutzmaßnahmen des Königs galten dem Adel, insofern er das Offiziersreservoir bildete; der „Adelsschutz" war ein Offiziersschutz.

Das auf solche Weise mit den Bedingungen des Militärsystems verbundene Prinzip der Erhaltung des Adelsstandes und seines Besitzes rief bedeutende wirtschaftliche Folgen sowie entsprechende agrar- und finanzpolitische Regierungsmaßnahmen hervor. Sie betrafen die Notlage der meisten adeligen Rittergutsbesitzer während und vor allem nach dem Siebenjährigen Krieg in der Landwirtschaftskrise, die sie häufig genug dazu zwang, ihre Güter aufzugeben, ohne daß infolge des Rittergutsgesetzes, das kapitalkräftige bürgerliche Aspiranten vom Kauf ausschloß, genügend Käufer vorhanden gewesen wären.[127]

Die Gründe für die Landwirtschaftskrise der 60er Jahre des 18. Jahrhunderts[128] lassen sich in langfristige und kurzfristige einteilen. Zur ersten Kategorie gehörte das Erbsystem, wie es auf den meisten Gütern

[125] Siehe *A. B. B.* (E/3), Bd. IX, Nr. 62.

[126] Eine beiläufige Illustration bietet der abschlägige Bescheid des Königs auf das Ersuchen eines Obersten um einen Einfuhrpaß für den Bedarf seiner Güter, weil sein Regiment bei der vorangegangenen Revue (Parade) in so schlechter Ordnung gewesen sei (siehe dazu *Acta Borussica,* Reihe: *Getreidehandelspolitik* ... [E/11], Bd. IV, S. 34, Anmerkung 3).

[127] Siehe *A. B. B.* (E/3), Bd. XIV, Nr. 148 (Bericht des Kammergerichts, 1767).

[128] Vgl. Mauer, *Das landschaftliche Kreditwesen* ... (I/295), S. 19 f.; M. Weyermann, *Zur Geschichte des Immobiliarkreditwesens in Preußen* (= Freiburger Volkswirtschaftliche Abhandlungen, I. Band, 1. Ergänzungsheft), Karlsruhe 1910, S. 74; Ziekursch, *100 Jahre* ... (I/204), S. 10.

der altpreußischen Provinzen damals noch bestand.[129] Die Lehnerbfolgeordnung und der Agnatenkonsens hatten bereits zu einer weitgehenden Verschuldung vieler Güter geführt, indem im einen Falle bei Erbfolge das Gut, um es nicht zu zerstückeln, mit hohen Schulden belastet werden mußte, damit die Ansprüche der Miterben, besonders der weiblichen Erben, in bar befriedigt werden konnten; im anderen Falle konnte durch das Einspruchsrecht eines der Agnaten, nämlich der männlichen Nachkommen desjenigen Mannes, der das Lehen in die Familie gebracht hatte,[130] der Verkauf des Gutes oder die Kreditaufnahme im Bedarfsfalle schon aus inneren Gründen nicht stattfinden. Aus diesem Grunde hatte Friedrich d. Gr. die Einrichtung von Majoraten empfohlen, damit bei Erbschaft nicht die Zersplitterung des Gutes und der Verfall eintraten.[131] Das Problem wurde erst mit der Vollallodifizierung der Güter im Laufe des späten 18. Jahrhunderts gelöst.[132] Vorerst verursachten der gehemmte Umlauf der Kapitalien durch das Verbot des Rittergutserwerbs durch Bürgerliche und die mangelnde Kreditwürdigkeit der insgesamt zu unbeweglichen Güter viele Konkurse und Liquidationsprozesse.[133]

Kurzfristige Gründe für die Notlage der Grundbesitzer im und nach dem Siebenjährigen Kriege waren vor allem die unmittelbaren Kriegseinwirkungen in Form von Verwüstungen und finanzieller Überbeanspruchung durch Kriegskontribution an das eigene Land und an den Feind in den zeitweilig besetzten Gebieten, also der Geldmangel, verstärkt noch durch Schulden, die dadurch entstanden waren, daß große und kleine „Kapitalisten“ ihr Geld während des Krieges gerne an die Gutsbesitzer geliehen hatten, um es vor Raub und Plünderung zu bewahren;[134] dazu kam der Geldmangel, der nach Abschaffung der während des Krieges ausgegebenen schlechten Münzsorten entstand, deren Ausgabe zu einer Art Inflation geführt hatte; endlich trat in diese Kausalreihe die Auswirkung der inflationären Entwicklung auf die Marktpreise und das Güterpreisniveau, die die Gutskäufer der 50er und 60er Jahre durch den Preisniedergang nach dem Kriege in finanziellen Druck stürzte.[135]

Gegenüber dieser Krisensituation waren die Retablissementsan-

[129] Vgl. Martiny, *Die Adelsfrage* ... (I/241), S. 14 ff.
[130] Vgl. *a. a.* O., S. 20.
[131] Vgl. Preuß, *Friedrich der Große* (E/16), Bd. III (1833), S. 79.
[132] Vgl. Martiny, *Die Adelsfrage* ... (I/241), S. 26 ff.
[133] Siehe *A. B. B.* (E/3), Bd. XIV, Nr. 148 (Bericht des Kammergerichtes, 1767).
[134] Vgl. Ziekursch, *100 Jahre* ... (I/204), S. 10.
[135] Vgl. Weyermann, *Zur Geschichte des Immobiliarkreditwesens* ... (II/128), S. 74.

strengungen des Königs, die er auch dem Adel zugute kommen ließ,[136] nicht ausreichend.[137] Der König sah sich gezwungen, zur wirtschaftlichen Rettung des Adels mehrere Indulte zu erlassen. Das erste Indult von 1759 verbot bis zur Beendigung des Krieges alle Subhastationen mit Ausnahme derjenigen Zwangsversteigerungen, die mit Einwilligung des Schuldners geschahen.[138] Ein weiteres Indult von 1763 galt nur für einige Provinzen und besagte, daß Gutsbesitzer ihre Hypothekenschulden nicht vor einem Zeitraum von fünf Jahren abzutragen brauchten.[139] Am 1. August 1765 wurde es auf alle Provinzen ausgedehnt.[140] Während aber noch geglaubt wurde, dergleichen Verfügungen seien dadurch gerechtfertigt, daß sie durch den damit gewonnenen Abstand vom Kriege und durch die Retablissementsanstrengungen die Kreditkrise in der Landwirtschaft überbrücken würden, mußte man die Nutzlosigkeit solchen Vorgehens erkennen, als nach Beendigung des zweiten Indults eine Verschärfung der Krise eintrat. Das Ergebnis der sich daran anschließenden zweijährigen Diskussion, innerhalb derer der Plan des Kaufmanns Büring die Hauptrolle spielte,[141] war jener berühmte Entschluß zur Errichtung landschaftlicher Kreditassoziationen, der sogenannten „Landschaften". Hintereinander wurden in Schlesien (1770), Kur- und Neumark (1777), Pommern (1781), Westpreußen (1787) und Ostpreußen (1788) solche Institute gegründet, die auf dem Prinzip der gemeinschaftlichen Haftung aller Gutsbesitzer für den Kredit des einzelnen beruhten.[142] Jeder Gutsbesitzer konnte bei der „Landschaft" bis zur Hälfte des wahren Wertes seines Gutes Pfandbriefe ausfertigen lassen, die auf den Inhaber ausgestellt waren und mit einer Verzinsung von 4 % wie bares Geld zirkulierten.[143]

Wie aus der Stiftungsurkunde des landschaftlichen Kreditsystems überhaupt hervorgeht, daß es ausdrücklich dem Interesse des grundbesitzenden Adels dienen sollte,[144] ist zugleich wiederum auch seine enge Beziehung zum Militärsystem ganz deutlich. Sie ergab sich aus den

[136] Siehe *A. B. B.* (E/3), Bd. XI, 2. Hälfte, Nr. 397, Nr. 404, Nr. 407; Bd. XIV, Nr. 85, Nr. 94, Nr. 110.

[137] Vgl. Ziekursch, *100 Jahre* ... (I/204), S. 7.

[138] Siehe *A. B. B.* (E/3), Bd. XII, Nr. 58.

[139] Siehe *A. B. B.* (E/3), Bd. XIII, Nr. 44.

[140] Vgl. Mauer, *Das landschaftliche Kreditwesen* ... (I/295), S. 20.

[141] Der Plan ist abgedruckt bei Mauer, *a. a.* O., S. 191; vgl. auch *a. a.* O., S. 2.

[142] Vgl. *a. a.* O., S. 2 ff.

[143] Der Hergang der landschaftlichen Beleihung ist beschrieben bei Mauer, *a. a.* O., S. 4 ff.

[144] Siehe bei Mauer, *a. a.* O., S. 101 (Kabinettsordre vom 29. August 1769).

Worten Friedrichs d. Gr. an die Delegation der Pommerschen Ritterschaft im Jahre 1780: „Nach Einrichtung der Landschaften vigiliert in Ansehung der Güter nunmehr ein Landstand auf dem anderen, daß er sein Gut nicht deterioriere oder devastiere; und das ist nützlich, denn dadurch wird der Adel konserviert, woran mir gar viel liegt, da mir der Adel bei der Armee ganz unentbehrlich ist."[145] Über diese bereits bekannte Grundkonzeption des Königs hinaus erschließt die Diskussion um die Kredithilfe für den Adel zur Erhaltung der Güter in seinen Händen nun auch die Beantwortung der Frage, ob der ihm gewährte Schutz der einzelnen adeligen Familie oder dem Adels- beziehungsweise Grundbesitzerstand überhaupt zugedacht war. Die ursprüngliche Absicht Friedrichs II. auch bei der Errichtung des Pfandbriefsystems wird wohl die Sicherung des Grundbesitzes für die jeweiligen Eigentümer gewesen sein, sollte doch der Besitzwechsel dadurch zunächst gerade verhindert werden.[146] Diesen Wunsch hatte der König schon früher ausgesprochen,[147] denn auch das patriarchalische Band zwischen Gutsherrn und Bauern — übertragen auf das Heer: zwischen adeligem Offizier und bäuerlichem Kantonisten — war abhängig von der jahrzehntelangen Gemeinschaft derselben Erbherren und derselben Erbuntertanen, wie sie wiederum gerade auf der schwierigen Verkäuflichkeit der Rittergüter beruht hatte.[148] Schließlich aber wurde das Wesentliche des Vorganges betont: Der Verkauf adeliger Güter an Bürgerliche sollte verhindert werden, so hieß es, weil „die Summe der adeligen Familien" erhalten bleiben müsse.[149] Damit war ausgedrückt, daß der Grundbesitzerstand, nicht unbedingt der adelige Besitzer eines Rittergutes selbst, gerettet werden sollte.

Auf eine solche Auslegung der zur Konservation des Adels durchgeführten Maßnahmen hatte man sich endlich ganz und gar zurückzuziehen, als die Krise der 60er und 70er Jahre des 18. Jahrhunderts viele adelige Gutsbesitzer zum Verkauf zwang und mehr noch, als man gestatten mußte, daß in Ausnahmefällen, die sich jedoch unter Friedrichs d. Gr. Nachfolgern häuften,[150] mangels anderer Interessenten sogar Bürger-

145 Siehe die „Adresse" Friedrichs d. Gr. an die Abgeordneten der Pommerschen Ritterschaft, bei: Preuß, *Friedrich der Große* (E/16), Bd. III (1833), S. 63.

146 Vgl. Weyermann, *Zur Geschichte des Immobiliarkreditwesens* ... (II/128), S. 79.

147 Siehe *A. B. B.* (E/3), Bd. IX, Nr. 42; Bd. X, Nr. 172.

148 Vgl. Ziekursch, *100 Jahre* ... (I/204), S. 10.

149 Siehe *A. B. B.* (E/3), Bd. IX, Nr. 130, S. 230.

150 Vgl. Hintze, *Preußische Reformbestrebungen vor 1806,* in: *HZ* (E/10), Bd. 76 (1896), S. 423.

liche zum Kauf zugelassen werden mußten. Freilich blieb der Adel auch in der Zeit, als sich in zunehmendem Maße Bürgerliche in die Gutsbesitzerschicht eindrängten, nach dem Allgemeinen Landrecht im Prinzip zum Besitz der adeligen Güter ausschließlich berechtigt.[151] Denn selbst zum Ende der Epoche galt die Ansicht, daß „der Name des Adels ohne hinlängliche Güter" nur einen „Nominaladel" bezeichne,[152] „welchem es an Kraft und lebendigem Interesse fehle, um den Staatszweck [Stütze der monarchischen Verfassung zu sein] zu erfüllen".[153] Auch halbamtliche Stimmen aus Adelskreisen selbst glaubten zugeben zu müssen,[154] daß „unter der Voraussetzung, daß der Staat nach wie vor von dem Adel Verteidigung im Kriege und Dienstleistung in öffentlichen Ämtern erwarte", Verkäufe überhaupt nicht erlaubt sein sollten, da die Lage des Adels durch eine Veräußerung seiner Güter gefährdet sei.[155] Sie wollten sogar Vererbpachtungen und Dismembrationen verboten wissen, erstere, weil sie als verschleierte Verkäufe galten, letztere, weil auch die Parzellierung des Gutslandes und seine Veräußerung an die eigenen bäuerlichen Untertanen dem Adel die Existenzgrundlage des Bodens zu entziehen schien. Da auch die Landschaften gegen die Dismembrationsbestrebungen des Adels Stellung nahmen,[156] wurde so die allgemeine Auffassung in dieser Frage bestärkt. Erst recht für die Reformer von 1807 war der Ausgangspunkt für die Auseinandersetzung mit dem Rittergutsgesetz die Erkenntnis, daß „das Gesetz, das in der Regel den Stand des Adels an den Besitz des Landeigentums knüpfte", davon ausging, „daß der für die höheren Grade des Militärdienstes ausschließlich bestimmte Adel dadurch erhalten werden" sollte.[157]

Alle diese Zusammenhänge ließen keinen Zweifel, daß dem Junker seine Rolle in dem die Militarisierung der Agrarverhältnisse bewirkenden, umfassenden Militärsystem, dessen Produkt er zugleich war, neben manchen Belastungen alle Vorteile einer wirtschaftlichen Sicherung durch den Staat gebracht hatte. Das Bild der ökonomischen Vorteile des Junkers aus dem Militärsystem rundet sich noch, wenn man es nach der Vermögensseite hin ergänzt. Die Nutzungsmöglichkeiten,

151 Siehe *Allgemeines Landrecht* ... (II/115), Zweiter Teil, Titel 9, § 37.

152 Siehe *Allgemeines Landrecht für die Preußischen Staaten,* 1794, Vierter Teil, Titel 9, § 1.

153 Siehe *ebda.;* vgl. auch Martiny, *Die Adelsfrage* ... (I/241), S. 44.

154 Vgl. *a. a.* O., S. 42.

155 Vgl. *a. a.* O., S. 42 f.

156 Vgl. Mauer, *Das landschaftliche Kreditwesen* ... (I/295), S. 89 ff.; Ziekursch, *100 Jahre* ... (I/204), S. 274.

157 Siehe bei Knapp, *Die Bauernbefreiung* ... (I/5), 1887, Bd. II (Akten), S. 155.

die sich aus dem Militärsystem für den Junker in dieser Hinsicht ergaben, erschöpften sich keineswegs in den finanziellen und materiellen Einnahmen aus dem Rittergut. Sie bildeten nur eine der Möglichkeiten des Vermögenserwerbs aus dem letztlich durch das Militärsystem garantierten Landbesitz. Vorausgesetzt, daß der Reingewinn eines Gutes nicht durch Schuldentilgung zu sehr verringert wurde, konnte man bei der Mehrzahl aller Güter mit einem jährlichen Nettoertrag zwischen 1000 und 5000 Talern rechnen; höhere Summen zwischen 5000 und 50 000 Talern ebenso wie unter 1000 Talern liegende Einkünfte waren seltener; im wesentlichen soll sich nach zeitgenössischen Angaben der Reinertrag um 4 % bis 5 % des Gutswertes belaufen haben.[158]

Mit dem Aufschwung der Landwirtschaft im letzten Drittel des 18. Jahrhunderts und dem Ansteigen der Güterpreise[159] erhöhten sich entsprechend die Einnahmen aus der Gutswirtschaft; in Denkschriften wurde niedergelegt, daß sie sich innerhalb dieser 30 Jahre verdoppelt und verdreifacht hätten.[160] Rittergutsbesitz war sehr begehrt, denn er verbürgte gesicherte Einnahmen aus einer geschickten Bewirtschaftung des Gutes ebenso wie aus den Abgaben der Bauern. Vor allem war die kostenfreie Bewirtschaftung des Gutes gesichert durch die Dienstleistungen der untertänigen Bauern und Knechte, wie es die Arbeitsverfassung der ostelbischen Gutswirtschaft vorschrieb.[161] Zudem war mit dem Rittergutsbesitz — die staatliche Besteuerung für Kriegszwecke und andere Zahlungsverpflichtungen ausgenommen[162] — die Befreiung von vielen staatlichen Abgaben verknüpft. Nach Errichtung der landschaftlichen Pfandbriefinstitute lag schließlich der entscheidende Vorteil in der Verfügung über unkündbaren Kredit für die adeligen Güter, der dem übrigen Landbesitz ausdrücklich versagt war.[163] Beachtet man überdies, daß die Preise der Güter sich mit fortschreitendem Jahrhundert erhöhten und mit ihnen die Gutseinnahmen, ohne daß sich die Abgaben in entsprechendem Verhältnis gesteigert hätten,[164] so bleibt die Feststellung, daß eine Bereicherung durch Landbesitz möglich war, zweifellos im Rahmen der Beweisbarkeit.

Aus den Bedingungen des Militärsystems bot sich auch die wichtigste

[158] Vgl. Martiny, *Die Adelsfrage* ... (I/241), S. 9 f.

[159] Vgl. Ziekursch, *100 Jahre* ... (I/204), S. 27 ff.

[160] Vgl. v. d. Goltz, *Von Roßbach bis Jena* ... (I/73), S. 268.

[161] Vgl. Knapp, *Die Bauernbefreiung* ... (I/5), Bd. I (1887), S. 1 ff.

[162] Vgl. oben Erstes Kapitel, Abschnitt *Die Leistungen des Adels für das Militärsystem.*

[163] Vgl. Mauer, *Das landschaftliche Kreditwesen* ... (I/295), S. 75, S. 99.

[164] Vgl. v. d. Goltz, *Von Roßbach bis Jena* ... (I/73), S. 268.

Absatzmöglichkeit für das auf den Gütern erzeugte Getreide und andere landwirtschaftliche Erzeugnisse, nämlich aus der überragenden Bedeutung, die das Heer als Abnehmer für die Produkte der Landwirtschaft besaß. Die Garnisonen in den Städten waren die Absatzmärkte für ihre agrarische Umgebung. Von dem Bekleidungsbedarf des Heeres lebte die Wollproduktion,[165] von seinen Bedürfnissen an Fleisch, Brot und Bier die Viehzucht und vor allem der Ackerbau. Aus der Notwendigkeit, nicht nur die laufende Getreidekonsumtion der Armee zu decken, sondern auch Vorräte für den Kriegsfall oder sonstige Notzeiten zu schaffen, waren die Getreidemagazine entstanden.[166] Ursprünglich als reine „Kriegsmagazine" gedacht, die in erster Linie den Bedürfnissen des Heeres in Krieg und Frieden zu dienen hatten, sollten sie dennoch schon früh neben den gleichzeitig bestehenden „Landmagazinen" — falls erforderlich — auch für die Bevölkerung zur Verfügung stehen;[167] eigentliche Bedeutung in diesem Sinne erlangten sie dann unter Friedrich d. Gr. und seinen Nachfolgern.[168] Die Sorge um die ständige Auffüllung der Magazine veranlaßte preispolitische Maßnahmen des Staates — wiederum in erster Linie zur Sicherung der Heeresversorgung[169] —, eine Magazinpolitik also, die dadurch zu einer Getreidepreispolitik wurde, daß durch Einkauf von Getreide bei Überangebot mit niedrigem Getreidepreisniveau und durch Verkauf bei Getreidemangel mit überhöhten Marktpreisen die Getreidepreise im Inland auf einem Durchschnittsniveau gehalten wurden, das die jederzeitige Getreideversorgung des Heeres gewährleistete.[170]

Die wachsende Abnehmerschaft der Soldaten und ihrer Familien sicherte den adeligen und bäuerlichen Landwirten die Abnahme ihrer Produkte.[171] Sie bestimmte freilich auch die Höhe des Verdienstes. Während durch die Magazinpolitik der Getreideabsatz bei Überangebotskrisen gesichert wurde, war bei Mangelerscheinungen der Getreidespekulation eine Schranke gesetzt. Und indem mit Rücksicht auf die Soldverhältnisse des Soldatenstandes die Offiziere des Regiments in den Garnisonstädten die Taxen für Brot, Fleisch und Bier festsetzten,[172] la-

[165] Vgl. Hinrichs, *Die Wollindustrie* ... (E/6), passim.
[166] Siehe *Acta Borussica,* Reihe: *Getreidehandelspolitik* ... (E/11), Bd. II, S. 272.
[167] Siehe *ebda.;* ferner *A. B. B.* (E/3), Bd. VII, Nr. 401, S. 593 ff.
[168] Siehe *Acta Borussica,* Reihe: *Getreidehandelspolitik* ... (E/11), Bd. II, S. 294 ff.
[169] Siehe *ebda.*
[170] Siehe *A. B. B.* (E/3), Bd. VII, Nr. 401, S. 595 f.
[171] Siehe *Acta Borussica,* Reihe: *Getreidehandelspolitik* ... (E/11), Bd. II, S. 294 ff.
[172] Siehe *a. a. O.,* S. 299.

gen die Preisgestaltung der ländlichen Produkte und damit die Verdienstmöglichkeiten der Landwirte, also auch der adeligen Gutsbesitzer, in den Händen des Militärs. Doch entschädigte anderseits die Garantie jederzeitigen Absatzes seiner Produkte und damit der Sicherstellung der Gutseinnahmen den adeligen Gutsbesitzer für den Ausfall von möglichen Spekulationsgewinnen.

In Notzeiten, wie sie der Siebenjährige Krieg über den Gutsbesitzerstand gebracht hatte, konnte der Junker auf die Unterstützung durch den König rechnen. Im Zuge der Retablissements nach dem Kriege waren die Beihilfen, die der Adel in Form von Geld, Getreide und Vieh in den vom Krieg am meisten mitgenommenen Provinzen erhielt, immerhin von einiger Bedeutung.[173] Auch nach anderer Richtung brachte die Rücksicht, auf die der Junker von seiten des Staates hoffen konnte, ihm beachtliche Konzessionen. Eine davon war die Verfügung, „daß dem Adel der Kornhandel nach auswärtige Lande auf beständig nachgegeben werde, auch dergleichen Getreidehandel demselben in seinem Ansehen und Prärogativen nicht präjudizierlich sein“ sollte, die zur Gründung einer Elb- und einer Oder-Getreidehandelskompanie führte.[174] Sie sollte nach dem Willen des Königs in der Hauptsache dem grundbesitzenden Adel zugute kommen; dem Ansehen des Adels würde dadurch deshalb nicht geschadet, weil es gleichgültig sei, ob er sein selbstgewonnenes Getreide im Lande verkaufe oder es nach auswärtigen Häfen verschiffe.[175] Dieser königliche Konsens ermutigte sofort hohe Beamte und Adelige, darunter mehrere Landräte, auch höhere Offiziere, sich den Aktionären im entstehenden Getreidehandelskompaniegeschäft zuzugesellen.[176]

In allen Fällen, in denen die königliche Schutzpolitik für den Adel wirksam wurde, erwies sich, daß im Ausgleich von Beschränkungen sozialer und wirtschaftlicher Art, die die staatliche Agrarpolitik dem Adel einerseits auferlegte, und den Förderungsmaßnahmen, die in königlichem Auftrage dem Junker anderseits hauptsächlich wegen seiner militärischen Funktion im sozialen System der altpreußischen Monarchie zugute kamen, die Sicherheit der wirtschaftlichen Existenz des landbesit-

[173] Siehe *A. B. B.* (E/3), Bd. XI, 2. Hälfte, Nr. 397, Nr. 404, Nr. 407; Bd. XIV, Nr. 85, Nr. 94, Nr. 110. — Vgl. auch Herbert Moegelin, *Das Retablissement des adeligen Grundbesitzes in der Neumark,* in: *FBPG* (E/10), Bd. 46, passim.

[174] Siehe *Acta Borussica,* Reihe: *Getreidehandelspolitik* ... (E/11), Bd. IV (Urkunden und Akten), S. 264 f.

[175] Siehe *a. a.* O., S. 15.

[176] Siehe *a. a.* O., S. 265.

zenden Junkers und seiner der Krone dienenden Angehörigen im Grunde nicht in Frage gestellt war. Sie war es auch um so weniger, als zu den Möglichkeiten der Vermögensbildung, die dem altpreußischen Junker aus seiner zivilwirtschaftlichen Position unter den umfassenden Bedingungen des Militärsystems offenstanden, sich ihm als weitere direkte wirtschaftliche Nutzung des Militärsystems der Vermögenserwerb in der Armee selbst eröffnete.

Der Junker und die Kompaniewirtschaft

Im altpreußischen Heer erschlossen sich dem adeligen Junker nicht nur die Einnahmen, die er als Kapitän, Chef und Inhaber einer Kompanie aus der „Kompaniewirtschaft", nämlich aus der durch Reglements eingegrenzten und in ihren Einzelheiten vorgeschriebenen Verwaltung der Kompanie, erzielen konnte. Vielmehr boten darüber hinaus sowohl die Organisation der Ergänzung und Versorgung des Heeres als auch unter Umständen die Truppenführung selbst in Kriegszeiten verschiedene außerreguläre Einnahmequellen für den Kompanieinhaber. Dazu ergaben sich für verdiente Offiziere weitere finanzielle Vorteile in Form von Belohnungen, Schenkungen, Sinekuren, Pfründen, Pensionen, einträglichen Zivilposten und selbst durch die Befreiung von staatlichen Abgaben.

Die Voraussetzung für das Wirksamwerden der meisten dieser Vergünstigungen war freilich das Erreichen des Kapitänsranges und die Übernahme einer Kompanie. Der Subalternoffizier lebte beschränkt, zuweilen, wenn er nicht von zu Hause reichliche Zuschüsse bezog, sogar kümmerlich.[177] Reichliches Auskommen konnte erst die Ernennung zum Kompaniechef gewähren. Mit der regelmäßigen Beförderung und der schließlichen Übernahme eines Regiments wuchsen dann die Einnahmen zu hohen Summen. Zeitgenössische Beobachter nach dem Siebenjährigen Kriege registrierten die Diskrepanz zwischen dem Luxus und Wohlleben der oberen Ränge und der Armut in der Lebensführung der Subalternen.[178] Zu solchem Reichtum konnte aus eigener Kraft freilich nur der Kompaniechef kommen, der es verstand, die Wirtschaft der Kompanie profitabel zu gestalten. Hatte er zum Beispiel die Kompanie

[177] Vgl. oben Erstes Kapitel, Abschnitt *Die Leistungen des Adels für das Militärsystem,* bes. Anm. II/37—39.

[178] Siehe z. B. den Bericht des Marquis de Toulongeon (zitiert nach v. d. Goltz, *Von Roßbach bis Jena* ... [I/73], S. 180).

schon mit Schulden übernommen[179] oder selbst Schulden machen müssen, um seinem Vorgänger den Inhalt der Waffen- und Kleiderkammer abzukaufen,[180] fielen etwa aus Gründen wie Desertionen, Exekutionen oder ähnlichen Vorfällen viele Unkosten an oder hatte er das „Pech", im Kriege zuviel zusetzen zu müssen,[181] so konnte den Kompaniechef der Besitz seiner Kompanie dem Ruin näher bringen als dem Reichtum. Gerade aber zerrüttete Vermögensumstände konnten dann die ohnehin unter den Kompaniechefs verbreitete Neigung, aus ihrer Kompanie auf Nebenwegen große Summen herauszuwirtschaften, extrem steigern.

Die reguläre Wirtschaftsführung der Kompanie sah zunächst vor, daß der Kompaniechef ein Pauschquantum von der Kriegskasse erhielt, mit dem er die Komplettierung der Mannschaft nach Zahl und Ausrüstung zu bestreiten hatte.[182] Diese Summe, über deren richtige Verwendung der Kompaniechef sich lediglich durch Vorführung einer einwandfreien Truppe bei den jährlichen Musterungen, den sogenannten „Revuen", auszuweisen hatte,[183] war stets genau vorausbestimmt. Der normale Etat der Regimenter und Kompanien wurde von Friedrich Wilhelm I. unter Assistenz seines Feldmarschalls und Freundes, des Fürsten Leopold von Anhalt-Dessau, bis in kleinste festgelegt und auf Jahre hinaus berechnet.[184] Besonders die Verpflegungs-, Bekleidungs- und Löhnungsetats der Truppen konnten für jede Waffengattung genau festgestellt werden und boten der Kriegskasse die Möglichkeit, auf Jahre und Jahrzehnte zu kalkulieren.[185] Etwas schwieriger waren die Gelder für die Werbung im Ausland zu bestimmen, da der Preis für einen ausländischen Rekruten je nach Bedarf in Kriegs- oder Friedenszeiten stark schwankte. Trotzdem bekam der Kapitän für Löhnung, Werbung, kleine Montierung, Fouragierung und die übrigen Posten im Haushalt seiner Kompanie nur eine bestimmte Summe zugemessen, mit der er seine Einheit

[179] Vgl. Lehmann, *Werbung* ... (E/10), S. 268; S. 269, Anmerkung 1.

[180] Vgl. *a. a.* O., S. 268.

[181] Vgl. Courbière, *Geschichte der Brandenburgisch-Preußischen Heeres-Verfassung* (I/34), S. 116.

[182] Vgl. *a. a.* O., S. 87; vgl. ferner jeweils die Abschnitte über „Kompaniewirtschaft" bei Jähns, *Geschichte der Kriegswissenschaften* (I/16), Bde II und III (1890/91).

[183] Vgl. Schmoller, *Preußische Verfassungs-, Verwaltungs- und Finanzgeschichte* (E/2), S. 119; Lehmann, *Werbung* ... (E/10), S. 276.

[184] Siehe *Acta Borussica. Die Briefe König Friedrich Wilhelms I.* ... (I/20), Nr. 348, Nr. 350, Nr. 352, Nr. 353.

[185] Genaue Etats mit Einzelheiten über Montierungen und Rationen für Mannschaft und Pferde finden sich bei Ciriacy, *Chronologische Übersicht* ... (I/53), S. 303 ff. (bis S. 338).

in dem durch das Reglement jeweils vorgeschriebenen Stand in Zahl, Ausrüstung und Bekleidung zu erhalten hatte.[186]

Die Schwierigkeit, mit einer unbeweglichen Summe Ausgaben in schwankender Höhe bestreiten zu müssen, verschärft noch dadurch, daß der König die besonders teuren „langen Kerls" als Rekruten bei der Musterung verlangte oder zumindest gerne sah, ohne zu fragen, wie sie zu beschaffen waren, und gar den Offizier verstieß, der seine Truppe nicht vollzählig aufstellen konnte, zwang die Kapitäne zur Einführung des Beurlaubungssystems.[187] Die Beurlaubung der „Landeskinder" auf das heimatliche Gut während des größten Teils des Jahres war ausgegangen von dem Brauch der Kompaniechefs, die eigenen Gutsuntertanen als billige Rekruten einzustellen, weil an ihnen die hohen Werbekosten eingespart werden konnten und ihre Verwendung als Arbeitskräfte auf dem Gut während ihres „Urlaubs" außerdem den Vorteil brachte, daß man während dieser Zeit ihre Löhnung und verschiedene andere, ihnen zustehende Gelder erst teilweise, später ganz einbehalten konnte.[188] Es war das wirtschaftliche Interesse der Kompaniechefs, die an die Aufbringung ihrer hohen Werbekosten zu denken hatten, welches — wie im Falle der „Enrollierung",[189] so auch in diesem Zusammenhang — als Motiv für die Einführung des Urlauberwesens auftrat. Indem es dem Kompaniechef überlassen blieb, den finanziellen Ausgleich zwischen den Ausgaben zur Aufstellung der vollen Mannschaftsstärke durch Werbung und den Einnahmen aus den Soldeinsparungen der Urlauber herzustellen, verlor er den Charakter eines lediglich rechnungsführenden Verwalters der ihm anvertrauten Kriegsgelder und wurde gleichzeitig zu einem Unternehmer auf Gewinn und Verlust.

Diese Entwicklung schritt in dem Maße fort, wie die Beurlaubung vermehrt wurde. Nicht nur die Landeskinder wurden zum Nutzen des Kompaniechefs beurlaubt, sondern auch die geworbenen Ausländer, wenn sie lange genug gedient hatten, um vor der Versuchung zum Desertieren sicher zu sein. Unter dem Namen „Freiwächter" fanden sie in der Garnisonstadt bei Handwerksmeistern und Manufakturisten Be-

186 Vgl. oben Anm. II/182 und 183.

187 Vgl. oben ERSTER TEIL, 1. KAPITEL, Abschnitt über *Das „Kantonreglement"* ...

188 Vgl. Lehmann, *Werbung, Wehrpflicht und Beurlaubung* ... (E/10), S. 276; — bei anderen Autoren ist die Auffassung vertreten, die „Urlauber" behielten die halbe Löhnung; es handelt sich hierbei offenbar um eine Frage der Periodisierung und gradueller Unterschiede, die die Grundtatsache der Soldeinsparung nicht berühren; spätere Änderungen des Verfahrens werden weiter unten erwähnt.

189 Vgl. Lehmann, *a. a. O.*, S. 279; — siehe oben ERSTER TEIL, 1. KAPITEL, Abschnitt über *Das „Kantonreglement"* ...

schäftigung und mußten dem Kompaniechef ihren Sold lassen.[190] Es lag also an dem Geschick und der Weitherzigkeit des Kapitäns, seine Rekruten möglichst schnell so weit zu bringen, daß er sie als Urlauber auf das Land oder als Freiwächter in die Stadt überstellen konnte, um so seine Einnahmen aus den Sold-, Verpflegungs-, Montierungs- und Quartiereinsparungen größtmöglich zu steigern. Denn wiewohl die Anzahl der Beurlaubten in Stadt und Land festgelegt war, waren Übertretungen dieser Zahl an der Tagesordnung.[191]

Wesentlich war auch das Verhältnis von Inländern und Ausländern im Heer:[192] mehr Ausländer bedeuteten mehr Freiwächter, mehr Freiwächter erhöhte Soldeinsparungen für den Kapitän. Besonders nach dem Siebenjährigen Krieg erfuhr das Freiwächterwesen eine ungeahnte Steigerung seiner finanziellen Bedeutung für den Kompaniechef. In der Periode vom Ende des Siebenjährigen Krieges bis zum Tode Friedrichs II., also von 1763 bis 1786, fand im Wirtschaftswesen der Kompanien auf Grund einer neuen Regelung der Heeresergänzung eine einschneidende Veränderung statt. Friedrich d. Gr. nahm nach dem Siebenjährigen Krieg den Kompaniechefs die Beurlaubtengelder, insoweit sie bisher zur Bestreitung der Werbungskosten gedient hatten, fort und übernahm dafür die Ausländerwerbung auf eigene Kasse.[193] Während des Krieges war der König gezwungen gewesen, die Kompaniewerbung durch die sogenannte „große", nämlich eine allgemeine Werbung für das gesamte Heer zu ersetzen. Diese Regelung behielt er nach Kriegsschluß bei und ließ die Eigenwerbung nur ganz wenigen, auserwählten Regimentern, die er dadurch für ausgezeichnetes Verhalten im Kriege zu belohnen gedachte. Bei einigen weiteren Regimentern erhielten die Kompaniechefs als Vergünstigung die Erlaubnis, die Löhnung einer kleinen Zahl von Urlaubern beziehungsweise Freiwächtern für sich zu behalten, und zwar wiederum unterschiedlich insoweit, als sie beispielsweise entweder 30 oder 20 oder nur 10 Beurlaubte zu ihrer eigenen Verfügung überlassen bekamen.[194] Dafür hatten in diesen Regimentern die Kapitäne während der Exerzierzeit eine gewisse Anzahl „Überkompletter", also überzäh-

190 Vgl. Lehmann, *a. a.* O., S. 277 f.; siehe bei Preuß, *Friedrich der Große* (E/16), Bd. IV (1837), die „Statistische Übersicht", S. 317; vgl. ferner Hinze, *Die Arbeiterfrage* ... (E/11), S. 172 f.

191 Vgl. hierzu noch die weiter unten folgenden Ausführungen, bes. Anm. II/207 ff.

192 Vgl. oben Erster Teil, 2. Kapitel, bes. Anm. I/122 ff.

193 Vgl. Jähns, *Geschichte der Kriegswissenschaften* (I/16), Bd. III (1891), S. 2225 ff.; ferner v. Taysen, *Friedrich der Große. Militärische Schriften* (E/1), S. 573.

194 Siehe das Verzeichnis der begünstigten Regimenter bei Jähns, *a. a.* O., S. 2226, Anmerkung 1.

liger Rekruten, in Reserve zu halten.[195] Mit der Aufhebung des bisherigen Wirtschaftsprinzips, das in der Finanzierung der Werbung durch die Ersparnisse aus den Urlaubergeldern in der Hand des Kapitäns beruht hatte, war der Kompaniewirtschaft zeitweilig der Charakter einer Unternehmerwirtschaft auf Gewinn und Verlust genommen. Doch erlebte das alte Prinzip in etwas abgewandelter Form nach dem Tode Friedrichs d. Gr. seine Wiederbelebung bis zum Zusammenbruch des alten Preußen.

In dieser dritten Phase der Kompaniewirtschaft war das Militär zunächst bestrebt, die Ungleichheit im Einkommen der Kompaniechefs zu beheben. Sie erhielten jetzt durchweg ein feststehendes Basisgehalt und durften die Ersparnisse einer bestimmten, für jede Truppengattung bei allen Regimentern gleichmäßig festgelegten Zahl von Urlaubern beziehungsweise Freiwächtern einbehalten. Es wurde ihnen ferner die Werbung im Ausland wieder überlassen, wofür der König ihnen jährlich gesondert eine bestimmte Summe aus der Kriegskasse zur Verfügung stellte. Dafür wurden, bis auf jene bestimmte Anzahl von Beurlaubten, deren Sold als Ersparnis den Kompaniechefs zugute kam, die Beurlaubtengelder zur Kriegskasse einbehalten.[196] In Kriegszeiten übernahmen Friedrichs II. Nachfolger die Werbung auf eigene Rechnung.[197] Die finanzielle Bedeutung aller dieser verschiedenen Regelungen der Auslandswerbung für den Kompaniechef lag naturgemäß darin, daß bei der königlichen „großen“ Werbung zwar kein Verlust für die eigene Kasse, aber auch kein Gewinn entstehen konnte, während bei der Regiments- beziehungsweise Kompaniewerbung der Gewinn der eigenen Kasse zufloß, da von einer Verrechnung mit der Kriegskasse keine Rede war.[198] Auch in dieser Tatsache kam wieder zum Ausdruck, daß die Kompanie in wirtschaftlicher Hinsicht bewußt als das Besitztum ihres Chefs angesehen wurde. Hatte sie doch sogar einen Handelswert, der in zwei beispielhaften Fällen — einmal anläßlich des Verkaufs einer Kompanie von einem Kapitän an seinen Nachfolger, ein anderes Mal, als die Summe ausgemacht wurde, die der König den Kindern eines zur Werbung aufbrechenden Kapitäns in dessen Todes-

[195] Vgl. Courbière, *Geschichte der Brandenburgisch-Preußischen Heeres-Verfassung* (I/34), S. 115 f.

[196] In diesem Punkt widersprechen sich die Angaben verschiedener Autoren: vgl. z. B. Jähns, *Geschichte der Kriegswissenschaften* (I/16), Bd. III, S. 2246; Courbière, *a. a.* O., S. 127; Ciriacy, *Chronologische Übersicht* ... (I/53), S. 390.

[197] Vgl. Courbière, *a. a.* O., S. 128.

[198] Vgl. (v. Lossow), *Denkwürdigkeiten* ... (I/8), S. 124 ff.

fall zahlen sollte — mit 2000 Talern veranschlagt wurde.[199] So durfte es als sicher gelten, daß sich an einer Kompanie bereichern konnte, wer — wie es hieß — ein „guter Wirt" war.[200] Und es stand auch reiches Anschauungsmaterial für diese Auffassung zur Verfügung.[201]

Die Einkünfte eines Kompaniechefs bei der Infanterie beziehungsweise eines Schwadronchefs bei der Kavallerie, des Kapitäns bei der Artillerie oder bei anderen, speziellen Waffengattungen hingen von verschiedenen Umständen ab und waren also nicht generell bestimmbar. Zum Jahrhundertende betrug das „Traktament", das monatliche Gehalt, eines Rittmeisters 92 Taler;[202] dazu kamen 15 Taler Pferdeverpflegungsgeld, 22 Taler Reparaturgeld, 19 Taler Gewehrgeld, 7 Taler Pferdearzneigeld und 36 Taler Werbegeld.[203] Vom Reparaturgeld, Gewehrgeld, Arzneigeld und Werbegeld, zusammen 84 Taler, soll der Schwadronschef etwa 40 Taler haben ersparen können.[204] Welch eine bedeutende Rolle bei dieser Einsparung der Posten Werbegeld gespielt haben mochte, ergab sich aus der Ersparnis, die der König (Friedrich d. Gr.) zwischen 1763 und 1786 erzielte, als er die Werbung auf seine Kasse übernahm. Diejenigen Regimenter, die ihre eigene Werbung behielten, nicht gerechnet, behielt er auf diese Weise „und durch andere kleine Ersparnisse eine Summe von 800 000 Talern" insgesamt übrig, von denen er nur 300 000 Taler für die Werbung auszugeben brauchte.[205] Hinzu kam, daß die Höhe der Werbegelder schwankte und zeitweise bis zu 300 Taler für den geworbenen Rekruten erreichte.[206]

199 Siehe *Acta Borussica. Die Briefe König Friedrich Wilhelms I.* ... (I/20), S. 360, S. 228.

200 Vgl. Ciriacy, *Chronologische Übersicht* ... (I/53), S. 301 f.

201 Für die folgenden Ausführungen ist als Grundlage im wesentlichen herangezogen worden: F. A. L. v. d. Marwitz, *Die Besoldung der Armee im alten Preußen* (Aus Marwitz' Memoiren herausgegeben von Friedrich Meusel), in: *FBPG* (E/10), Bd. 21.

202 Das Traktament des Infanteriekapitäns betrug 1726 monatlich 46 Taler (nach Lehmann, *Werbung* ... [E/10], S. 277, Anmerkung 1), 1743 nur 29 Taler, 1788 aber 66 Taler (nach v. Scherbening, *Die Reorganisation der Preußischen Armee nach dem Tilsiter Frieden*, Bd. I, S. 349).

203 Bei der Infanterie wurden 41 Taler per Kompanie gegeben; die 36 Taler bei der Kavallerie galten per Eskadron. Die „Werbegelder" waren bei der Kavallerie geringer angesetzt, weil in dieser Truppengattung der Ersatz durch Zulauf von Freiwilligen erleichtert wurde; — für die Verhältnisse bei den Husaren vgl. oben Erster Teil, 2. Kapitel, bes. Anm. I/152 f.

204 Vgl. Marwitz, *Die Besoldung* ... (II/201), S. 245.

205 Siehe das „Militärische Testament" Friedrichs II. von 1768, in: v. Taysen, *Friedrich der Große* ... (E/1), S. 197.

206 Siehe bei Preuß, *Friedrich der Große* (E/16), Bd. V, *Urkundenbuch*, S. 70.

Zu den Einsparungen des Kompanie- oder Schwadronchefs in diesem Punkt kamen die Einnahmen aus der dem Chef zugewilligten Zahl von Freiwächtern; sie betrugen pro Freiwächter etwa 2 Taler, also bei 15 Freiwächtern, die gegen Ende des Jahrhunderts bewilligt waren, rund 30 Taler. Allerdings hatte der Schwadronschef hiervon die „überkompletten“ ausländischen Rekruten während der jährlichen Revue, der Übungszeit zu erhalten. Doch kümmerte sich der Rittmeister nicht um die Begrenzung im Freiwächterwesen, sondern beurlaubte mindestens so viele ausländische Rekruten mehr, als er „Überkomplette“ zu erhalten hatte.[207] Die Überschreitungen des erlaubten Maßes gaben dem König wiederholt Anlaß zu scharfen Ermahnungen,[208] da diese Unsitte „unglaublich“ überhand nahm.[209] Schon Friedrich Wilhelm I. hatte sich gegen diese Erscheinung zur Wehr setzen müssen: Zum Ende seiner Regierungszeit mußte er den Soldaten der Berliner Garnison das Hausieren verbieten; selbst zu diesem „Beruf“ beurlaubten die Kompaniechefs ihre Soldaten.[210]

Rechnete man diese Positionen zusammen: die Ersparnisse aus 15 Freiwächtern = 30 Taler, die schon errechneten 40 Taler aus Reparaturgeld, Gewehrgeld, Arzneigeld und Werbegeld, und die 107 Taler aus dem Traktament und den Pferderationen — so ergab sich eine Einnahme von 177 Talern monatlich oder 2132 Talern jährlich. Hierzu kam der Gewinn aus den sogenannten „kleinen Mundierungsgeldern“ — eigentlich „Montierungsgeldern“ (zur kleinen Montierung gehörten: Vorschuhe, Sohlen, Stiefelklappen, Oberhemden, Unterhemden, Haarzopfbänder, Halsbinden etc.) —, für die der König dem Kompanie- beziehungsweise Schwadronschef pro Mann und Jahr 2 Taler 22 Groschen gab.[211] Aus diesen Angaben ließ sich bei einer 144 Mann starken Eskadron unter Berücksichtigung der nicht allzu ängstlichen Rechnungsführung der Chefs[212] ein weiterer Gewinn von 150 Talern jährlich berechnen, so daß sich die Einkünfte des Schwadronschefs zum Ausgang des 18. Jahrhunderts auf 2282 Taler beliefen.[213] Dieses Ergebnis stimmte

207 Vgl. Marwitz, *Die Besoldung* ... (II/201), S. 245.

208 Siehe bei Preuß, *Friedrich der Große* (E/16), Bd. IV, *Urkundenbuch*, S. 229.

209 Vgl. Hermann v. Boyen, *Darstellung der Grundsätze der alten und der gegenwärtigen preußischen Kriegsverfassung, 1817*, in: *HZ* (E/10), Bd. 67, S. 60.

210 Vgl. Lehmann, *Werbung* ... (E/10), S. 278.

211 Vgl. Marwitz, *Die Besoldung* ... (II/201), S. 245; — anders stellen es dar: Max Lehmann, *Scharnhorst*, Bd. II (1887), S. 141 f., der von 4 Talern, und Ciriacy, *Chronologische Übersicht* ... (I/53), S. 329 f., der von 5 Talern schreibt.

212 Vgl. Marwitz, *a. a. O.*, ebda.

213 Vgl. *a. a. O.*, S. 246.

mit den Berechnungen ausländischer Beobachter überein.[214] Selbst für die frühen Jahrzehnte des Jahrhunderts unter der Regierung Friedrich Wilhelms I. ist man zu einem ähnlichen Resultat gekommen,[215] so daß eine gleichbleibende Einkommenslage des Kompanie- beziehungsweise Schwadronschefs während der ganzen Epoche festgestellt werden kann.

Die errechneten Summen betreffen nur die Bezüge des Kapitäns beziehungsweise Rittmeisters als Kompanie- beziehungsweise Schwadronschef; sie erhöhten sich mit steigendem Rang der Chefs.[216] Kompanie- oder Eskadronschefs waren auch alle höheren Chargen in den Regimentern bis hinauf zum General. Sie bezogen zusätzlich zu dem Grundeinkommen des Kapitäns oder Rittmeisters noch das Traktament als Stabsoffizier sowie höhere Rationssätze und vom Regimentschef aufwärts feste sogenannte Douceursätze, eine besondere Aufwandsentschädigung. So belief sich das Einkommen des Majors als Schwadronschef auf 2282 Taler plus 275 Taler jährliches Stabstraktament plus 180 Taler für 10 Rationen, zusammen 2737 Taler. Ebenso war das Einkommen des Obristleutnants zu veranschlagen. Die nächste bedeutende Stufe war die Stelle eines Regimentschefs. Zu den 2282 Talern Eskadronschefeinkommen kamen in dieser Position ein Stabstraktament von 836 Talern jährlich, 396 Taler für 16 Rationen Pferdeverpflegung und ein Douceur von jährlich 1540 Talern, zusammen 5054 Taler jährlich. Bei den Dragonerregimentern zu 10 Schwadronen war das Douceur um 1433 Taler jährlich höher, steigerte das Einkommen also auf 6487 Taler.

Die Stabstraktamentssätze hatten sich bis zum Jahrhundertausgang seit der Zeit Friedrich Wilhelms I. zu Ungunsten der Grade unterhalb des Obersten verändert. Damals betrugen sie 400 Taler für den Major, 600 Taler für den Obristleutnant, während sie sich für den Obristen schon zu jener Zeit auf 800 Taler beliefen.[217] Die Einkünfte eines Regimentschefs hat man für diese Zeit auf jährlich bereits 5369 Taler berechnet.[218] Auch bei ihnen ist also im Laufe des Jahrhunderts kein bedeutender Unterschied eingetreten. Die Einnahmen der Generale zum Ende des 18. Jahrhunderts erhöhten sich durch Verabreichung eines größeren

[214] Siehe den Bericht des Marquis de Toulongeon (zitiert nach v. d. Goltz, *Von Roßbach bis Jena* ... [I/73], S. 181).

[215] Vgl. v. Pelet-Narbonne, *Geschichte der Brandenburgisch-Preußischen Reiterei*, Bd. I (1905), S. 82 f.

[216] Für das Folgende vgl. Marwitz, *Die Besoldung* ... (II/201), passim.

[217] Siehe *Acta Borussica. Die Briefe König Friedrich Wilhelms I.* ... (I/20), S. 336.

[218] Vgl. Jany, *Geschichte der Königlich Preußischen Armee* (I/17), Bd. I (1928), S. 763.

Douceurs. Die Einkünfte eines Generalmajors zu dieser Zeit konnten mit über 6000, die eines Generallieutenants mit mindestens 7000 Talern angenommen werden.[219] Alle diese Angaben erhalten hohe Wahrscheinlichkeit, wenn man dagegen die Höhe der Bezüge hält, die den Offizieren nach 1808 als festes Gehalt noch gezahlt wurden, nachdem sie bereits erheblich herabgesetzt worden waren. Bezog doch dann der Regimentschef immer noch 2500 bis 2600 Taler, der Generalmajor 3000 und bei Übernahme eines Kommandos 4000 bis 4200 Taler, der Generalleutnant 4000 und bei Übernahme eines Kommandos 6400 Taler.[220] Besonders für die altpreußische Epoche ist ferner zu bedenken, daß alle Gehälter zu einem Viertel in Gold, also in Talern Courant, gezahlt wurden, die einen um 13⅓ % höheren Kurswert als die Silbertaler hatten. Demzufolge wäre das Einkommen des Rittmeisters in Silber nicht 2282, sondern 2586 Taler groß gewesen, das des Majors nicht 2737, sondern 3101 Taler, das des Obristen nicht 5054, sondern 5728 Taler, das des Generalmajors nicht 6000, sondern 6800, des Generalleutnants nicht 7000, sondern 7933 Taler groß gewesen.[221]

Zu allen diesen Einkünften der höheren Chargen trat in den Eskadronen noch ein besonderer Posten, dessen Entstehung und Aufbringung sich hart an der Grenze dessen bewegten, was noch zu den unmittelbaren Methoden der Kompaniewirtschaft gezählt werden konnte: der Nebenverdienst aus der Fouragebeschaffung. Jedem Regiment war ein Distrikt zugeteilt, aus dem es sich das Futter für seine Pferde liefern lassen konnte. Wenn der Distrikt weit von der Garnison entfernt lag und dadurch die Herbeischaffung für die Bauern, denen die Lieferung auferlegt war, zu einer Qual oder sogar zur Unmöglichkeit werden mußte, kam es zu Verhandlungen mit dem Rittmeister über eine Bezahlung, für die er seine Fourage in Garnisonsnähe kaufen konnte. Für eine solche Gefälligkeit waren die Bauern bereit, weit über den Marktpreis zu zahlen, da der Rittmeister berechtigt war, die Auslieferung der Fourage in natura zu verlangen. Auch hatte der Bauer gewärtig zu sein, daß ihm, wenn er die Fourage von weit her anlieferte, an der Qualität so viel ausgesetzt wurde, daß er gerne bereit war, über das Maß abzuliefern, um nur seine Pflicht loszuwerden.[222] Eine besonders starke

219 Vgl. Marwitz, *Die Besoldung* ... (II/201), S. 248.

220 Nach Marwitz, *a. a.* O., ebda.; dort sind auch die zu Grunde liegenden Aufstellungen über die Gehälter nach 1808 zu suchen.

221 Vgl. Marwitz, *a. a.* O., S. 249.

222 Siehe die Schilderung von Hermann v. Boyen (zitiert nach Jähns, *Geschichte der Kriegswissenschaften* [I/16], Bd. III [1891], S. 2261).

Ausnutzung der ersteren Möglichkeit war denjenigen Regimentern gegeben, denen die Lieferung aus den westlichen Provinzen des Landes zustand. Obzwar ein Profit aus solchen Geschäften nicht in genauen Ziffern anzugeben ist, kann es sich offenbar in manchen Fällen um mehrere Tausend Taler jährlich gehandelt haben.[223]

Nicht mit der gleichen Gewißheit sind die Verdienstmöglichkeiten bei der Remontierung, der Beschaffung von Pferdeersatz, abzuschätzen. Die Regimenter erhielten eine bestimmte Summe für die Remonte und kauften sich ihre Pferde in entlegenen Gebieten, wie der Ukraine, der Moldau und in anderen Ländern.[224] Der älteste Offizier einer Truppe von Offizieren, Unteroffizieren und Gemeinen, etwa ein Kapitän, hatte die Verantwortung für den Einkauf und übernahm die Remontegelder „auf Gewinn oder Verlust".[225] Alle Jahre wurden 105 Pferde per Regiment ausrangiert und die gleiche Zahl in den genannten Gebieten nachgekauft.[226] In späteren Jahren des 18. Jahrhunderts wurde der Einkauf der Remonten sogenannten Entrepreneurs überlassen.[227]

An die Stelle derjenigen Einnahmen in Friedenszeiten, die — wie etwa die Urlaubergelder — im Kriege fortfielen, traten in Kriegszeiten dann die Winterdouceurgelder. Diese Douceurs erreichten eine Höhe von 1800 Talern für den Kapitän, 2000 Talern für den Rittmeister, 5000 Talern für den Generalmajor, 7000 Talern für den Generalleutnant, 10 000 Talern für den General und 15 000 Talern für den Feldmarschall.[228] Von diesen Summen, die als Entschädigung für ausgefallene Einnahmen und erlittene Strapazen galten, hatten die Chefs der Einheiten verschiedene Kosten zu bestreiten und überhaupt dem Zustand ihrer Kompanien aufzuhelfen. Dergleichen Douceurs wurden übrigens auch an Subalternoffiziere in Höhe bis zu 300 Talern gezahlt.

Über die Douceurgelder hinaus suchten sich die Kompaniechefs auf verschiedene andere Weise noch für den Ausfall der Beurlaubtengelder zu entschädigen.[229] Sie — wie in diesem Fall die höheren Offiziere überhaupt — forderten zum Beispiel kostenfreies Holz und Licht von der Bürgerschaft der Orte, in denen sie Quartier nahmen, obgleich die

223 Vgl. Marwitz, *Die Besoldung* ... (II/201), S. 247.

224 Vgl. (v. Lossow), *Denkwürdigkeiten* ... (I/8), S. 126 f.; ferner Preuß, *Friedrich der Große* (E/16), Bd. IV, S. 312.

225 Vgl. Preuß, *a. a. O.*, S. 313, Anmerkung 2.

226 Vgl. Ciriacy, *Chronologische Übersicht* ... (I/53), S. 338.

227 Vgl. Preuß, *Friedrich der Große* (E/16), Bd. IV, S. 313, Anmerkung 2.

228 Hierzu und zur folgenden Feststellung vgl. Ciriacy, *Chronologische Übersicht* ... (I/53), S. 374.

229 Vgl. Preuß, *Friedrich der Große* (E/16), Bd. IV, S. 317.

Quartierkosten in den Douceurs mit inbegriffen waren.[230] — Im Feindesland war die Gewinnung von Beutegeld die gegebene zusätzliche Einnahmequelle. Besonders den Husaren wurde das Beutemachen ohne weiteres nachgesehen.[231] Und nicht nur von den Offizieren des Obersten Quintus Icilius, der 1761 auf den ausdrücklichen Befehl Friedrichs d. Gr. die Plünderung von Schloß Hubertusburg ausführte, ist aus dem Ausspruch des Königs bekannt, daß sie „wie die Raben gestohlen" hätten;[232] der König mußte auch andere hohe Offiziere durch scharfe Ermahnung vom „Plündern, Pressen, Geldschneiden" und von der „Anmaßung unerlaubter Douceurs" zurückhalten.[233]

Nicht verschwiegen werden dürfen aber auch diejenigen Einnahmequellen des Kompaniechefs in der altpreußischen Armee, die außerhalb der gesetzlich bestimmten Kompaniewirtschaft lagen. Gehörte alles Vorherige zur Praxis der Wirtschaftsführung einer Kompanie, wie sie bei allem Bedenken gegen manche Einrichtungen zumindest unter den Zeitgenossen noch gebilligt werden mochte, so gab es daneben Erscheinungen des Gewinnstrebens der höheren Offiziere, die selbst von Zeitgenossen einer sehr scharfen Kritik unterzogen wurden: „Der Geist der Kompaniechefs verderbte vollends alles Gute. In Wahrheit, die Herren sahen in ihrem Verhältnis zur Kompanie nichts weiter als das Verhältnis eines Eigentümers zu seiner Plantage. Sie sahen die sogenannten Gemeinen als ihre Sklaven an. Was sie diesen entziehen konnten, machte ihren Vorteil aus, und eben deswegen knappseten sie von allem, was der Staat zum Unterhalt dieser Gemeinen gab, soviel sie nur immer konnten, ab."[234] Dieser Ausspruch, welchen Grad von unzulässiger Verallgemeinerung oder Übertreibung er aufweisen mochte, drückte doch zugleich aus, was in allen offenen Urteilen dieser Art und dieser Zeit in mehr oder weniger scharfer Form zum Ausdruck kam.[235]

Aber nicht nur gegen die Ausnutzung ihrer Rekruten, auch gegen die Vergehen an der Bevölkerung des Landes und gegen das Verhalten der

[230] Siehe bei Preuß, *a. a. O.*, Bd. V, *Urkundenbuch*, S. 39 ff.

[231] Vgl. Jany, *Geschichte der Königlich Preußischen Armee* (I/17), Bd. II (1928), S. 271, Anmerkungen 140 und 141; siehe das „Militärische Testament" Friedrichs II. von 1768, in: v. Taysen, *Friedrich der Große* ... (E/1), S. 211.

[232] Vgl. Preuß, *Friedrich der Große* (E/16), Bd. II (1832), S. 320.

[233] Siehe bei Preuß, *a. a. O.*, Bd. V, *Urkundenbuch*, S. 19 f.

[234] Vgl. Buchholz, *Gemälde des gesellschaftlichen Zustandes im Königreiche Preußen* (zitiert nach v. d. Goltz, *Von Roßbach bis Jena* ... [I/73], S. 150).

[235] Vgl. die Hinweise und Zitate bei v. d. Goltz, *a. a. O.*, *ebda.* und passim; sowie bei Jähns, *Geschichte der Kriegswissenschaften* (I/16), Bde II und III (1890/91), passim (Einzelnachweise folgen).

Offiziere im Krieg, soweit es in diesen Zusammenhang gehörte, wandten sich diese Stimmen. Im Rahmen noch der Vergehen gegenüber den eigenen Rekruten handelte es sich neben den vergleichsweise harmlosen Einsparungen an den kleinen Montierungen und ähnlichem Zubehör um weitere unerlaubte Maßnahmen bei der Ausgabe der den Soldaten zustehenden Ausrüstungsgegenstände. Vor allem bei der Bekleidung, die ohnehin nur notdürftig gegen die Witterung schützte (selbst im Winter erhielten die Soldaten der altpreußischen Armee keine Mäntel),[236] wurde zum Vorteil der Kompaniechefs an der Ellenzahl der Röcke und Westen durch Verkürzungen und Weglassungen im Schnitt eingespart.[237] Auch an kleinen Montierungsstücken konnten offenbar erhebliche Gewinne erzielt werden.[238]

Neben den geschilderten Praktiken gab es andere, durch die die Kompaniechefs die Mannschaftsstärke ihrer Einheiten in einem für die Abrechnung günstigen Licht zur Meldung bringen konnten. Sie verstanden es zum Beispiel, gewisse Kategorien von Inländern — darunter alle diejenigen, die nicht im Kanton des Regiments geboren waren —[239] als Ausländer anzugeben, um die Werbegelder für sie zu bekommen,[240] oder auch Invaliden, die hätten entlassen werden sollen, weiter zu behalten, wahrscheinlich um sie nicht durch Werbung ersetzen zu müssen.[241] Anderseits wieder mußte der König unter Arrestandrohung verbieten, daß die Offiziere eigenmächtig Ausländer gegen Geld verabschiedeten.[242] In diesem Zusammenhang ist auch noch einmal zu erwähnen, daß die Kapitäne und Rittmeister viele Rekruten über die ihnen erlaubte Zahl zu Freiwächtern machten,[243] um deren Sold einzubehalten, selbst wenn diese Soldaten keine Arbeit fanden und hausieren gehen mußten.[244] Und sogar an der Verpflegung der Pferde ließ sich Über-

236 Vgl. Ciriacy, *Chronologische Übersicht* ... (I/53), S. 323 f.

237 Vgl. Jähns, *Geschichte der Kriegswissenschaften* (I/16), Bd. III, S. 2261.

238 Vgl. *a. a.* O., S. 2276.

239 Vgl. (v. Lossow), *Denkwürdigkeiten* ... (I/8), S. 3 ff.

240 Vgl. Behrenhorst, *Betrachtungen* ... (I/198) (zitiert nach Ciriacy, *Chronologische Übersicht* ... [I/53], S. 370).

241 Vgl. v. d. Goltz, *Von Roßbach bis Jena* ... (I/73), S. 202; v. d. Goltz läßt vermuten, daß es humane Gründe gewesen seien, deretwegen die Invaliden nicht entlassen wurden, nämlich aus Besorgnis um ihre finanzielle Versorgung.

242 Vgl. v. Taysen, *Friedrich der Große. Militärische Schriften* (E/1), S. 573, wo die erwähnte Instruktion nachzulesen ist.

243 Vgl. v. Boyen, *Darstellung* ... (II/209), S. 60; Preuß, *Friedrich der Große* (E/16), Bd. IV, *Urkundenbuch*, S. 229.

244 Vgl. Lehmann, *Werbung* ... (E/10), S. 278.

schuß erzielen, wenn man das Futter für sie so lange wie möglich streckte.[245]

Es erscheint verständlich, wenn ein zeitgenössischer Kenner der Verhältnisse urteilte: „Der Ehrenmann in der silbernen und schwarzen Feldbinde von 1761 und 1762 sah dem älteren von 1741 und 1742 sehr wenig mehr ähnlich."[246] Aus der Zeit nach dem Siebenjährigen Krieg gab auch das offizielle königliche Zirkular von 1787 an, „daß vorzüglich zu Kriegszeiten von Männern der Ehre die Wahrheit aus Listen verbannt und um schnöden Gewinnstes willen unrichtige Angaben hintangesetzt worden" seien.[247] Die Entziehung der Douceurs und der Urlaubereinnahmen nach dem Siebenjährigen Krieg mochte diesen Hang der Kompaniechefs verstärkt haben. Doch war schon aus der Zeit Friedrich Wilhelms I. und der frühen Regierungsperiode Friedrichs II. der Kampf gegen den Mißbrauch des Kantonwesens durch die Offiziere zur Befriedigung ihres Erwerbsstrebens bekannt.[248]

Ein besonderes Kapitel bildete in diesem Zusammenhang die Rekrutenwerbung mit ihren finanziellen Konsequenzen für die Kompaniewirtschaft. Mit Ausnahme der Jahre von 1763 bis 1786, in denen der König die Ausländerwerbung auf seine Kasse und für das ganze Heer gemeinschaftlich durchführen ließ, besorgten die Regimenter sie selbst aus dem dafür zur Verfügung gestellten, feststehenden Geldquantum von der Kriegskasse beziehungsweise aus den Ersparnissen, die der Kompaniechef aus dem Urlauber- und Freiwächterwesen erzielen konnte. Das Werbegeld für den Rekruten schwankte in seiner Höhe je nach Kriegs- oder Friedenszeit. Bei der Höhe von mehreren hundert Talern, die es zuweilen erreichte,[249] lag es nahe, daß der Versuch gemacht wurde, auch hieraus einen Gewinn abzuzweigen. Zur Einsparung des Handgeldes für den geworbenen Rekruten wurde die gewaltsame Entführung von wehrfähigen Männern, wenn auch nicht ausschließlich, so doch zur Hauptsache deswegen ein beliebter Brauch.[250] Die Klagen über Wer-

[245] Vgl. Behrenhorst, *Betrachtungen* ... (I/198) (zitiert nach Ciriacy, *Chronologische Übersicht* ... [I/53], S. 370).

[246] Siehe Behrenhorst, *Betrachtungen* ... (I/198), Bd. II, S. 232. – Zur Gestalt und Glaubwürdigkeit G. H. v. Behrenhorsts vgl. das Urteil von Preuß, *Friedrich der Große* (E/16), Bd. IV, S. 318, Anmerkung 1.

[247] Das Zirkular ist abgedruckt bei Courbière, *Geschichte der Brandenburgisch-Preußischen Heeres-Verfassung* (I/34), S. 116 f.

[248] Einzelheiten sind oben im Ersten Teil der vorliegenden Untersuchung (passim) aufgeführt worden.

[249] Siehe bei Preuß, *Friedrich der Große* (E/16), Bd. V, *Urkundenbuch*, S. 70.

[250] Vgl. Preuß, *a. a. O.*, Bd. IV (1834), S. 325.

bungsexzesse preußischer Werber drangen aus allen deutschen Ländern. Besonders aber muß die Bevölkerung Mecklenburgs darunter gelitten haben;[251] dort überfielen ganze Haufen von Husaren das Land, um Soldaten zu pressen. Ihre Züge gaben ihnen außerdem die Möglichkeit, nicht nur die „waffenfähige Mannschaft" fortzunehmen, sondern „auch alte, kranke und gebrechliche Leute wurden stunden- und tagelang je nach dem Grad ihrer Hartnäckigkeit mitgeschleppt und waren dann froh, sich durch ein Lösegeld ranzionieren zu können", was „ganz nach Belieben der Husaren zwischen 2 und 24 Talern variierte".[252] Ohne daß solche Vorfälle typisch gewesen zu sein brauchen, dürfte die Annahme berechtigt sein, daß auch die Werbung selbst, um deretwillen eigentlich hauptsächlich dem Kompaniechef die Urlaubergelder und andere Einnahmen zugebilligt und nachgesehen wurden, ihm die Möglichkeit zu einem zusätzlichen Verdienst gegeben haben wird.

Darüber hinaus hatte der Kompaniechef durch die nahezu unbeschränkte Gewalt des Regiments über den Kanton die Möglichkeit, von den ländlichen Untertanen, den Urlaubern und ihren Angehörigen, durch stillschweigendes Erheben von Abgaben für die Beurlaubung, für den Abschied, für die Befreiung von der Enrollierung, für die Erlaubnis zur Heirat und anderes Entgegenkommen Geld zu „pressen", obwohl alle diese Handlungen streng untersagt waren.[253] Weiterhin bedeutete es einen auch finanziell ausdrückbaren Vorteil für den Kompaniechef, wenn er Enrollierte aus dem Kanton auf den eigenen Gütern zur Arbeit gebrauchte.[254] Es mochte sogar vorgekommen sein, daß ein Kapitän dem anderen einen Enrollierten aus seinem Kanton als „skisierten Ausländer" „verkaufte".[255]

Solcherart boten die Führung und der Betrieb einer Kompanie die verschiedensten Gelegenheiten des Vermögenserwerbs für den adeligen Junker als Kompaniechef sowohl im Rahmen der durch Reglements bestimmten Kompaniewirtschaft als auch in geschickter Umgehung oder gar bewußter Übertretung dieser Reglements. Die Nichtachtung der gegebenen Gesetze mochte bei den Offizieren aus einer inneren Haltung

[251] Hierzu wie zum folgenden vgl. W. v. Schultz, *Die preußischen Werbungen unter Friedrich Wilhelm I. und Friedrich dem Großen* (dargestellt nach den Akten des Großherzoglichen Geh. und Hauptarchivs zu Schwerin), Schwerin 1887, passim.

[252] Vgl. *a. a. O.*, S. 58.

[253] Vgl. oben Erster Teil, 2. Kapitel, bes. den Abschnitt über *Militärische Disziplinargewalt und bäuerliches Leben.*

[254] *Ebda.*

[255] *Ebda.*

entspringen, die man mit einem modernen Ausdruck als „Herrenmoral" kennzeichnen könnte. Eine ähnliche Erkenntnis wurde schon in der Selbstkritik von Offizieren jener Zeit deutlich, und das Auftreten einer solchen Haltung war aus der Stellung begreiflich, die dem Offizier im Rahmen der Gesellschaft sowohl zugestanden als auch potentiell im sozialen System gegeben war. Vor allem brauchte ein Offizier nicht königlicher zu denken als der König selbst. Die Haltung, die die Könige Friedrich Wilhelm I. und Friedrich II. — beide das Vorbild für das militärische und soziale Denken im alten Preußen — in dieser Frage einnahmen, ging mit besonderer Deutlichkeit aus ihrer Stellungnahme zu einer Affäre hervor, in der ein höherer Offizier der altpreußischen Armee aller Handlungen schuldig befunden werden mußte, die zur illegalen Ausnutzung der Stellung eines Kompaniechefs gehörten, ohne daß dieser Schuldspruch seiner Karriere letztenendes Abbruch tat.[256]

Der betreffende Offizier hatte sich 1721 als Obrist im Regiment Alt-Anhalt wegen Befehlsverweigerung gegenüber dem Fürsten Leopold von Anhalt-Dessau, dem Regimentsinhaber, in einer militärgerichtlichen Untersuchung zu verantworten. Diese Situation ermutigte die „Kollegien und Privatleute" in und um Halle, der Garnisonsstadt des Regiments, sich nun endlich einmal mit ihren Klagen gegen den Obristen hervorzuwagen, die sie bis dahin aus Furcht nicht hatten äußern wollen. Durch den Briefwechsel zwischen Friedrich Wilhelm I. und dem Fürsten Leopold von Anhalt-Dessau[257] über diesen Vorfall und die eingebrachten Klagen erfährt die Nachwelt, daß der Oberst unter anderem im Laufe von 3 Jahren 2500 Taler von Halleschen Bürgern „extorquiert" hatte. Schuldner und Delinquenten hatte er vor der zivilgerichtlichen Verfolgung bewahrt und sich dafür beschenken lassen. Für unerlaubte Abschiedserteilungen hatte der Obrist 2400 Taler eingenommen. Der Angeklagte wollte für den Fall, daß man ihm seine Kompanie belassen, also ihn begnadigen würde, 6000 Taler Buße zahlen; er machte geltend, daß er die vereinnahmten Gelder sämtlich an die Verbesserung seiner Kompanie gewandt habe. Wutentbrannt schrieb der Fürst hierzu, der Oberst möge die 6000 Taler, „so er vor seine Kompanie zu geben sich offerieret, ob solche gleich zur Ersetzung der schändlich erpreßten Gelder bei weitem nicht zureichend, sie außer vollkommenen Schaden zu setzen und einige gar von dem Bettelstabe zu befreien, zu ihrer Konsolation, um sich

[256] Der Vorgang ist (mit Angabe des Namens des betreffenden Offiziers) beschrieben in den *Acta Borussica. Die Briefe König Friedrich Wilhelms I. an den Fürsten Leopold zu Anhalt-Dessau* (I/20), S. 185 ff.

[257] *Ebda.*

derer über ihn ausgeschütteten Tränen und Seufzer zu entlasten", lieber an die vielen Notdürftigen, „ja armen Witwen und Waisen", austeilen lassen, die er auf dem Gewissen habe. Das erpreßte Geld habe der Obrist nicht an die Kompanie gewandt, sondern verschleudert.[258]

Entscheidend für das Schicksal des Obersten wurde aber nicht das Verdikt des Fürsten, sondern die Einstellung des Königs, der meinte, einiger der Verfehlungen des Obersten hätten sich durchgängig alle Kompaniechefs schuldig gemacht. Er wolle dergleichen jetzt nicht mehr zulassen, aber „was wegen der Werbegelder vorgegangen, würde die ganze Armee in Inquisition kommen, denn kein Kapitän in der Armee ist da, [dem] nicht so was möchte passieret sein".[259] Gleichwohl wurde der Oberst durch den Spruch des Kriegsgerichtes 1722 „kassiert" und wegen Insubordination, Verabschiedung auf eigene Faust und „Protektion von Spitzbuben" zu vier Jahren Festung verurteilt.[260] Jedoch wurden — hierin lag das Bezeichnende des Vorfalls — seine Vergehen keineswegs als ehrenrührig angesehen; denn nach seiner Reaktivierung [!] im Jahre 1726 machte er durchaus Karriere und starb als angesehener Mann, nämlich als Feldmarschall unter Friedrich d. Gr.,[261] der ihm mithin sein Verhalten von damals ebensowenig nachtrug wie sein Vater Friedrich Wilhelm I. In den Augen der Könige war also nicht die brutale Handlungsweise gegenüber der Bevölkerung strafwürdig, sondern einzig das Verhalten, insoweit es dem Wohl des Regiments abträglich war. In einem anderen Fall hatte Friedrich Wilhelm I. einem seiner Generalmajore gratulieren mögen, daß er schon tot war, als entdeckt wurde, daß in der Regimentskasse des Generalmajors 58 000 Taler fehlten.[262] Der verurteilte Obrist blieb in der Gunst, weil seine Kompanie im Heer die drittbeste gewesen war [!] und er mit ihr richtig abgerechnet hatte.[263]

Die Praktiken des Kompaniegeschäftes waren so gleichsam legitimiert durch das Rechtsdenken der Könige und des Offizierkorps, und die offensichtlichen Übertretungen der Gesetze der Kompaniewirtschaft, des Kantonwesens und der Werbung galten doch mehr als Kavaliersvergehen denn als eigentliche Verbrechen. Dennoch ist mit Entrüstung bezweifelt worden, daß solche Vorgänge überhaupt die Kontrolle des Rechnungs-

[258] Siehe *a. a.* O., S. 189 ff.
[259] Siehe *a. a.* O., S. 190 f.
[260] Siehe *a. a.* O., S. 185 und S. 191 f.
[261] Siehe *a. a.* O., S. 329, Anmerkung 5.
[262] Siehe *a. a.* O., S. 433.
[263] Siehe *a. a.* O., S. 187 und S. 191 f.

wesens überwinden konnten.[264] Danach war der rechnungsführende Kontrolleur im Regiment der Regimentsquartiermeister, der seinerseits durch den Regimentskommandeur und einige Stabsoffiziere sowie Kapitäne bei den vorgeschriebenen Revisionen und Kassenvisitationen überwacht wurde. Jährlich hatten sie der Oberrechenkammer ihre Abschlüsse einzusenden.[265] Es handelte sich also zunächst um ein Prüfwesen der Offiziere unter sich.

Man wird kaum annehmen können, daß die Prüfung allzu scharf vorgenommen wurde. Was für die „Auditeure", Beamte der Militärjustiz, geltend gemacht worden ist: daß sie Teile der Truppe und eigentlich selbst Militärs gewesen seien, die nur mit dem Regimentschef zu tun hatten, mit den Offizieren lebten und auf diese Weise „Soldatengedanken" bekommen hätten,[266] war auch für die Regimentsquartiermeister gültig. Vielfach hatten sie nacheinander beide Funktionen inne.[267] „Soldatengedanken" zu haben, bedeutete aber auch, das Verhalten der Chefs zu verstehen und dem Stil der Zeit entsprechend anzusehen. Eine wenig schmeichelhafte Bemerkung eines bedeutenden zeitgenössischen Militärs verrät, daß die Regimentsquartiermeister sogar aktiven Anteil an den Manipulationen ihrer Chefs gehabt haben mochten.[268] Von den Kameraden des Kompaniechefs gar, die selbst auf gleiche Weise

264 Vgl. (v. Lossow), *Denkwürdigkeiten* ... (I/8), S. 128 f.

265 Vgl. *a. a.* O., S. 129.

266 Siehe bei *Friedrich August Ludwig von der Marwitz. Ein märkischer Edelmann im Zeitalter der Befreiungskriege* (herausgegeben von Friedrich Meusel), Bd. I, Berlin 1908, S. 514 f.

267 Siehe die Angaben der „Konduitenlisten" in den *Acta Borussica*, Reihe: *Behördenorganisation* ... (E/3), passim. — Die Regimentsquartiermeister und Auditeure waren auf Grund ihrer juristischen Vorbildung, die sie sich zunächst hatten aneignen müssen, in Verbindung mit ihrer Laufbahn im Heer, wo sie „Soldatengedanken", also Disziplin, Gehorsam, aber auch im Zusammenleben mit den Stabsoffizieren die Ausübung von Gewalt kennengelernt hatten, nach Anschauung der Könige prädestiniert auch zur Übernahme höherer Zivilstellen. Wie die „Konduitenlisten" der Kammern (in den *A. B. B.*, passim) zeigen, hatte jeder zweite bis dritte Kriegs- oder Domänen- oder Steuerrat eine solche Vergangenheit. Das Eindringen dieser Quartiermeister und Auditeure, die ebenso wie die Offiziere echte Militärpersonen waren, in so großer Zahl neben dem gleichzeitigen Eindringen echter Offiziere in die Zivilbürokratie ist wichtig geworden für den Prozeß der Militarisierung der preußischen Bürokratie mit ihren weitläufigen Folgen bis in die neueste Zeit. Vgl. zu diesem (oben in der EINLEITUNG zur vorliegenden Untersuchung angedeuteten) Thema besonders Rosenberg, *Bureaucracy* ... (E/9), S. 64 f. und passim; vgl. auch Ritter, *Staatskunst und Kriegshandwerk* ... (E/9), Bd. II, S. 119 f.

268 Siehe die Schilderung von Hermann v. Boyen (zitiert nach Jähns, *Geschichte der Kriegswissenschaften* [I/16], Bd. III [1891], S. 2261).

ihre Einnahmen gestalteten, dürften kaum Schwierigkeiten bei den Visitationen gemacht worden sein. Man wird also annehmen können, daß von außen eine Behinderung der Praxis des Kompaniegeschäftes kaum befürchtet werden mußte.

In diesem Zusammenhang gewinnt das Problem Bedeutung, inwieweit eine Verallgemeinerung der geschilderten Praktiken der Kompaniechefs für das ganze höhere Offizierkorps der altpreußischen Armee zulässig sein mag. Immer wird die Einschränkung anzumelden sein, daß es gewiß Offiziere gegeben hat, die aus einem anderen Geist heraus wirtschafteten und handelten und denen insbesondere ihre religiöse Verpflichtung eine Ausbeutung der ihnen anvertrauten Menschen verbot.[269] Anderseits sind der Zeugnisse zu viele, die das recht unbekümmerte ökonomische Denken der wirtschaftenden Offiziere bestätigen, als daß bezweifelt werden könnte, daß im ganzen der rechenhafte Geist des adeligen Junkers, den er schon in seiner zivilen Stellung auf Grund der Tatsachen der Agrarverfassung zu entwickeln gezwungen war, überwog.

Das Bild von den finanziellen Einnahmen des Junkers aus den Vorzügen seiner Offiziersstellung im Heer bedarf schließlich noch einer Abrundung, die nun wieder den Bereich der legalen Einkünfte des Kompaniechefs betrifft. Der höhere Offizier erhielt für geleistete Dienste Belohnungen sowohl in Form von Landschenkungen und Geldgeschenken als auch von Ernennungen und Vergünstigungen, die Geldeinnahmen boten oder in Geldeswert ausdrückbar waren. Güterschenkungen waren offenbar Seltenheiten und wurden ausschließlich Offizieren zuteil, die sich im Krieg besonders verdient gemacht hatten.[270] Geldgeschenke bis zu mehreren Tausend Talern gab zum Beispiel Friedrich d. Gr. für „brave Conduite" in einer „Bataille", die für den Kriegsverlauf entscheidend gewesen war, an einzelne Offiziere[271] oder an alle Kompaniechefs und Stabsoffiziere einer Einheit.[272] Offiziere, die in der besonderen Gunst des Herrschers standen, wie etwa Zieten bei Friedrich d. Gr.,

[269] Vgl. hierzu wie zum folgenden oben Erster Teil, 2. Kapitel, Abschnitt *Bauer und Junker im Militärsystem*, bes. Anm. I/217—220.

[270] Beispiele führen an: Preuß, *Friedrich der Große* (E/16), Bd. II, S. 367 f.; (v. Lossow), *Denkwürdigkeiten* ... (I/8), S. 38; Stein, *Die Umwandlung der Agrarverfassung Ostpreußens* ... (I/206), Bd. I, S. 226; Hoven, *Der preußische Offizier* ... (II/29), S. 60; E. Fidicin, *Die Territorien der Mark Brandenburg*, 4 Bde, Berlin 1857 ff., passim.

[271] Mehrere Beispiele sind angegeben bei Preuß, *a. a.* O., Bd. II (1832), S. 368; Bd. IV (1834), *Urkundenbuch*, S. 266.

[272] Siehe *a. a.* O., Bd. II, S. 364 ff.; Bd. IV, *Urkundenbuch*, S. 266.

konnten auch außerhalb solcher Gelegenheiten auf hohe Summen als Präsente rechnen.[273]

Eine besonders einträgliche Quelle aber erschloß sich dem höheren preußischen Offizier, wenn er eine Amtshauptmannschaft beziehungsweise Drostei oder gar eine Präbende verliehen bekam. Seit 1713 wurden die Amtshauptmannschaften als Sinekuren vor allem an verdiente ältere Offiziere vergeben, deren tatsächliche Verwaltung im übrigen bürgerliche Amtmänner wahrzunehmen hatten.[274] Zur Zeit Friedrichs d. Gr. standen 40 Amtshauptmannschaften im Werte von jährlich 500 Talern zur Verfügung,[275] die an Offiziere vergeben wurden;[276] hierzu kamen die Drostenstellen in Ostfriesland und Kleve, die den Amtshauptmannschaften entsprachen und den gleichen Zwecken dienten.[277] Die etwa 800 Domstifts- und Kollegiatspräbenden waren Pfründe im Werte bis zu 2000 Talern und darüber,[278] die zur Hälfte durch den König, zur anderen Hälfte durch die Stifter selbst vergeben und von seiten des Königs ebenfalls zur Hauptsache Offizieren zugedacht wurden.[279] Bei ausgedienten Offizieren galt die Überlassung von Amtshauptmannschaften und Dompfründen als eine Art Pensionszahlung,[280] die zur Zeit Friedrichs d. Gr. noch Gnadensache des Herrschers war. Neben den genannten Geldquellen waren noch 25 000 Taler für Offizierspensionen bestimmt, die auf die Domänenkasse angewiesen wurden.[281] Die Pensionen für Generale betrugen 1200 bis 2000 Taler,[282] Stabsoffiziere und gewesene Kompaniechefs erhielten einige hundert

[273] Es erhielten z. B. Zieten: 10 000 Taler (vgl. Georg Winter, *Hans Joachim von Zieten*, Leipzig 1886, S. 428), Lossow: 6000 Taler (vgl. Preuß, *a. a.* O., Bd. II, S. 368), Fouqué: 5000 Taler (vgl. Preuß, *a. a.* O., ebda.), ferner nochmals Fouqué: 3000 Taler, Pfuhl: 4000 Taler, Krockow: 4000 Taler (siehe *A. B. B.* [E/3], Bd. VIII, Nr. 42).

[274] Vgl. Gustav Schmoller in: *A. B. B.* (E/3), Bd. I, *Einleitung* S. (99).

[275] Siehe das „Politische Testament" Friedrichs II. von 1752, in: *Klassiker der Politik* (E/8), Bd. 5, S. 90.

[276] Siehe *ebda.*; Beispiele sind zu entnehmen aus *A. B. B.* (E/3), Bd. IV, 1. Hälfte, S. 6 ff.; Bd. VI, 2. Hälfte, S. 608; Bd. VII, S. 291 f.; Bd. VIII, S. 300; — ferner aus Preuß, *Friedrich der Große* (E/16), Bd. II (1832), S. 68, S. 70.

[277] Siehe *A. B. B.* (E/3), Bd. IX, S. 262; Bd. XII, S. 290.

[278] Vgl. Martiny, *Die Adelsfrage* ... (I/241), S. 49.

[279] Siehe das „Politische Testament" Friedrichs II. von 1752, in: *Klassiker der Politik* (E/8), Bd. 5, S. 38, S. 90; vgl. (v. Lossow), *Denkwürdigkeiten* ... (I/8), S. 37 f.; — Beispiele nennt Preuß, *Friedrich der Große* (E/16), Bd. II, S. 368; Bd. IV, *Anhang I*, S. 384; Bd. V, *Urkundenbuch*, S. 144.

[280] Siehe das „Politische Testament" Friedrichs II. von 1752, *a. a.* O., ebda.

[281] Siehe *a. a.* O., S. 90.

[282] Siehe das „Militärische Testament" Friedrichs II. von 1768, in: v. Taysen, *Friedrich der Große* ... (E/1), S. 215.

Taler.[283] Mitunter mußte auch bei Verabschiedung eines Regimentschefs der Nachfolger dem Scheidenden aus den Einnahmen des Regiments eine hohe Pension zahlen, in einem Falle 3000 Taler.[284] Aber auch schon während der Dienstzeit konnten Offiziere mit hohen „Pensionen" bedacht werden.[285] Als Versorgung galt ferner die Ernennung zum Gouverneur einer Festung oder zum Kommandanten und Chef eines Garnisonregiments sowie bei einem Landregiment.[286]

Ganz besonders hatte sodann die Verwendung inaktiver Offiziere im Zivildienst Pensionswert. Auf Grund der Einstellung der Monarchen, hervorgerufen durch den halbmilitärischen Charakter des Landratsamtes, war zum Beispiel die Besetzung der Landratsstellen mit Offizieren ein Gewohnheitsrecht geworden. In den westlichen Provinzen, etwa in Kleve, waren diese Stellen gar auf ausdrücklichen Befehl ausschließlich Offizieren vorbehalten,[287] — mehr noch, durch den Wunsch des Königs, einige „Subjecta aus denjenigen Offiziers, so Dieselbe mit dergleichen Funktion versorget sehen möchten", ist die Ernennung von Landräten in Kleve überhaupt erst recht angeregt worden.[288] Im übrigen wollte Friedrich d. Gr. von alten Offizieren zu Domänen- oder Steuerräten gemacht wissen, wer dazu „geschickt" war.[289] Besonders häufige Verwendung fanden ehemalige Offiziere als Oberforstmeister, Forstmeister und Forsträte, aber auch in Postmeister-, Inspektoren- und Rendantenstellen. In einigen Fällen stiegen gewesene Offiziere zu höchsten und hoch bezahlten Zivilposten auf.[290] Die finanziellen Vergünstigungen, die Offizieren oder ehemaligen Offizieren in Form der Befreiung von den sonst üblichen Gebühren der zivilen Kanzleien und Kassen bei Gehaltszahlungen, Schenkungen oder Rechtsgeschäften[291] sowie des bezahlten längeren Urlaubs zur Bewirtschaftung ihrer Güter[292]

[283] Vgl. Preuß, *Friedrich der Große* (E/16), Bd. II, S. 372.

[284] Vgl. Jany, *Geschichte der Königlich Preußischen Armee* (I/17), Bd. II (1928), S. 235.

[285] Siehe bei Preuß, *Friedrich der Große* (E/16), Bd. V, *Urkundenbuch*, S. 134, S. 136, S. 182.

[286] Vgl. Jany, *Geschichte der Königlich Preußischen Armee* (I/17), Bd. II, S. 235.

[287] Siehe *A. B. B.* (E/3), Bd. IX, Nr. 316.

[288] Siehe *A. B. B.* (E/3), Bd. VIII, Nr. 179; Bd. IX, Nr. 301.

[289] Siehe das „Militärische Testament" Friedrichs II. von 1768, in: v. Taysen, *Friedrich der Große* ... (E/1), S. 215.

[290] Siehe hierzu den folgenden Abschnitt über *Militärsystem, Junkertum und Staat.*

[291] Siehe *Acta Borussica. Die Briefe König Friedrich Wilhelms I.* ... (I/20), S. 100, Anmerkung 2; — siehe bei Preuß, *Friedrich der Große* ... (E/16), Bd. I, *Urkundenbuch*, S. 178; — siehe *A. B. B.* (E/3), Bd. IX, Nr. 230; Bd. XIII, Nr. 17, Bd. XV, Nr. 234.

gewährt wurden, vervollständigen das Bild der günstigen Beeinflussung der Vermögensverhältnisse des altpreußischen Junkers durch seine Offiziersrolle im Heer.

Aus allen diesen Gegebenheiten wird ersichtlich, daß das Einkommen des höheren Offiziers in der altpreußischen Armee über die regulären und irregulären Einnahmen aus der Kompaniewirtschaft hinaus durch Zuschüsse verschiedenster Art Summen von erheblicher Höhe erreichte. In wenigen Fällen wurden direkte Hinweise auf den Erwerb von Reichtümern im Heer ausgesprochen. Den Lebenslauf des Generals Bogislav Friedrich v. Tauentzien kommentierte Friedrich d. Gr. mit den Worten: „Und ich sehe niemals darauf, ob jemand reich oder arm ist, wenn er nur Verdienste hat. Alsdann kann ein Armer auch reich werden, wie zum Beispiel der von Tauentzien, der von Hause aus nichts gehabt und zu einem Vermögen von wenigstens 150 000 Talern gelangt ist."[293] Von dem Feldmarschall v. Schwerin berichtete der König, daß der Marschall ihm mehr als einmal erzählt habe, wie er von seinem Vater ohne Mittel von Hause nach Breslau geschickt worden sei, um sein Glück zu versuchen; „und in was für glückliche Umstände war dieser Mann nicht durch den Dienst gekommen".[294] Rückblickend konnte man auch feststellen, daß schon unter Friedrich Wilhelm I. „Offiziere in höherem Alter bei der damaligen reichen Ausstattung der höheren Chargen Vermögen erworben" hatten.[295]

Das von einem großen Teil des altpreußischen Junkertums auf diese Weise im Heer erworbene oder verbesserte Vermögen muß auch in der Landwirtschaft eine nicht unbeträchtliche Rolle gespielt haben. Dieser Schluß ergibt sich zwingend aus der ständischen Organisation der agrarischen Gesellschaft und Wirtschaft und der Organisation des ständischen Berufswesens überhaupt, die dem Junker, besonders aber dem Offizier, wenig andere Betätigungen als die in der Landwirtschaft erlaubten[296] und deshalb für das Offiziersvermögen kaum eine andere Anlage als im Rittergutsbesitz ermöglichten. Zumindest ist die „wirtschaftliche Existenz vieler Familien durch die Offiziersgehalte gebessert" worden.[297] Nicht nur wurde die „Konservation" des Adels in seinem Besitz und in seinen ganzen wirtschaftlichen Verhältnissen durch

[292] Vgl. (v. Lossow), *Denkwürdigkeiten* ... (I/8), S. 128.

[293] Zitiert nach Preuß, *a. a.* O., Bd. III, S. 63.

[294] Siehe *ebda.*

[295] Siehe bei *Friedrich August Ludwig von der Marwitz. Ein märkischer Edelmann* ... (II/266), Bd. II, Berlin 1913, S. 304.

[296] Vgl. oben Erstes Kapitel, Abschnitt *Adel und Offiziersdienst.*

[297] Vgl. Schmoller, *Umrisse und Untersuchungen* ... (E/2), S. 284.

die Möglichkeit des Vermögenserwerbs im Heer wesentlich befördert, sondern durch das Eindringen der Offiziersvermögen in die Landwirtschaft auch auf die Struktur der Besitzverhältnisse und der Besitzformen Einfluß ausgeübt.[298] Gleichzeitig ging mit der Sicherung der wirtschaftlichen Stellung des Junkertums die Festigung seiner sozialen und politischen Position einher.

Militärsystem, Junkertum und Staat

Den wesentlichen Ansatzpunkt für die Klärung des Verhältnisses zwischen absolutem Staat und Adelsstand aus den Bedingungen, die das Militärsystem als soziales System beiden Teilen auferlegte, boten in erster Linie die Auseinandersetzungen um die Frage des Landbesitzes,[299] der — wie aus der Machtposition des Gutsherrn und Landrates verständlich — eben nicht nur die wirtschaftliche, sondern auch die soziale Basis und damit die politische Stellung des Adels gewährleistete.

Zur Sicherstellung des Adels im Landbesitz gehörten auch die agrar- und finanzpolitischen Schutzmaßnahmen, die schließlich in der Errichtung der „Landschaften“ gipfelten.[300] Aus den Begleitargumenten war klar geworden, daß die Erhaltung des Adels im Landbesitz aus dem Grunde eine Maxime der Politik des jeweiligen Königs von Preußen zu sein hatte, weil der Junker als Träger der höchsten militärischen Aufgaben geschützt werden mußte: wirtschaftlich, um den finanziellen Aufwand der im Heer dienenden Angehörigen bis zur eventuellen Erreichung einer Kompaniechefstelle und die sonstige finanzielle Belastung durch das Militärsystem im zivilen Dasein tragen zu können; sozial, weil der Gehorsam der Mannschaft im Heer durch die Überlegenheit gesichert war, die der adelige Offizier sich gegenüber den bäuerlichen Untertanen, den Soldaten im Heer, in der Gutssphäre erwarb. Die soziale Herrenstellung des Junkers auf dem Lande stellte darum nur bedingt eine von der Krone abgeleitete Machtposition dar. Sie war vielmehr eine natürliche Folge des Besitzes der Güter sowie der überkommenen Rechtsordnung und nun auch das Ergebnis der wirtschaftlichen, sozialen und juristischen Vorrechte, die dem Junker auf Grund seiner Stellung im Militärsystem zugestanden werden mußten.

[298] Zu diesem Aspekt siehe noch unten DRITTES KAPITEL, Abschnitt *Die Rittergutsgesetzgebung ...*

[299] Vgl. oben den Abschnitt *Militärsystem und adelige Landwirtschaft* in der vorliegenden Untersuchung.

[300] Hierzu wie zum folgenden vgl. in der vorliegenden Untersuchung oben *ebda.*

Das Junkertum blieb, weil in der herrschenden zeitgenössischen Meinung ein „Adel ohne hinlängliche Güter" als bloßer „Nominaladel" galt, dem es „an Kraft und lebendigem Interesse" zur Verfolgung des „Staatszwecks" fehlen müsse, nämlich — militärisch und politisch — „Stütze der monarchischen Verfassung" zu sein,[301] während des 18. Jahrhunderts im Besitz seiner Güter, eines Areals von insgesamt etwa der Hälfte des Staatsgebietes,[302] gesichert. Erst als „die äußere und innere Lage des Staates so wesentlich verändert" war, „daß weder der Staat dies Interesse", nämlich das Interesse an der „Erhaltung des für die höheren Grade des Militärdienstes ausschließlich bestimmten Adels" durch das Rittergutsgesetz, hatte, „noch der Adel für die Dauer [im Sinne von: Bestand] seiner politischen Existenz Garantie nur im Landbesitz haben" konnte,[303] wurde die Zeit reif für die Aufhebung des ausschließlichen Anspruches des Adels auf die Rittergüter, wie sie im Rahmen des Oktoberrediktes von 1807 ausgesprochen wurde.[304]

Im Laufe des 18. Jahrhunderts hatte sich erwiesen, daß die Möglichkeit, das Junkertum zur Erfüllung seiner militärischen Aufgaben heranzuziehen, reibungslos nur gegeben war, solange der Staat ihm die Macht in seinen sozialen Bereichen ließ. Bereits die ständischen Desiderien und Gravamina, in denen der Adel seine Haltung zu den durch und unter Friedrich Wilhelm I. vollzogenen Strukturwandlungen in Staat und Gesellschaft und insbesondere zu dem neugeschaffenen Militärsystem zu erkennen gegeben hatte, legten Zeugnis ab für die selbständige politische Einstellung des Junkertums, die die Grenzen zeigte, bis zu denen die Anspannung der Kräfte des Adels durch den Staat und für den Staat ausgedehnt werden konnte. So drohte 1748 zum Beispiel der kurmärkische und auch der pommersche Adel, dessen hohe Beteiligung an der Offiziersgestellung aus der Tatsache bekannt war, daß seine wehrfähigen Angehörigen sich mit wenigen Ausnahmen aus akti-

[301] Siehe *Allgemeines Landrecht* ... (II/152) von 1794, Vierter Teil, Titel 9, § 1; vgl. Martiny, *Die Adelsfrage* ... (I/241), S. 44; — vgl. auch die Ausführungen im obigen Abschnitt *Militärsystem und adelige Landwirtschaft* in der vorliegenden Untersuchung.

[302] Vgl. oben Anm. I/328.

[303] Siehe das Votum aus der Feder eines Staatsbeamten der Reformzeit, des Mitglieds der „Immediat-Kommission" Staegemann, vom August 1807 (abgedruckt bei Knapp, *Die Bauernbefreiung* ... [I/5], Bd. II [Akten], S. 155).

[304] Siehe das „Edikt betr. den erleichterten Besitz des Grundeigentums sowie die persönlichen Verhältnisse der Landbewohner" vom 9. Oktober 1807, in: *Publikationen aus den preußischen Staatsarchiven*, Band XXX, S. 330 ff. — Vgl. zum ganzen Komplex noch unten Drittes Kapitel.

ven oder gewesenen Offizieren zusammensetzten,[305] daß er und seine Söhne nicht länger in der Lage sein würden, in der Armee zu dienen, falls die Untertanendienste eingeschränkt würden, die im Gutswert mit angerechnet seien.[306] Die Bemühungen Friedrichs d. Gr., die ein solches Ziel verfolgt hatten, verliefen denn auch erfolglos.[307] Gerade die politischen Funktionen, die der Gutsherr gegenüber der untertänigen bäuerlichen Bevölkerung auf Grund der Macht ausübte, die seine Rechtsstellung ihm gewährte und um deretwillen diese Funktionen eben politischen Charakter hatten,[308] verteidigte der Junker mit größter Zähigkeit. Friedrich d. Gr. hatte sich darüber zu beklagen, daß „die Vasallen und Besitzer adeliger Güter ... die Edikte, Patente und die von den Kriegs- und Domänenkammern darauf gegründeten Verordnungen nicht strikte befolgen".[309]

In diesem Zusammenhang sind alle jene Schwierigkeiten zu erwähnen, die die adeligen Gutsherren bei der Heiratsregelung für das Gesinde, in der Frage der Loslassung von Gutsuntertanen aus der Abhängigkeit, etwa zur Erlernung eines Handwerks, oder gegenüber der Enrollierung machten; in den zuletzt genannten Widerstand fallen diejenigen Maßnahmen, mit denen sich Gutsherren und Landräte mitunter gegenüber der oft zu weit gehenden Einstellung ihrer Untertanen ins Heer oder überhaupt gegen die Übergriffe des Militärs im Rahmen des Kantonwesens, soweit sie in die Gutsherrenbefugnisse eingriffen, zur Wehr setzten.[310] Besonders aber zeigte die weitgehende Umgehung der Bauernschutzedikte gegen das Bauernlegen und das Einziehen von Bauernland unter Anwendung von Praktiken, die das Mißfallen der Regierung hervorriefen, sowie das gelegentliche Zurückweichen und Versagen der Regierung in dieser Frage,[311] daß in der Praxis die nahezu un-

[305] Vgl. oben Erstes Kapitel, Abschnitt *Das Verhältnis zwischen Adel und Offizierkorps*, Anm. II/85 und 86.

[306] Vgl. Hintze, *Zur Agrarpolitik Friedrichs des Großen* (E/10), S. 279, S. 281.

[307] Vgl. *a. a. O.*, S. 287.

[308] Vgl. hierzu die Auffassung von Bornhak, *Preußische Staats- und Rechtsgeschichte* (E/20), S. 161.

[309] Siehe *A. B. B.* (E/3), Bd. XIV, Nr. 39.

[310] Vgl. in der vorliegenden Untersuchung die entsprechenden Ausführungen im Ersten Teil, 1. und 2. Kapitel, vor allem die Abschnitte *Heerwesen und bäuerliches Leben vor Einführung des Kantonsystems, Militärische Disziplinargewalt und bäuerliches Leben* sowie im Zweiten Teil, 1. Kapitel, den Abschnitt *Das Verhältnis zwischen Adel und Offizierkorps*, sowie passim.

[311] Siehe bei Knapp, *Die Bauernbefreiung* ... (I/5), Bd. II (Akten), S. 37; — vgl. im übrigen oben im Ersten Teil, 3. Kapitel, den Abschnitt *Der Militärdienst und die „Proletarisierung" der ländlichen Bevölkerung.*

umschränkte Gewalt des Junkers auf dem Gut nicht durch Edikte zu regulieren war. Der Rechtsschutz im alten Preußen mußte sich durchaus an die Gegebenheiten der ländlichen Ordnung halten, die „zur Grundlage des monarchischen Militärstaates in Preußen geworden war“.[312] Die Privilegien des Adels aus dem gutsherrlich-bäuerlichen Verhältnis, um deretwillen der Junker im früheren Jahrhundert dem Landesherrn die politische Führerrolle überlassen mußte und deren Aufrechterhaltung nach Anschauung der Zeitgenossen nun zur notwendigen Konservation des adeligen Rittergutsbesitzerstandes gehörte, waren dem Junker im alten Preußen des 18. Jahrhunderts um so weniger zu verkümmern, als die Gesamtheit des Rittergutsbesitzes mit seiner von Staats wegen garantierten Arbeitsverfassung[313] indirekt die Existenzgrundlage für das Offizierskorps der Armee abgab.

Waren so dem Junker als Gutsherrn in seinem Handeln in der Praxis kaum Grenzen gesetzt, so standen dem Junker als Offizier praktisch erst recht keine Schranken im Wege.[314] Die wiederholten Ordres der Könige, die den Übergriffen der Offiziere im Kanton wehren sollten, zum Beispiel der Befehl, kein Offizier solle sich unterstehen, von den Enrollierten oder ihren Angehörigen Geld zu nehmen oder gar mit den im Kanton ansässigen, dienstpflichtigen Leuten „wie mit Leibeigenen“ zu schalten,[315] blieben weithin ergebnislos, wie ihre ständige Wiederholung zeigt. Umgekehrt griffen die Offiziere auch in die Befugnisse der ordentlichen Obrigkeit ein, indem sie Enrollierte und Urlauber vor ihr schützten[316] und „viele Gerichtshalter“ durch „erlassene harte Schreiben“ von der Bestrafung straffällig gewordener Enrollierter abschreckten.[317] Das unbekümmerte Verhalten des Offiziers gegenüber der zivilen Obrigkeit im alten Preußen war allerdings letzten Endes auch das Ergebnis der Tatsache, daß er, so sehr königliche Weisungen seinem Handeln

[312] Vgl. Otto Hintze in: Vorwort zu *A. B. B.* (E/3), Bd. XV, S. IX f.

[313] Diese Garantie erfolgte durch die Allodifikationsurkunde von 1717; vgl. in diesem Zusammenhang die Ausführungen im Ersten Kapitel dieses Teils der vorliegenden Studie, Abschnitt *Die Leistungen des Adels für das Militärsystem.*

[314] Zur praktisch unbeschränkten Gewalt des Regiments, d. h. der Kompaniechefs und der Kantonoffiziere über die Bevölkerung des Kantons vgl. die entsprechenden Ausführungen im Ersten Teil, 1. und 2. Kapitel der vorliegenden Untersuchung, passim.

[315] Siehe die „Zirkular-Ordre“ vom 6. April 1748 (zitiert nach Jany, *Geschichte der Königlich Preußischen Armee* [I/17], Bd. II, S. 240).

[316] Vgl. oben Erster Teil, 3. Kapitel, Abschnitt *Militärgerichtsbarkeit und bäuerliche „Emanzipation“.*

[317] Siehe *A. B. B.* (E/3), Bd. VI, 2. Hälfte, S. 93.

einen bestimmten gesetzlichen Weg vorschrieben, im Falle von Übergriffen, wie sie in reicher Zahl vorkamen,[318] gemeinhin auf die Vergebung des Herrschers hoffen durfte — besonders dann, wenn er nachweisen konnte, daß seine Maßnahmen im Interesse seiner Truppe getroffen worden waren. Friedrich Wilhelm I. hatte damit begonnen zu erklären, er müsse nun einmal seine Offiziere und Diener „soutenieren", sofern er selbst „souteniert" bleiben wolle.[319] Seine Haltung wurde zum Vorbild für seine Nachfolger.

Die Machtposition des Junkertums im altpreußischen Staat wurde in dem Maße gestärkt, wie es auf Grund seiner militärischen Funktionen an Bedeutung für die Monarchie gewann. Schließlich wuchs sich der Vorrang des Militärischen vor dem Zivilen im alten Preußen zu einer Maxime des Staates aus;[320] der Vorzug des Offiziers vor dem Zivilisten war infolgedessen eine soziale, rechtliche und politische Tatsache.[321] Höhere Offiziere wurden Untersuchungsführer bei Verfehlungen von Beamten und Unterschleifen bei den Regierungen.[322] Offiziere regelten die Taxpreise für Nahrungsmittel in den Garnisonsstädten.[323] In gemischten Gerichten von Zivil- und Militärpersonen war der Vorsitz stets einem Offizier einzuräumen,[324] im Auditoriat militärgerichtlicher Verfahren zwischen Zivil- und Militärpersonen waren die abstimmenden Mitglieder Offiziere.[325] Als Mitglied einer Provinzialregierung war ein General automatisch Vorsitzender der Regierung.[326] Offiziere konnten — ausgenommen in ihrer Eigenschaft als Besitzer von Gütern — nur im Rahmen des „forum privilegatum der Militärpersonen" belangt werden.[327] Während des Krieges waren sie nach allgemeinem Gebrauch von allen Prozessen suspendiert.[328]

[318] Die gemeinten Vorfälle sind oben im ERSTEN TEIL der vorliegenden Studie aufgeführt (passim).

[319] Siehe *Acta Borussica. Die Briefe König Friedrich Wilhelms I.* ... (I/20), S. 313.

[320] Nach dem Willen Friedrichs d. Gr., ausgesprochen in seinem „Politischen Testament" von 1752, in: *Klassiker der Politik* (E/8), Bd. 5, S. 82.

[321] Das bewies schon das „Rangreglement" von 1713 (abgedruckt in: *A. B. B.* [E/3], Bd. I, S. 410 ff.).

[322] Siehe *A. B. B.* (E/3), Bd. VII, Nr. 3, Nr. 71, Nr. 394; Bd. VIII, Nr. 420.

[323] Siehe *Acta Borussica*, Reihe: *Getreidehandelspolitik* ... (E/11), Bd. II, S. 299; *Acta Borussica*, Reihe: *Die Zoll-, Handels- und Akzisepolitik* ... (E/20), Bd. III, 1. Hälfte, Nr. 429, S. 719 f.

[324] Siehe *A. B. B.* (E/3), Bd. VI, 2. Hälfte, Nr. 316.

[325] Siehe *a. a. O.*, S. 90.

[326] Siehe *A. B. B.* (E/3), Bd. V, 2. Hälfte, Nr. 53.

[327] Siehe *A. B. B.* (E/3), Bd. X, Nr. 301.

[328] Siehe *A. B. B.* (E/3), Bd. XI, Nr. 11.

Friedrich Wilhelm I. und Friedrich II. hatten eine Neigung, ausgediente Offiziere im höheren Zivildienst zu verwenden,[329] weil „Offiziere verstehen zu gehorchen und sich Gehorsam zu verschaffen, und wenn man ihnen irgend etwas zur Prüfung übergibt, so führen sie es selber aus und mit größerer Zuverlässigkeit als die anderen".[330] Gediente Offiziere in Beamtenstellungen teilten diese Auffassung durchaus: Wenn man jahrzehntelang „mit Beifall als Offizier gedient" habe, so wurde geäußert, dann wisse man, „was Ordnung sagen" wolle und „was die Pflichten des Dienstes verlangten".[331] Man fand Offiziere als Forstmeister, Postmeister, Inspektoren, Rendanten,[332] als Kommissare,[333] als Kriegsräte,[334] als Kriegs- und Steuerräte,[335] als Kriegs- und Domänenräte,[336] als Kammerdirektoren,[337] als Kammerpräsidenten,[338] als Vizepräsidenten,[339] als Oberpräsidenten,[340] als Regierungsräte,[341] als Mitglieder von Provinzialregierungen,[342] als Mitglieder des Generaldirektoriums,[343] als Minister.[344] Und waren auch Offiziere im höheren Beamtentum quantitativ vergleichsweise nur in geringer Zahl vertreten, so gab es doch eine enge Beziehung zum Offizierkorps fast in jedem Falle durch verwandtschaftliche Bindungen; war doch etwa unter den Ministern und

[329] Vgl. Gustav Schmoller in: *A. B. B.* (E/3), Bd. I, Einleitung, S. (104), sowie Otto Hintze in: *A. B. B.*, Bd. X, Vorrede, S. X.

[330] So formulierte es Friedrich d. Gr. in seinem „Politischen Testament" von 1752, in: *Klassiker der Politik* (E/8), 5. Bd., S. 13.

[331] Siehe *A. B. B.* (E/3), Bd. XV, S. 621, Anmerkung 2.

[332] Siehe *A. B. B.* (E/3), Bd. VIII, S. 264; Bd. IX, Nr. 186, Nr. 216; Bd. X, Nr. 63; Bd. X, S. 148; Bd. XIII, S. 75, S. 78; Bd. XV, Nr. 1; Bd. XV, S. 36; Bd. XV, Nr. 187 (Nr. 7); — siehe bei Preuß, *Friedrich der Große* (E/16), Bd. II, S. 370; sowie *a. a. O.*, Bd. IV, *Urkundenbuch*, S. 130.

[333] Siehe *A. B. B.* (E/3), Bd. X, S. 457.

[334] Siehe *A. B. B.* (E/3), Bd. VII, Nr. 83; Bd. XIV, Nr. 116 (*v. Gaudi*).

[335] Siehe *A. B. B.* (E/3), Bd. IX, Nr. 181, Nr. 396 (*v. Schertewitz*); Bd. X, Nr. 117 (*v. Below, Semming*); Bd. XIV, Nr. 116 (*v. Kortzfleisch, v. Burgsdorff*); Bd. XV, Nr. 187 (Abs. *III*), Nr. 188 (14 gewesene Offiziere).

[336] Siehe *A. B. B.* (E/3), Bd. IX, Nr. 309, Nr. 399 (*v. Hagen*); Bd. X, Nr. 19 (*Lüders*); Bd. XIII, Nr. 39 (*Bietenhauer*); Bd. XIV, Nr. 116 (*Scheffner*).

[337] Siehe *A. B. B.* (E/3), Bd. IX, Nr. 230; Bd. X, Nr. 9; Bd. XIII, Nr. 327.

[338] Siehe *A. B. B.* (E/3), Bd. VIII, Nr. 391; Bd. IX, Nr. 395; Bd. XV, Nr. 166.

[339] Siehe *A. B. B.* (E/3), Bd. IX, Nr. 269.

[340] Vgl. *Acta Borussica*, Reihe: *Getreidehandelspolitik* ... (E/11), Bd. IV, S. 177.

[341] Siehe *A. B. B.* (E/3), Bd. V, 1. Hälfte, S. 134.

[342] Siehe *A. B. B.* (E/3), Bd. V, 2. Hälfte, Nr. 53.

[343] Siehe *a. a. O.*, Nr. 448.

[344] Man denke nur an die Minister v. Grumbkow, v. Massow, v. Wedell, v. Werder, v. Gaudi, v. Schulenburg-Kehnert.

Präsidenten kaum einer, der nicht auch Rittergutsbesitzer gewesen wäre[345] und über die Rittergutsbesitzerschicht Verbindung zu Offizierskreisen gehabt hätte.[346]

Eine besondere Rolle als Durchgangsstelle für Offiziere zu höheren Positionen in der Zivilbürokratie nahm das Landratsamt ein, das diejenige Zivilstellung darstellte, die in erster Linie Offizieren zugesprochen wurde. Von den Rittergutsbesitzern des Kreises aus ihren eigenen Reihen gewählt, bildete der Landrat — gleichzeitig durch staatliche Bestätigung unterstes Organ der staatlichen Verwaltung auf dem Lande — an der Spitze der Kreisverfassung das Bindeglied zwischen ständischer Verwaltung und staatlicher Bürokratie.[347] Der halbmilitärische Charakter des Amtes rief bei den Königen den Wunsch hervor, es mit ausgebildeten Offizieren besetzt zu sehen.[348] Andere Kandidaten als Offiziere wurden vom König abgelehnt,[349] Bewerber mit Offiziersvergangenheit den Ständen notfalls aufgezwungen;[350] und die Stände schlugen mitunter nur noch Offiziere vor,[351] da Klagen gegen die vorzugsweise Besetzung der Stelle mit Offizieren erfahrungsgemäß ohnehin keinen Erfolg hatten.[352] Durch das mit Offizieren aus den eigenen Reihen besetzte Landratsamt war dem Junkertum Einfluß auf das Geschehen im Kreis gegeben. Darüber hinaus sollten sich die Landräte auf Wunsch des Königs „in Kameralsachen geschickt“ machen, „auf daß man unter ihnen Leute“ fände, „so man zu Präsidenten in denen Kammern gebrauchen“ könne;[353] und es sollten stets einige von ihnen in der Kriegs- und Domänenkammer Sitz und Stimme haben, um sich „sowohl in oeconomicis als in anderen vorkommenden Sachen dergestalt zu habilitieren“, daß „dieselben bei Gelegenheit zu importanteren Chargen“ befördert werden könnten.[354] Auf diesem Wege bot sich also dem Junker kraft seiner

[345] Vgl. *Acta Borussica*, Reihe: *Getreidehandelspolitik* ... (E/11), Bd. IV, S. 154.

[346] Zur Verflechtung auch der adeligen Offizierskreise mit der Beamtenschicht im alten Preußen vgl. Rosenberg, *Bureaucracy* ... (E/9), passim, bes. Kapitel VII.

[347] Vgl. die zusammenfassende Analyse der Rolle des Landrates im alten Preußen bei Rosenberg, *a. a. O.*, S. 165 ff.

[348] Beispiele für die Ernennung von Offizieren zu Landräten führen allein die *Acta Borussica* an 30 Stellen auf; — zum militärischen Charakter des Landratsamtes vgl. oben Erstes Kapitel, Abschnitt *Die Leistung des Adels für das Militärsystem* (siehe *a. a. O.*, Anm. II/53—55).

[349] Siehe *A. B. B.* (E/3), Bd. IX, Nr. 92.

[350] Siehe *A. B. B.* (E/3), Bd. V, 2. Hälfte, Nr. 343.

[351] Siehe *A. B. B.* (E/3), Bd. IV, 2. Hälfte, Nr. 224.

[352] Siehe *A. B. B.* (E/3), Bd. X, Nr. 325.

[353] Siehe *A. B. B.* (E/3), Bd. IX, Nr. 305.

[354] Vgl. Preuß, *Friedrich der Große* (E/16), Bd. I (1832), *Anhang*, S. 451 ff.

Offizierseigenschaft auch die Möglichkeit zu weiterem Aufstieg und größter Einflußnahme im Staat.

Die ständische Wirksamkeit des altpreußischen Junkertums in der Ortsverwaltung und im Rahmen der Kreisverfassung[355] ebenso wie sein Einfluß auf die Politik der Regierungen wurde also durch die Machtgrundlage im Militärsystem nachhaltig gestützt. Sie ist im Laufe des 18. Jahrhunderts noch ausgebaut worden.[356] Unter anderem setzte mit der Errichtung der landschaftlichen Kreditinstitute, die der „Konservation" des Junkers im Landbesitz — besonders zur Sicherung seiner und seiner Angehörigen Existenzgrundlage als Offiziere im Heer — dienen sollte,[357] eine Neubelebung des politischen Einflusses des Adels ein. Die „Landschaften" hatten ausschließlich ständischen Charakter; ihre Mitglieder waren die eingesessenen Gutsbesitzer der Provinz, ihre Satzungen vom Adel selbständig eingerichtet. Die Deputierten des ritterschaftlichen Grundbesitzes, die ihrerseits auf den Kreistagen von der Versammlung der Gutsbesitzer ernannt wurden, wählten die Organe der „landschaftlichen" Selbstverwaltung, so daß auf diese Weise die Leitung vollständig in den Händen der Rittergutsbesitzer lag, und selbst der Präsident, den der König ernannte, mußte aus dem Kreise der Junker bestellt werden.[358] Es leuchtet ein, daß auf den Kreis- wie auf den Deputiertentagen bei den Wahlen und der Erörterung der landschaftlichen Probleme nicht nur die den Kredit betreffenden Fragen diskutiert wurden, sondern daß allgemeine ständische Interessen zur Sprache kamen. Die Landschaften wurden so zum Mittelpunkt des politischen Lebens des Adels. Die Deputierten betätigten sich gleichzeitig als Interessenvertreter des Junkertums schlechthin, bis selbst die Regierungsstellen die Landschaften als offizielle Vertretung der Stände ansahen.[359] In Ostpreußen, wo der Adel gegen Ende des 18. Jahrhunderts zunehmend politisches Gewicht erlangte, ebenso aber in Schlesien, Pommern und in der Kurmark gab es Beispiele für den politischen Einfluß der Landschaften.[360]

[355] Detaillierte Ausführungen über Einrichtungen, Reservate und Formen der ständischen Wirksamkeit des Adels siehe bei Martiny, *Die Adelsfrage ...* (I/241), S. 47 ff.

[356] Für Ostpreußen vgl. Bornhak, *Preußische Staats- und Rechtsgeschichte* (E/20), S. 293 f. — für die Gesamtmonarchie siehe bei Rosenberg, *Bureaucracy ...* (E/9), bes. Kap. VII, Abschnitt VI.

[357] Vgl. oben den Abschnitt *Militärsystem und adelige Landwirtschaft* in der vorliegenden Untersuchung.

[358] Vgl. Mauer, *Das landschaftliche Kreditwesen ...* (I/295), S. 8 ff.

[359] Vgl. *a. a.* O., S. 11.

[360] Vgl. *a. a.* O., S. 14 f., sowie Martiny, *Die Adelsfrage ...* (I/241), S. 48.

Auch die vielfachen Auswirkungen des Landschaftswesens, das zum Schutz des Junkers nicht nur als Gutsherr, sondern ebenfalls und besonders als Offizier und damit als ein Träger des Militärsystems errichtet war, vermitteln den Eindruck, daß die Inanspruchnahme des Adels im Rahmen des Militärsystems von der Zeit Friedrich Wilhelms I. bis zum Jahre 1807 seine wirtschaftliche und soziale, sodann aber seine politische Stellung — wenn auch in den Grenzen der Rechtsordnung des absoluten Staates, die zu den Bedingungen des Systems gehörte — nicht nur befestigt, sondern darüber hinaus gehoben hat. Das 18. Jahrhundert brachte in der Monarchie Preußen nicht nur die vorläufige Beendigung des Niederganges der politischen Stellung des Adels im 17. Jahrhundert, sondern im Gegenteil eine Wiederbelebung seiner politischen Geltung.[361] Diese neue Bedeutung verschaffte ihm nicht zuletzt seine Rolle im Militärsystem. „Was der Adel ehedem zu vernichten suchte“, so hieß es 1804 in zeitgenössischer Formulierung, nämlich „die Macht des Fürsten“, sichere ihm jetzt „die Fortdauer seiner politischen Existenz“; „sie zu erhalten, das Vaterland und den König zu verteidigen, ist jetzt seine hauptsächliche Bestimmung“.[362] Die beherrschenden Positionen in der Gesellschaft waren dem Adel garantiert, weil zwischen dem Junkertum als Schicht adeliger Gutsherren und Inhaber ständischer Privilegien einerseits und dem dynastisch-bürokratisch-absoluten Staat anderseits im Preußen des 18. Jahrhunderts ein politisches Bündnis wirksam wurde, das sich besonders deutlich im Militärsystem, in der Übernahme der wichtigsten Funktionen in diesem System durch die Junkerschicht, ausprägte.[363] Als einen Vorteil dieser Allianz konnte das Junkertum den Sieg seiner Interessen über diejenigen der Bauernschaft durchsetzen,[364]

[361] Vgl. das zusammenfassende Urteil von Rosenberg, *Bureaucracy* ... (E/9), bes. S. 173 f.

[362] Vgl. Bratring, *Statistisch-topographische Beschreibung* ... (E/15), Bd. 1 (1804), S. 39.

[363] Siehe die Kodifikation der Adelsprivilegien in: *Allgemeines Landrecht* ... (II/152) von 1794, Vierter Teil, Titel 9, § 1; sowie in: *Allgemeines Landrecht* ... (II/115) von 1796, Zweiter Teil, Titel 9, § 35. Die weiteren Implikationen des Bündnisses zwischen Adel und Krone, die sich in der gesamten staatlichen Verwaltung ausdrückten, schildert Hans Rosenberg in seinem für die vorliegende Untersuchung schon öfter zitierten Buch über *Bureaucracy, Aristocracy and Autocracy. The Prussian Experience 1660—1815* (E/9).

[364] Vgl. oben die Ergebnisse des Ersten Teils der vorliegenden Untersuchung; zugleich ist wieder auf die Einschränkungen hinzuweisen, die an verschiedenen Stellen hinsichtlich der westlichen Provinzen der Monarchie angemeldet wurden, wo entsprechend der ganz anderen agrargeschichtlichen Entwicklung und den völlig abweichenden Voraussetzungen der Agrarverfassung das gutsherrlich-bäuerliche Verhältnis eigene Formen aufwies.

obgleich für das Militärsystem die „Konservation" des einen wie des anderen Standes gleich unentbehrlich war. Die selbständige Stellung des Junkers gegenüber dem Staat im Rahmen des altpreußischen Militärsystems mußte insofern die Grundlage des gegenseitigen Verhältnisses bleiben, als — wie in jedem sozialen System, so auch im altpreußischen Mlitärsystem — die Faktoren der Macht, die es erhielten — Junkertum und Krone —, zu gegenseitigem Schutz und zu gegenseitiger Garantie gezwungen waren.

DRITTES KAPITEL

Die Erstarrung des Militärsystems und die Auflösung der alten Agrarverfassung

Die „Konservation" im Landbesitz, die dem Adel ebenso wie dem Bauernstand im alten Preußen während des ganzen 18. Jahrhunderts — den zeitgenössischen Zeugnissen zufolge hauptsächlich um ihrer Rolle und Bedeutung im Militärsystem willen — zuteil wurde, bedeutete zum Ausgang der Epoche nicht nur Hilfe und Schutz, sondern auch Einengung der sozialen und wirtschaftlichen Möglichkeiten, die diesen beiden Schichten der ländlichen Bevölkerung offen standen. Die Rittergutsgesetzgebung, die dem Adelsprivileg auf Übernahme der Offiziersstellen im Heer die wirtschaftliche Grundlage bot, und die Bauernschutzbestimmungen, die ausdrücklich der Sicherung des Rekrutennachwuchses für das Heer dienten, waren zwei unvermeidbare Voraussetzungen für ein Militärsystem, das zur Aufrechterhaltung der Disziplin zwischen Offizierkorps und Mannschaft streng auf das der ständischen Gesellschaftsordnung angepaßte Prinzip der Ergänzung des Offizierkorps durch den Adel und der Mannschaft durch die Bauern aufgebaut war. Diese Form der Heeresergänzung und der Gestaltung des Verhältnisses zwischen Offizieren und Mannschaft forderte umgekehrt die Aufrechterhaltung eines ständisch ausgerichteten Sozial- und Wirtschaftslebens im Staat. Die Gesellschaftsordnung der preußischen Monarchie mußte nach den Erfordernissen des Militärsystems reguliert werden, wenn die altpreußische Armee in ihrer bestehenden Gestalt und Funktionsweise erhalten bleiben sollte. Die sozialen Bedingungen, die das Militärsystem der Bevölkerung auferlegte, bewirkten daher eine Erstarrung der ständischen Fronten.

Dieser im Militärsystem waltenden sozialen Sterilität stellte sich nun zum Ausgang des 18. Jahrhunderts ein lebendiges Drängen nach Neuordnung in der Wirtschafts- und Gesellschaftsordnung entgegen. Das ständische Prinzip wurde im Heer noch aufrechterhalten, als — zum Beispiel in der Frage der Abhängigkeit von Landbesitz und Standeswürde — in der ländlichen Sozialordnung die ständischen Fronten längst ineinander überzufließen begannen, als etwa das „bürgerliche Element“ schon weitgehend in die Rittergutsbesitzerschicht eingedrungen war,[365] als selbst das Offizierkorps der Armee bereits mit Angehörigen bürgerlicher Herkunft durchsetzt wurde[366] und beides bewies, daß eine soziale Umschichtung sich anbahnte. Das altpreußische Militärsystem, das ein Jahrhundert lang zu einem „wesentlichen Bildner der Wirtschafts- und Sozialverfassung“ Preußens geworden war,[367] setzte sich an seinem Ende in Gegensatz zu dieser Ordnung und bereitete so den Zerfall des altpreußischen Sozialsystems vor, bevor es noch unter dem Druck der Ereignisse des napoleonischen Krieges zusammenbrach.

Den Verlauf jenes sozialen und wirtschaftlichen Prozesses, der etwa seit dem Beginn des letzten Drittels des 18. Jahrhunderts auf eine Lockerung und Auflösung der alten, ständisch gebundenen Agrarverfassung hinwies, durch die zugleich auch die soziale und wirtschaftliche Grundlage des altpreußischen Militärsystems ins Wanken geriet, verdeutlicht unter anderem die Entwicklung der ostdeutschen Landwirtschaft und insbesondere die Reaktionsweise des grundbesitzenden Adels der östlichen Provinzen der preußischen Monarchie auf die Rittergutsgesetzgebung des Staates.

Die Rittergutsgesetzgebung und die Wirtschaftsmethoden der Junker

Am Ausgang der Epoche der altpreußischen Monarchie bis zum Jahre 1807 war die Rittergutsgesetzgebung zu einem Kernproblem der inneren und sozialen Politik im preußischen Staat geworden. Dieses Gesetzeswerk, das dem Zweck der Erhaltung des Adels im alleinigen Besitz der Rittergüter des Landes und damit zugleich der Existenzsicherung des aus dem Adel gebildeten Offizierkorps der Armee dienen sollte,[368] um ihn so in die Lage zu versetzen, als zuverlässiger Garant der monarchischen Verfassung aufzutreten,[369] war bezeichnenderweise in die Form eines Verbotes gekleidet: eines Verbotes nicht allein für Bürgerliche, irgendwelche adeligen Güter zu erwerben und zu besitzen, sondern vor allem auch für den Adel selbst, Güter an andere als wieder

[365] Siehe z. B. die *Vasallen-Tabellen des Ostpreußischen Kammerdepartements* (II/26) für die Jahre 1800 bis 1805.

[366] Vgl. Jany, *Geschichte der Königlich Preußischen Armee* (I/17), Bd. II (1928), S. 220 f.; sowie Demeter, *Das deutsche Offizierkorps* ... (II/76), S. 6.

[367] Vgl. Oestreich, *Zur Heeresverfassung* ... (I/37), S. 436.

[368] Vgl. oben Zweites Kapitel, Abschnitt *Militärsystem und adelige Landwirtschaft.*

[369] Vgl. *a. a.* O., bes. Anm. II/152 ff.

adelige Personen zu verkaufen.[370] Auch die weitgehenden und zahlreichen Ausnahmegenehmigungen, die unter den Nachfolgern Friedrichs II. erlassen wurden,[371] und die schonende Einkleidung des Verbots in ein Adelsanrecht auf den alleinigen Besitz der adeligen Güter im Allgemeinen Landrecht[372] verbergen nicht, daß im Prinzip die Aufrechterhaltung des Rittergutsgesetzes als Verbot, welches sogar auf Vererbpachtungen und Dismembrationen als verschleierte Verkaufsformen ausgedehnt wurde, weiterhin stets als notwendig galt.[373]

Löste man das Rittergutsgesetz auf und gestattete Bürgerlichen den Besitz von Rittergütern, so erhob sich von selbst das Problem, ob man diesen bürgerlichen Besitzern adeliger Güter nicht schließlich die gleichen gutsherrlichen Rechte einräumen mußte, die die adeligen Vorbesitzer gehabt hatten, die man aber den bürgerlichen Käufern bei den bisherigen Ausnahmeerlaubnissen zum Erwerb von Rittergutsbesitz versagt hatte. Konnte man anderseits dem entwurzelten Teil des Adels, wenn er seiner traditionellen Beziehungen zum Boden verlustig gegangen war, seine bisherigen Rechte lassen und vor allem, konnte man von ihm weiterhin eine Erfüllung seiner bisherigen Pflichten und bleibende Übernahme der bis dahin gewohnten Lasten erwarten? Für das Militärsystem beruhte der Wert des Adeligen vom Lande auf der Verbindung seiner herrschaftlichen und nach einem bestimmten Ehrenkodex durchgeführten Erziehung zu Führerqualitäten, wie sie vom Offizier verlangt werden mußten, und seiner wirtschaftlichen Sicherung durch das Gut. Konnte man von bürgerlichen Besitzern adeliger Güter gleiche Qualitäten erwarten? Daß eine solche Erwartung nach damaliger Anschauung eben nicht möglich war, umschließt jene Seite des Problems der Rittergutsgesetzgebung, die im Zusammenhang mit den Heeresfragen stand.[374] Man übersah oder wollte übersehen, daß mit der zunehmenden Auflösung der vom Lande ins Heer übernommenen patriarchalischen Bindung zwischen dem Junker-Offizier und dem bäuerlichen Kantonisten und mit der Ausgestaltung des Heereskörpers zu einer übergroßen, nur durch die Disziplin und den Gehorsam des Soldaten gegenüber dem Offizier funktionierenden Maschine der bürgerliche Offizier zunehmend den adeligen Offi-

[370] Vgl. *a. a. O.*, bes. Anm. II/113 ff.

[371] Vgl. Hintze, *Preußische Reformbestrebungen* ... (II/150), S. 423.

[372] Vgl. oben Zweites Kapitel, Abschnitt *Militärsystem und adelige Landwirtschaft*, bes. Anm. II/151 ff.

[373] Vgl. *a. a. O.*, bes. II/155 ff.

[374] Vgl. Martiny, *Die Adelsfrage* ... (I/241), S. 39 f. Alle anderen Seiten des Problems, die sämtlich unmittelbar zur Entstehung des Oktoberedikts von 1807 hinführen, seien hier bewußt ausgeklammert.

zier zu ersetzen vermochte, weil im bloßen Militärapparat der Soldat diesem ebensowohl wie jenem Führer gehorchen würde.[375]

Die Auflösung der alten Agrarverfassung, von der auch das altpreußische Militärsystem betroffen war, wurde durch die Besitzveränderungen innerhalb der Landwirtschaft und des Gutsbesitzerstandes zum Ausgang des 18. Jahrhunderts eingeleitet. Im Mittelpunkt stand der seit der Mitte des Jahrhunderts, erst recht aber nach dem Siebenjährigen Krieg einsetzende Güterhandel in den Provinzen des preußischen Staates.

Die zunehmende Neigung des Adels zum Verkauf seiner Güter und zur Güterspekulation hatte mehrere Wurzeln. Die Landwirtschaftskrise im alten Preußen nach dem Siebenjährigen Krieg, bei deren Entstehen kurzfristige Ursachen und langfristige Verschuldungsprozesse als Ergebnis mangelnder Kreditwürdigkeit der in ihren Verkaufsmöglichkeiten eingeschränkten Güter zusammenwirkten, hatte nach unzulänglichen Rettungsversuchen zugunsten des Adels, wie dem „Retablissement" und den „Indulten", zur Bildung der „Landschaften" geführt, der bedeutendsten Stützungsaktion für den adeligen Junker als Gutsherr und Offizier.[376] Durch die gemeinschaftliche Haftung aller Gutsbesitzer innerhalb einer Provinz für den Kredit des einzelnen wurde über die Landschaften die Kreditwürdigkeit der Güter wiederhergestellt und durch die Unkündbarkeit des Landschaftskredites der Verbleib des Gutes in adeligen Händen ermöglicht; anderseits führte aber gerade die Leichtigkeit der Kreditaufnahme dazu, daß die Schuldenlast auf den Gütern sich noch vermehrte:[377] Zu den Lehnschulden und allen kündbaren Hypothekenschulden und zu den durch die Kriegsfolgen verursachten Schulden traten nun noch die Hypothekenschulden bei der Landschaft. Der Befehl zur Beschränkung der Belastungsfähigkeit der Güter auf ihren halben Wert kam zu spät; Totalverschuldung der Güter war nicht selten die Folge.[378] Bei großen Teilen des Adels entstand auf diese Weise ein Zwang zum Verkauf der Güter. Neben die Zwangsverkäufe trat jedoch zunehmend auch der Verkauf aus eigenem Antrieb der adeligen Gutsbesitzer. Ein Motiv war durch das ständige Steigen der Güterpreise, besonders im letzten Drittel des 18. Jahrhunderts, gegeben.[379] Zum

[375] Vgl. Höhn, *Revolution* ... (I/211), S. 434.

[376] Vgl. oben Zweites Kapitel, Abschnitt *Militärsystem und adelige Landwirtschaft*, bes. Anm. II/136 ff.

[377] Vgl. Knapp, *Die Bauernbefreiung* ... (I/5), Bd. I (1887), S. 3.

[378] Siehe *A. B. B.* (E/3), Bd. XIV, Nr. 120.

[379] Siehe z. B. die *Vasallen-Tabellen des Ostpreußischen Kammerdepartements* (II/26), passim; vgl. Karl Böhme, *Gutsherrlich-bäuerliche Verhältnisse in Ostpreußen*

Fallen des Zinsfußes des Bodenleihkapitals auf Grund der verbesserten Kreditverhältnisse[380] kam das Steigen der Getreidepreise durch das Anwachsen des Fernhandels und vor allem die Steigerung des Reinertrages der Güter im Zuge der Betriebsverbesserungen und -erweiterungen in der Landwirtschaft, die zu einem Aufschwung der gesamten Gutswirtschaft führten.[381]

In jener Periode der Agrarverfassung, die von Dreifelderwirtschaft und Flurzwang, Untertänigkeit und Frondiensten bestimmt war, hatten die unlustig geleisteten und darum minderwertigen Fronen der Bauern und die unvollkommene Ausnutzung des Bodens einen Kulturfortschritt in der Landwirtschaft verhindert.[382] Nach der Generalseparation der gutsherrlichen Äcker von den bäuerlichen Äckern im letzten Drittel des 18. Jahrhunderts konnte der Übergang von der Dreifelderwirtschaft zur Fruchtwechselwirtschaft und anderen modernen Wirtschaftsweisen,[383] wie sie von den Söhnen des Adels und der Beamten, teilweise auf Initiative schon Friedrichs d. Gr.,[384] in England und anderen Ländern Westeuropas studiert worden waren, wenigstens auf dem Gutsland vollzogen werden.[385] Der Landadel prüfte im Rahmen eigens dazu gegründeter Gesellschaften die alten landwirtschaftlichen Methoden und steigerte durch Verbesserungen den Wert des Bodens.[386] Dazu gehörten die Einführung der Stallfütterung, die Vermehrung des Viehstapels und der

während der Reformzeit von 1770—1830, Leipzig 1902, S. 59 f.; sowie Ziekursch, *100 Jahre* ... (I/204), S. 27 f.

380 Vgl. Weyermann, *Zur Geschichte des Immobiliarkreditwesens* ... (II/128), S. 313.

381 Vgl. Ziekursch, *100 Jahre* ... (I/204), S. 27 ff.

382 Zur umfassenden Information über diesen agrargeschichtlichen Prozeß siehe statt vieler Heinrich Sieveking, *Grundzüge der neueren Wirtschaftsgeschichte vom 17. Jahrhundert bis zur Gegenwart* (= Grundriß der Geschichtswissenschaft, herausgegeben von Alois Meister, Reihe II, Abteilung 2), 4. Auflage, Leipzig und Berlin 1923, bes. Kap. II/6 und III/4; Josef Kulischer, *Allgemeine Wirtschaftsgeschichte des Mittelalters und der Neuzeit* (= Handbuch der Mittelalterlichen und Neueren Geschichte, herausgegeben von G. v. Below und F. Meinecke, Abt. III: Verfassung — Recht — Wirtschaft), Bd. II, München und Berlin 1929, bes. Kap. 3, 6, 22, 27; Friedrich Lütge, *Deutsche Sozial- und Wirtschaftsgeschichte. Ein Überblick* (= Enzyklopädie der Rechts- und Staatswissenschaft, Abt. Staatswissenschaft), 2. Aufl., Berlin-Göttingen-Heidelberg 1960, bes. Kap. 5, Teil II.

383 Vgl. Knapp, *Die Bauernbefreiung* ... (I/5), Bd. I (1887), S. 59 f.

384 Siehe das „Politische Testament" Friedrichs II. von 1768, in: *Klassiker der Politik* (E/8), Bd. 5, S. 140; — siehe *A. B. B.* (E/3), Bd. XIII, Nr. 209.

385 Vgl. Knapp, *Die Bauernbefreiung* ... (I/5), Bd. I (1887), S. 55, S. 59 ff.

386 Vgl. Martiny, *Die Adelsfrage* ... (I/241), S. 11 ff.

entsprechend vermehrte Düngebetrieb.[387] Rodungen, der Anbau ungenutzter Flächen, die Bestellung der Brache mit Hülsenfrüchten, Futterkräutern und vor allem mit der Kartoffel, die zunehmende Bedeutung in der Ernährung erlangte, kamen hinzu.[388] Zu allen diesen Verbesserungsbestrebungen wurden die Junker vor allem durch die Aufnahme der landschaftlichen Taxen, nämlich der Einschätzung und Berechnung des Gutswertes durch erfahrene Taxatoren der landschaftlichen Kreditinstitute, von deren Urteil die Höhe der Beleihung abhing, hingetrieben.[389] Führend auf dem Gebiet der Verbesserung der landwirtschaftlichen Methoden wurden dabei die Domänenpächter,[390] die unabhängig von Einschränkungen, wie sie auf dem adeligen Land durch die Schutzbestimmungen für die unfreien Bauern gegeben waren, wirtschaften konnten.

Alles in allem hob sich so der Kulturzustand der Landwirtschaft und mit ihm auch das agrare Preisniveau.[391] Am Preisanstieg wirkte nicht nur die Erhöhung der durchschnittlichen Lebenshaltung und die gesteigerte Nachfrage nach Lebensmitteln im Inland,[392] sondern auch die gesteigerte Getreideausfuhr nach England, Frankreich und nach dem Osten mit,[393] zu der schon Friedrich II. durch die Gründung von Handelskompanien angeregt hatte[394] und die zum Jahrhundertende den Prinzipien der preußischen Getreidehandelspolitik nicht mehr widersprach.[395] Während des 18. Jahrhunderts war bis dahin die Getreidepreispolitik durch das Magazinwesen bestimmt gewesen.[396] Vor allem mit Rücksicht auf die Armee und ihre Nahrungsbedürfnisse durfte der inländische Getreidepreis eine gewisse Höhe nicht überschreiten. Bei Überhöhung der Preise durch gesteigerte Nachfrage öffneten sich die Magazine und sorgten durch billigen Verkauf des Magazingetreides für eine automatische Preissenkung. Ebenso wie im kleinen bei der Regle-

387 Vgl. Ziekursch, *100 Jahre* ... (I/204), S. 32 f.

388 Siehe *Acta Borussica*, Reihe: *Getreidehandelspolitik* ... (E/11), Bd. III, S. 54 ff.

389 Vgl. Mauer, *Das landschaftliche Kreditwesen* ... (I/295), S. 24.

390 Vgl. Schmoller, *Umrisse und Untersuchungen* ... (E/2), S. 169.

391 Siehe *Acta Borussica*, Reihe: *Getreidehandelspolitik* ... (E/11), Bd. IV, S. 128.

392 Vgl. *a. a. O.*, S. 149.

393 Vgl. Ziekursch, *100 Jahre* ... (I/204), S. 10.

394 Vgl. oben ZWEITES KAPITEL, Abschnitt *Militärsystem und adelige Landwirtschaft*.

395 Siehe *Acta Borussica*, Reihe: *Getreidehandelspolitik* ... (E/11), Bd. IV, S. 217 ff.

396 Vgl. hierzu wie zum folgenden die in der vorliegenden Untersuchung zu diesem Thema gegebenen Ausführungen (oben im ZWEITEN KAPITEL, Abschnitt *Militärsystem und adelige Landwirtschaft*).

mentierung der Nahrungsmittelpreise in den Garnisonsstädten durch Kompaniechefs und Stabsoffiziere verbot auch im großen die — wieder mit Rücksicht auf die Armee geführte — Getreidepreispolitik des Staates eine Spekulation der landwirtschaftlichen Produzenten, also der Junker. Diese Beeinträchtigung der Möglichkeiten, die dem Junker zugunsten des Militärsystems auferlegt wurde, widersprach in den letzten Jahrzehnten des altpreußischen Staates bereits den Wirtschaftstendenzen der Zeit, wovon der Zusammenbruch der Magazinpolitik im Jahre 1799 ein Zeugnis ablegt.[397]

Anders als bei der Preisgestaltung der ländlichen Produkte konnte innerhalb der adeligen Gutsbesitzerschicht, die zum Ausgang des 18. Jahrhunderts schon mit Bürgerlichen durchmischt war, auf dem Gütermarkt eine Spekulation nicht verhindert werden. Das fortwährende Bemühen um eine Erhöhung der Gutserträge durch landwirtschaftliche Verbesserungen, der Übergang zu rationeller Wirtschaftsweise nach englischem Muster, das Streben nach immer höheren Erwerbsquoten, das schon im Hinblick auf die Erhöhung der landschaftlichen Taxen auftrat, bewirkten das Eindringen eines rationalistisch-kapitalistischen Geistes in die landwirtschaftliche Unternehmerschicht, zu dem gerade das Taxwesen durch sein ausschließlich rechnerisches, rationalistisches Profitdenken wesentlich beitrug.[398] Indem für ein solches Denken das Rittergut zur bloßen Erwerbs- und Rentenquelle werden mußte, setzte es die Steigerung des Gutswertes und die Möglichkeit eines möglichst vorteilhaften Verkaufs zum obersten Ziel. Infolge des Verkaufszwangs, wie er sich aus dem Verschuldungszustand vieler Güter ergab,[399] aber mehr noch durch den Verkaufsanreiz auf Grund günstiger Angebote für die mit den verschiedensten Methoden im Preis gesteigerten Güter — erleichtert oder gar erst ermöglicht durch die Vollallodifikation der Lehen im Laufe des 18. Jahrhunderts, die den Verkauf eines Gutes vom Agnatenkonsens unabhängig machte[400] — setzte daraufhin im letzten Jahrhundertdrittel ein enormer Güterhandel im alten Preußen ein. Zeitgenossen äußerten, daß — wie etwa in Schlesien — mit „Landgütern wie mit Pferden gehandelt worden“ sei und nur wenige Adelige auf ihren ererbten Gütern geblieben wären.[401] In zwei schlesischen Bezirken

[397] Vgl. Anm. II/395.

[398] Vgl. Mauer, *Das landschaftliche Kreditwesen* ... (I/295), S. 24, S. 26, S. 31.

[399] Vgl. oben Zweites Kapitel, Abschnitt *Militärsystem und adelige Landwirtschaft*, bes. Anm. II/133 ff.

[400] Vgl. Martiny, *Die Adelsfrage* ... (I/241), S. 16; — vgl. im übrigen oben Zweites Kapitel, *a. a.* O., bes. Anm. II/130.

hatten schon im Zeitraum von 1764 bis 1770 so gut wie alle Güter den Besitzer gewechselt.[402] Das gleiche galt etwa für Ostpreußen, wo die Güter in kurzer Zeit ihre Besitzer nicht einmal, sondern mehrmals wechselten, ebenso aber auch für die anderen Provinzen.[403] In der Kurmark hatte zwischen 1800 und 1805 jeder sechste adelige Gutsbesitzer mit Gütern gehandelt.[404]

Der solcherart betriebene Güterhandel wurde in diesem Umfang erst möglich durch die Auswirkungen des Pfandbriefsystems. Der Landschaftskredit diente den adeligen Gutsbesitzern nämlich nicht in der Hauptsache zur Bewahrung ihres Erbes, wozu er eigentlich gedacht war, sondern vor allem zum Gütererwerb.[405] Nachdem der Besitzer eines Gutes seinen Besitz bis zur Hälfte seines Wertes, in der Praxis aber auch darüber hinaus beleihen lassen konnte, war ihm mit Hilfe dieses Geldes der Ankauf eines neuen Gutes möglich, zumal wenn er die angesichts des Grades der Verschuldung bei den meisten Gütern auf dem zu kaufenden Gut ruhende Hypothekenlast, die er als Käufer übernahm, vom Gutswert abziehen konnte und nur die Differenz bezahlte oder, wie in vielen Fällen, diese Summe noch nicht einmal in bar, sondern auch sie noch zum Teil in Form der Übernahme einer verzinslichen Hypothek vom Verkäufer abtrug.[406] Indem durch die landschaftliche Beleihung bare Mittel zum Kauf eines Gutes fast nicht mehr erforderlich waren, ermöglichte sie nun auch weniger vermögenden Kreisen den Landerwerb. Nachdem sich auch die landwirtschaftliche Rentabilität der Güter steigerte und — nicht zuletzt dadurch — eine erhöhte Nachfrage nach Grundbesitz einsetzte, mußte die Erleichterung des Gutserwerbs dazu führen, daß der Wert des Gutsbesitzes nicht mehr vorwiegend in den mit ihm verbundenen patrimonialen Rechten der Gutsherrschaft, sondern vor allem in der wirtschaftlichen Ausnutzungsmöglichkeit gesehen wurde, die auch einen günstigen Verkauf, Wiedererwerb und Wiederverkauf, also eine richtige Spekulation einschloß.

401 Vgl. Mauer, *Das landschaftliche Kreditwesen* ... (I/295), S. 22 f.

402 Siehe *A. B. B.* (E/3), Bd. XV, Nr. 86.

403 Siehe z. B. die *Vasallen-Tabellen des Ostpreußischen Kammerdepartements* (II/26), passim; vgl. Mauer, *Das landschaftliche Kreditwesen* ... (I/295), S. 23; sowie Stein, *Die Umwandlung der Agrarverfassung Ostpreußens* ... (I/206), Bd. I (1918), S. 205.

404 Vgl. Martiny, *Die Adelsfrage* ... (I/241), S. 32.

405 Vgl. Mauer, *Das landschaftliche Kreditwesen* ... (I/295), S. 21 f.

406 Hierzu wie zum folgenden siehe z. B. *Acta des Etatsministeriums für die Provinz Ostpreußen*, Haupttitel 7 ff. (*Ämtersachen*), jeweils Untertitel d (*Dörfer und Güter*), in: *Staatliches Archivlager*, Göttingen, vormals *Zonales Archivlager*, Goslar;

Für das Verhältnis zwischen Adel und Militärsystem gewannen alle diese Zusammenhänge zusätzlich noch eine durch die Tatsache bestimmte Bedeutung, daß die adelige Unternehmer- und Spekulantengeneration im letzten Drittel des 18. und im beginnenden 19. Jahrhundert auf Grund der Bedingungen des Militärsystems, das alle männlichen Adligen im alten Preußen mit wenigen Ausnahmen zum Offiziersdienst bestimmte, zum größten Teil aus Offizieren bestand oder doch durch den Offiziersberuf hindurchgegangen war.[407] Aus dieser Überlegung ergibt sich die Frage, welche Rolle die nicht unbeträchtlichen Vermögen in der Landwirtschaft gespielt haben mochten, die die höheren Offiziere aus der Kompaniewirtschaft einnehmen konnten, war doch aus dem Studium der möglichen Einkünfte der Kompaniechefs, Stabsoffiziere und Generale klar geworden, daß eine jahrzehntelange Tätigkeit als militärischer Unternehmer im Rahmen der Kompaniewirtschaft bei einigem Glück und Geschick zur Akkumulation eines beachtlichen Vermögens führen konnte. Als Angehöriger des Adelsstandes, noch mehr aber als Angehöriger des Offiziersstandes sah sich der höhere Offizier, wenn er nach einer Anlage für sein Kapital suchte, schon durch die Standesprinzipien des Jahrhunderts auf die Landwirtschaft hingewiesen; die Offizierseinkommen werden also überwiegend in die Gutswirtschaft geflossen sein. Da die Vorteile der Kauf- und Kreditverhältnisse auf dem Gütermarkt nach dem Siebenjährigen Krieg auch den Offizieren zugute kamen, die zu Vermögen gelangt waren, konnte auch unter ihnen „der Wagemutige sein Glück machen, wenn er es verstand, aus dem mit einer geringen Anzahlung erworbenen Gut höhere Beträge als bisher herauszuwirtschaften".[408]

Zur verläßlichen Feststellung, inwieweit gerade Offiziersvermögen bei Gütertransaktionen mitgespielt haben mochten, bedarf es freilich zunächst der Kenntnis des Verhältnisses der adeligen Vasallen, die Ränge vom Kompaniechef an aufwärts längere Zeit inne hatten oder gehabt hatten — denn nur bei ihnen wird man die Möglichkeit des Vermögenserwerbs im Heer annehmen können[409] —, zu den Vasallen überhaupt. Stichproben bei einzelnen Ämtern zeigen, daß durchschnittlich ca. 20—30 % der Vasallen höhere Offiziere über einen längeren Zeitraum gewesen waren,[410] und tatsächlich fanden sich auch gerade

— vgl. Weyermann, *Zur Geschichte des Immobiliarkreditwesens* ... (II/128), S. 124; sowie Mauer, *a. a. O.*, S. 22.

407 Vgl. oben ERSTES KAPITEL des vorliegenden Teils dieser Studie.

408 Siehe bei Ziekursch, *100 Jahre* ... (I/204), S. 11.

409 Vgl. oben ZWEITES KAPITEL, Abschnitt *Der Junker und die Kompaniewirtschaft*.

410 Siehe z. B. oben Anm. II/88 (*Tabelle*).

solche Vasallen mit höherem Offiziersrang unter den Käufern, Verkäufern und Wiederverkäufern der Güter.[411] Manchmal erwarben sie das Eigentum über die vorherige Pfandschaft;[412] in den meisten Fällen jedoch vollzog sich der Güterkauf unter Ausnutzung der in den letzten Jahrzehnten des 18. Jahrhunderts günstigen Kreditbedingungen oder auf dem Wege über die hypothekarische Belastung. Im Falle des Kaufabschlusses zwischen dem Hauptmann v. Hülsen und dem Verkäufer der Allodialgüter Kuhkehnen, Domlitten und allem Zubehör im Amt Balga, Ostpreußen, im Jahre 1788 erwarb der Käufer das Gut für 16 000 Taler und 100 Taler Schlüsselgeld, wobei nur die 100 Taler Schlüsselgeld am Tage des Verkaufs in bar zu zahlen waren, während die 16 000 Taler als verzinsliche Hypothek auf das Gut eingetragen wurden.[413] In anderen Fällen verringerte sich der Kaufpreis um die Höhe der hypothekarischen Gutsschulden.[414] Die Herkunft des Kredites für solche Gütertransaktionen, selbst wenn sie von adeligen Vasallen mit höherem Offizierscharakter durchgeführt wurden, ist keineswegs eindeutig zu bestimmen; vielmehr war sie durchaus gemischt.[415] Ein Zusammenhang zwischen der Vermögensbildung im Heer mit den Vorgängen der Besitzverschiebung in der Landwirtschaft durch den Güterhandel ist jedoch nicht von der Hand zu weisen. Die Einnahmen aus der Kompaniewirtschaft mußten es dem höheren Offizier — selbst wenn er nur auf sie angewiesen war — gestatten, Güter zu erwerben, zumal er nur den geringsten Teil des Kaufpreises sofort zu bestreiten hatte. Und es blieb ihm jedenfalls überlassen, aus dem Gut mit Zubehör und Inventar und vor allem mit den zum Gut gehörenden und im Gutswert mit veranschlagten Diensten und Leistungen der schollengebundenen bäuerlichen Untertanen die Zinsen und die Abtragung der Hypothek herauszuwirtschaften.

Auch für die gewinnbringende Bewirtschaftung seines Rittergutsbe-

[411] Siehe die Vasallentabellen in den einzelnen Provinzen; für die Provinz Preußen vgl. die *Vasallen-Tabellen des Ostpreußischen Kammerdepartements* (II/26); siehe ferner *A. B. B.* (E/3), Bd. VI, 2. Hälfte, Nr. 436; Bd. XIII, Nr. 17; Bd. XIV, Nr. 41; — vgl. auch E. Fidicin, *Die Territorien der Mark Brandenburg,* 4 Bde, Berlin 1857 ff., passim; Willy Spatz, *Der Teltow,* Teil 3, Berlin 1912, passim, sowie andere Topographien; — vgl. noch Martiny, *Die Adelsfrage ...* (I/241), S. 33.

[412] Siehe *Acta des Etatsministeriums für die Provinz Ostpreußen* (II/406), z. B. Titel 114 d G.

[413] Siehe *a. a.* O., Titel 9 d K, Nr. 20.

[414] Siehe die Beispiele *a. a.* O., Haupttitel 7 ff. (*Ämtersachen*), jeweils Untertitel d (*Dörfer und Güter*).

[415] Siehe *ebda.*

sitzes konnte der Junker aus seinem Wirken als Kompaniechef nützliche Lehren mit nach Hause nehmen. Die Bedeutung der Offiziersserziehung des adeligen Junkers für die Gestaltung und Entwicklung seiner Denk- und Wirtschaftsmethoden, insbesondere der Einfluß der in der Kompaniewirtschaft gewonnenen Anschauungen bei der Erzielung von Gewinnen auf die Wirtschaftsmethoden des Junkers im ländlich-gutherrlichen Bereich liegt auf der Hand. Eine besondere Rolle spielte die Fähigkeit zur Ausschöpfung menschlicher Kräfte, die zu untertänigem Gehorsam geboren und erzogen waren, wie sie der Junker im Militärdienst lernte, verbunden mit der Aneignung von bis ins kleinste rationellen und rechnerisch sparsamen Haushaltsmethoden in der Kompaniewirtschaft. Aus der ihm unterstehenden Kompanie das letztmögliche herauszuwirtschaften und auf alle mögliche Weise Ersparnisse zu erzielen, war das Bestreben des Junkers als Offizier im Heer; das gleiche auf dem Gut erfolgreich durchzuführen, mußte nach erfolgtem Gutskauf in vielen Fällen aus Gründen der Existenzsicherung sein Ziel als Gutsherr sein.

Die Anwendung der so erworbenen Wirtschaftsmethoden wirkte sich naturgemäß in erster Linie wieder auf die Lebens- und Arbeitsbedingungen des Kantonisten — als Rekruten im Heer wie als Bauern und Landarbeiter unter der Gutsherrschaft — verschärfend aus. Das Streben nach Erhöhung der Gutserträge und der Übergang zur rationelleren Wirtschaftsweise zeitigte eine Einschränkung der Nutzungsrechte der Bauern, vor allem aber die weitestmögliche Vermehrung der bäuerlichen Dienste und Lasten.[416] Ohne zu behaupten, daß die „Junkermethoden“ ihren geistigen Ursprung lediglich im Heer gehabt hätten, darf angenommen werden, daß die Durchdringung des Gutsbesitzerstandes im Laufe des 18. Jahrhunderts mit den aus der Kompaniewirtschaft und dem Heeresdienst gewonnenen Anschauungen und Praktiken in geistiger und materieller Hinsicht über die Person des Junkers ihre Wirkung gewiß nicht verfehlt hat. Ein treffendes Beispiel für das Wirtschaftsdenken, das von höheren Offizieren erwartet werden durfte, die zu dem Personenkreis gehörten, der aus dem Güterkauf und -verkauf ein gewinnbringendes Geschäft zu machen verstand,[417] bot ein früherer Generalleutnant, der im Zeitraum von 1800 bis 1805 aus verschiedenen Gütertransaktionen 120 000 Taler verdiente und dann vor Abschluß eines weiteren Kaufes beim König den Antrag stellte, ihm „als altem

[416] Vgl. Mauer, *Das landschaftliche Kreditwesen* ... (I/295), S. 27 f., S. 30; ferner Ziekursch, *100 Jahre* ... (I/204), S. 60.

[417] Vgl. oben Anm. II/411.

Soldaten" zu gestatten, das Gut in mehrere Bauernstellen zu parzellieren, da „dieser Handel nur dann von Vorteil" für ihn sein werde.[418] Aber auch Offiziere, die nicht zu dem Kreis der Güterspekulanten gehörten, verstanden glänzend zu wirtschaften. Das Zieten'sche Gut, das der junge Mann mit einem Wert von 8000 Talern übernommen hatte, hinterließ der greise General mit einem Wert von 65 000 Talern.[419]

Bei den meisten adeligen Gutsbesitzern des Jahrhundertausgangs war ganz offenbar die Verbesserung der Wirtschaftsverhältnisse ihres Gutes ein Mittel zu dem Zweck, durch eine Erhöhung des Gutswertes den vorgesehenen Verkauf profitabler zu gestalten.[420] Die eliminierende Wirkung dieser Einstellung und der Güterspekulation des ausgehenden 18. Jahrhunderts überhaupt auf die ursprünglichen patriarchalischen Beziehungen zwischen Gutsherrn und Gutsuntertanen, die sich in den Personen des adeligen Offiziers und des bäuerlichen Kantonisten ins Heer fortgepflanzt hatten, ist bekannt. Der bäuerliche Untertan konnte gegenüber einer stets wechselnden Gutsherrschaft, die ihn als Ausbeutungsobjekt zur Steigerung des Gutsertrages betrachtete und behandelte, niemals eine Anhänglichkeit empfinden, wie er sie gegenüber einem traditionellen Erbherrn empfunden haben mochte, der patriarchalische Gesichtspunkte gelten ließ.[421] Auf der schwierigen Verkäuflichkeit der Erbgüter bis zum Siebenjährigen Krieg, die den Erbuntertanen in der Regel unter dem gleichen Erbherrn bleiben ließ, war das patriarchalische Verhältnis aufgebaut gewesen.[422] Nachdem der Adel jedoch „großenteils das alte ehrwürdige Prinzip seiner Vorfahren, ein Vater seiner Untertanen zu sein, mit der Rolle eines Geldwucherers und Gütermäklers vertauscht, ist der Zustand der Bauernschaft mit jedem Jahr schlechter geworden"; er verkaufte „bei einer ihn anlächelnden Spekulation ein Landgut ebenso geschwind als ein Kleid in seiner Garderobe, und mit dem Gut leider auch die armen Untertanen, welche in einem Jahr oft mehrere Grundherrschaften erhalten, die von ihnen immer mehr begehren als ihre ursprüngliche Herrschaft, daher es nicht fehlen kann, daß das Band, welches Herrschaften und Untertanen ehehin so innig vereinigte, in der Folge gänzlich aufgelöst" wurde.[423]

[418] Den Fall schildert (mit Angabe des Namens) Martiny, *Die Adelsfrage* ... (I/241), S. 33; — im allgemeinen siehe die *Vasallen-Tabellen* (II/411), passim.

[419] Vgl. Winter, *Hans Joachim von Zieten* (II/273), Bd. I, S. 422.

[420] Vgl. Ziekursch, *100 Jahre* ... (I/204), S. 60.

[421] Vgl. *a. a.* O., S. 60, Anmerkung 3; — vgl. auch Görlitz, *Die Junker* ... (I/240), S. 92 und passim.

[422] Vgl. Ziekursch, *a. a.* O., S. 10.

[423] Aus dem Bericht eines Landrates um 1799 (zitiert nach Ziekursch, *a. a.* O., S. 60).

Die Bedeutung dieses agrarhistorischen Prozesses für die Fortdauer des Militärsystems lag in der Übertragung des in ihm beschlossenen Strukturwandels der sozialen Beziehungen zwischen adeliger Herrschaft und bäuerlichen Untertanen auf das Verhältnis zwischen adeligem Offizierkorps und bäuerlichen Rekruten im Heer. Daß an dem zunehmenden Zerfall der patriarchalischen Struktur der Gutsherrschaft im alten Preußen, mit dem auch eine Grundlage des altpreußischen Militärsystems ins Wanken geriet, über die Person des güterspekulierenden Junkers mit militärischer Erziehung zu einem erheblichen Teil auch die Offiziere des Heeres selbst mitgewirkt haben, die sich unter den Güterspekulanten befanden und deren im Heer erworbene unternehmerische Denk- und Wirtschaftsmethoden ihren versachlichenden Einfluß auf die Verhaltensweisen in der Landwirtschaft ausübten, verleiht diesem Vorgang eine besondere Note. Die Stützungsaktionen des Staates zugunsten der militarisierten Junkerschicht, die Rittergutsgesetzgebung einschließlich der Gründung der landschaftlichen Kreditinstitutionen, durch die die bestehende Agrarverfassung als Sozialverfassung und das herrschende Militärsystem bewahrt werden sollten, wurden vom Junkertum im Ausgang des altpreußischen Staates zu Zwecken benutzt, die das gegenteilige Ergebnis herbeiführen mußten. Als wirksamster Ausgleich zu dieser Entwicklungstendenz erwies sich die Bauernschutzgesetzgebung des Staates, deren Erlaß ebenfalls überwiegend aus militärpolitischen Motiven erfolgt war, so daß die soziale Fundierung des altpreußischen Militärsystems in der Endphase ein Problem der sinnvollen Abstimmung zwischen Güterschutz und Bauernschutz im Interesse des Militärsystems gewesen ist.

Güterschutz versus *Bauernschutz als Problem des Militärsystems*

Die Neigung des preußischen Junkertums im letzten Drittel des 18. Jahrhunderts, auf dem Agrarsektor einen Wirtschaftsstil zu kultivieren, der bereits mit den Tendenzen der liberalen Epoche nach 1807 verglichen werden kann, erfuhr eine Einschränkung durch die Bauernschutzgesetzgebung der preußischen Könige, weil durch sie die Ausdehnung des Gutslandes auf bäuerlichen Besitz im wesentlichen verhindert werden konnte. Die ostelbische Gutswirtschaft wies zu dieser Zeit bereits manche kapitalistischen Charakterzüge auf.[424] Der Hebung des

[424] Hinweise auf kapitalistische Charakterzüge der ostelbischen Landwirtschaft

Kulturzustandes der Landwirtschaft durch die Einführung neuer Bestellungs- und Arbeitsmethoden, die zur Ertragssteigerung führten, sowie durch den Anbau neuer Gewächse und durch eine Verbesserung des Weidebetriebes ging der Wunsch nach Ausdehnung der Ackerflur parallel. Zunächst dehnten sich die Güter durch Rodungen und Anbau bisher ungenutzter Flächen aus.[425] Von jeher aber bestand bei den Gutsherren der Wunsch, durch Einziehung der Bauernstellen das bäuerliche Land zum Gutzbesitz zu schlagen.[426] Diesem sich von Jahrzehnt zu Jahrzehnt steigernden Verlangen setzten die Könige ihre Bauernschutzmaßnahmen entgegen. Ebenso wurde der köllmisch-freie Besitz vor dem Auskauf und der Einverleibung durch die Gutsherren geschützt.[427] Der gewaltige Anstoß zum Einziehen von Bauernland zwecks Vergrößerung des Gutsareals, der nach 1763 durch den technischen Aufschwung des herrschaftlichen Großbetriebes gegeben war, wurde dadurch entscheidend eingedämmt.[428] Die Motive für den Erlaß der Bauernschutzbestimmungen waren bekanntlich zur Hauptsache militärpolitischer Art:[429] Aus dem Kantonwesen, nämlich zur Erhaltung des Bauernstandes als Rekrutenreservoir, daneben zur Sicherung der Arbeitsverfassung der Güter des Junkers als Gutsherr und Offizier, rührte die Vorschrift her, daß die Zahl der Bauernstellen auf den adeligen Gütern erhalten sowie daß der Ankauf köllmischer Güter durch den Adel verboten bleiben müsse. Gerade in diesen Bestimmungen aber sahen die Reformer von 1807, die im Oktoberedikt desselben Jahres den Grundsatz der freien Beweglichkeit allen Landbesitzes aufstellten,[430] die Hindernisse für den Aufschwung der Landwirtschaft, wie er im letzten Drittel des 18. Jahrhunderts bereits deutlich geworden war.[431]

Das adelige Landjunkertum bediente sich zum Ausgang der Epoche der altpreußischen Agrarverfassung in Verfolgung seiner Interessen verschiedener, oft ganz entgegengesetzter Mittel und Wege. Ein Teil der ade-

im späten 18. Jahrhundert gibt Mauer, *Das landschaftliche Kreditwesen*... (I/295), S. 31.

425 Vgl. Ziekursch, *100 Jahre* ... (I/204), S. 38.

426 Zur Geschichte des Bauernlegens vgl. statt vieler Knapp, *Die Bauernbefreiung* ... (I/5), Band I, passim.

427 Vgl. Knapp, *a. a.* O., Bd. II (Akten), S. 87 f.

428 Vgl. Knapp, *a. a.* O., Bd. I, S. 55.

429 Vgl. oben Erster Teil, 3. Kapitel, Abschnitt *Bauernschutz als Soldatenschutz.*

430 Siehe das „Edikt betr. den erleichterten Besitz des Grundeigentums sowie die persönlichen Verhältnisse der Landbewohner" vom 9. Oktober 1807, in: *Publikationen aus den preußischen Staatsarchiven*, Bd. XXX, S. 330 ff.

431 Siehe bei Knapp, *Die Bauernbefreiung* ... (I/5), Bd. II (Akten), S. 149.

ligen Junkerschicht glaubte seine Macht und seinen ökonomischen Vorteil nur durch zähes Festhalten an der Herrschaft über die Bauern gesichert. Weil ein „Ackerwerk“ — gemeint war ein Vorwerk zum Gutshof — „doppelt so hoch nützen“ konnte, wie das gleiche Stück Land als Bauernhof einbrachte,[432] nahmen viele Gutsherren jede Gelegenheit wahr, im Gegensatz zu den Bestimmungen des Bauernschutzes die Bauernstellen einzuziehen, beziehungsweise die ledig gewordenen Höfe nicht wieder zu besetzen;[433] unter Anwendung einer Reihe von wirksamen Methoden gelang es ihnen, ihr Ausdehnungsbestreben trotz der einschränkenden Gesetzgebung auch auf Kosten des Bauernlandes und des Bauernstandes zu befriedigen.[434]

Daneben gab ein anderer, ständig wachsender Teil der Junkerschaft aus wirtschaftlichen Erwägungen dem Gedanken einer Befreiung der Bauern aus Untertänigkeit und Dienstzwang den Vorzug.[435] Besonders zum Jahrhundertende setzte sich die Erkenntnis mehr und mehr durch, daß die Dienste, die der untertänige Bauer zwangsweise verrichtete, eine schlechtere Ausnutzung seiner Arbeitskraft bedeuteten, als wenn man sie von ihm im Rahmen eines Vertragsverhältnisses aus freien Stücken erreichen konnte.[436] Die Dienstablösung der Bauern wurde besonders dann vorgenommen, wenn durch den häufigen Güterwechsel das patriarchalische Verhältnis ohnehin zerstört war.[437] Zumal die Junker zum Jahrhundertende bei einer Freilassung ihrer Untertanen unter Umständen sogar des besonderen Dankes ihres Königs (Friedrich Wilhelms III.) sicher sein konnten,[438] sprach für einen solchen Schritt auch die Konsequenz, daß er erhebliche wirtschaftliche und rechtliche Vorteile barg. Logischerweise konnte man diejenigen Gutsherren, die sich durch Freilassung ihrer Bauern des Herrschaftsrechts über sie begeben hatten, nicht länger daran hindern, ledig werdende Bauernhöfe zum Gut zu schlagen; denn ein Zwang zur Wiederbesetzung der Höfe, den die Bauernschutzbestimmungen vorschrieben, konnte nun nicht mehr ausgeübt werden,

[432] Siehe *a. a.* O., S. 39 f.

[433] Siehe bes. *A. B. B.* (E/3), Bd. XV, S. 27.

[434] Vgl. oben Erster Teil, 3. Kapitel, Abschnitt *Der Militärdienst und die „Proletarisierung“ der ländlichen Bevölkerung im alten Preußen.*

[435] Vgl. Martiny, *Die Adelsfrage ...* (I/241), S. 57.

[436] Vgl. *a. a.* O., S. 12; — vgl. auch oben Erster Teil, 3. Kapitel, bes. Anm. I/355 ff.

[437] Vgl. oben Erster Teil, *a. a. O.;* sowie Martiny, *a. a.* O., S. 60.

[438] Zum Dank für die unentgeltliche Freilassung ihrer Untertanen erhob Friedrich Wilhelm III. die drei Herren v. Hülsen — zwei von ihnen waren Offiziere — in den Grafenstand; vgl. die *Acta des Etatministeriums für die Provinz Ostpreußen* (II/406), Titel 2 b 45.

nachdem auch der Gutsherr nach der Freilassung kein Recht mehr hatte, seine Bauern zur Annahme einer solchen Stelle zu zwingen.[439] Die Annahme liegt nahe, daß die Neigung zur Befreiung der Privatbauern unter dem Adel zum Ende des 18. Jahrhunderts keineswegs selten gewesen ist, wenn auch die Mehrheit der adeligen Junkerschicht bis zum endgültigen Zerfall der alten Agrarverfassung im Jahre 1807 am gutsherrlich-bäuerlichen Verhältnis festhielt, wie es während des ganzen 18. Jahrhunderts bestimmend war.

Obwohl der Bauernschutz insgesamt nicht die durchschlagende Wirkung erzielte, die seine Initiatoren geplant hatten,[440] ist es doch eine unleugbare Tatsache, daß durch die Bauernschutzgesetzgebung des preußischen Staates von der Mitte bis zum Ende des 18. Jahrhunderts die Ausbreitung des herrschaftlichen Gutes auf Kosten des Bauernlandes im wesentlichen verhindert wurde. Die Bedeutung des staatlichen Eingreifens zugunsten der Bauern im alten Preußen wird besonders deutlich, wenn man das Schicksal des Bauernstandes in den Provinzen des preußischen Staates mit dem der Bauern etwa in Schwedisch-Vorpommern zu jener Zeit vergleicht.[441] In Schwedisch-Vorpommern, wo keine Regierung zugunsten der Bauernschaft eingriff, sondern die gesellschaftliche und wirtschaftliche Entwicklung einen vom Staat unbeeinflußten Verlauf nahm, kam es zur Verdrängung und Aufsaugung des Bauernstandes und des bäuerlichen Landbesitzes durch die Gutsherrschaften. Dort entstand schon im Laufe des 18. Jahrhunderts der herrschaftliche Großbetrieb, wie er sich in dieser Form in Preußen erst nach der Beendigung des Bauernschutzes, also nach 1807, ausbildete: mit Landarbeitern, die aus den Reihen der früheren Bauern zusammengesetzt waren, sowie allenfalls mit einigen bäuerlichen Pächtern, deren Land uneingeschränktes Eigentum der Gutsherren war. Ein Vergleich der altpreußischen Verhältnisse mit denen eines Landes, dessen politische Lage in jener Zeit es zu einer „faktischen Adelsrepublik“[442] werden ließ, in der keine Zentralgewalt eines absoluten Staates das Spiel der sozialen Kräfte regulierte oder hemmte, läßt den zwingenden Schluß zu, daß ohne den

[439] Vgl. Hintze, *Preußische Reformbestrebungen* ... (I/355), S. 421.

[440] Über die Gesamtergebnisse des Bauernschutzes unterrichtet Knapp, *Die Bauernbefreiung* ... (I/5), Bd. I, S. 55.

[441] Siehe Carl Johannes Fuchs, *Der Untergang des Bauernstandes und das Aufkommen der Gutsherrschaften*, Straßburg 1888, passim; — siehe auch das *Vorwort* von C. J. Fuchs zu Georg Friedrich Knapp, *Die Bauernbefreiung* ... (I/5), 2. unveränderte Auflage, München und Leipzig 1927.

[442] Siehe das *Vorwort* von C. J. Fuchs zu G. F. Knapp. *a. a.* O.

[443] Vgl. Ziekursch, *100 Jahre* ... (I/204), S. 184.

Bauernschutz des altpreußischen Staates das Bauernlegen in preußischen Landen einen weit größeren Umfang angenommen haben würde, als es im alten Preußen ohnehin bis zu einem gewissen Umfange geschehen konnte,[443] daß es vielleicht sogar zu einer ebensolchen Vernichtung der Bauern als Stand und zu einer Aufsaugung des bäuerlichen Besitzes geführt haben würde, wie sie in Schwedisch-Vorpommern stattfanden.

Zwischen den Zerreißproben, denen die alte Agrarverfassung zum Ende der altpreußischen Epoche ausgesetzt gewesen ist, und dem altpreußischen Militärsystem als sozialem System im Rahmen der allgemeinen Staatsverfassung Preußens bis 1807 ergab sich der Wirkungszusammenhang, daß der altpreußische absolute Staat, der zur Erhaltung seiner inneren und seiner außenpolitischen Macht ein straff organisiertes stehendes Heer benötigte, es sich nicht wie die Regierung in Neuvorpommern gestatten konnte, die Entwicklung der Agrarverfassung dem freien Spiel der sozialen und wirtschaftlichen Kräfte zu überlassen, weil damit die Grundlagen seines Militärsystems ins Wanken geraten wären. Diese militärpolitische Rücksichtnahme verhinderte, daß die Ausdehnung des gutsherrschaftlichen Landes auf Kosten des bäuerlichen Grundbesitzes im alten Preußen in dem gleichen Umfange stattfand, wie sie sich im übrigen Nordosten Deutschlands in der zweiten Hälfte des 18. Jahrhunderts durchsetzte und schließlich, nach Aufhebung des Bauernschutzes, in den Jahren nach 1807 auch auf Preußen übergriff. Für das Junkertum, das auf Grund der landwirtschaftlich-technischen, agrarverfassungsmäßigen und kreditpolitischen Verbesserungen nach dem Siebenjährigen Krieg im alten Preußen nicht anders als die Gutsherren der übrigen ostelbischen Gebiete die Tendenz verfolgen mußte, die viel ergiebigere und rationellere Gutswirtschaft auch auf die bäuerlichen Äcker und Weiden auszudehnen, bedeuteten die Gegenmaßnahmen des Staates, bedeutete die „Konservation“ der herrschenden Verfassung auf dem Lande, die das altpreußische Militärsystem dem Adel wie den Bauern aufzwang, eine Drosselung der agrarwirtschaftlichen und sozialen Fortentwicklung.

Die Privilegien, die dem Adel zugunsten des Militärsystems zudiktiert waren, richteten sich in letzter Linie gegen ihn selbst und damit schließlich auch gegen das System. Ihre Aufhebung konnte erst beschlossen werden, als für das Heer die beiden Prinzipien verworfen wurden, die ihre Aufrechterhaltung zu fordern schienen: die Ergänzung des Heeres in der bis 1807 geübten Form und das an ständischen Leitbildern orientierte Verhältnis zwischen Offizieren und Mannschaft in der Armee. Der spezifische Unterschied, der durch das Rangreglement

Friedrich Wilhelms I. zwischen Offizier und Soldat errichtet worden war,[444] mußte in einen nur graduellen umgewandelt werden. Vermittelnd wirkte schon die Hereinnahme von Bürgerlichen in das Offizierkorps. Die Herstellung eines menschlicheren Verhältnisses zwischen Offizieren und Mannschaft gelang vollends aber erst nach 1807 durch das Reglement über die Besetzung der Offiziersstellen (1808),[445] durch die Abschaffung der Ausländerwerbung (1809) und die schließliche Einführung der allgemeinen Wehrpflicht. Erst als die Erkenntnis der Notwendigkeit solcher Neuerungen — die im Rahmen der ‚Militärreorganisationskommission' schon seit 1795 diskutiert worden waren[446] — im Denken der verantwortlichen Leiter der preußischen Staats- und Heeresverwaltung einen festen Platz eingenommen hatte und die mögliche Ausführung kurz bevorstand, konnten die Gesetze fallen gelassen werden, die den reformerischen Ideen einer zur Liberalisierung der sozialen und wirtschaftlichen Verhältnisse drängenden Epoche der preußischen Geschichte nicht mehr entsprachen.[447] Erst jetzt konnte sich die neue Ära im Oktoberedikt von 1807 mit der Aufhebung der ständischen Gesellschaftsordnung ihren eigenen Ausdruck schaffen.[448]

ERGEBNISSE

Das altpreußische Militärsystem als soziales System berührte den adeligen Junker ebenso wie den bäuerlichen Kantonisten nicht nur mit der Forderung des Dienstes im Heer, sondern bezog alle seine Lebensbereiche mit ein und stellte die persönliche Lebensführung des einzelnen ganz und gar auf die Erfüllung seiner militärischen Aufgaben ab. Der Grundsatz der systematischen Einreihung des gesamten Adels in das Offizierkorps der Armee nötigte den König anfangs zur gesetzlichen Bindung des Edelmannes an die Scholle und zur Einschränkung seiner Bewegungs- und Handlungsfreiheit, um die seinem Stande zu-

444 Vgl. oben Erstes Kapitel, Abschnitt *Das Verhältnis zwischen Adel und Offizierkorps*, bes. Anm. II/63 f.

445 Vgl. hierzu Demeter, *Das deutsche Offizierkorps* ... (II/76), S. 15.

446 Vgl. v. d. Goltz, *Von Roßbach bis Jena* ... (I/73), S. 247 ff.

447 Zur ideengeschichtlichen Fundierung der historischen Vorgänge zum Ausgang des 18. Jahrhunderts, die zum Oktoberedikt führten, vgl. neben anderen Autoren Henri Brunschwig, *La Crise de l'État Prussien à la fin du XVIIIe Siècle et la Genèse de la Mentalité romantique*, Paris 1947, bes. Teil I, Kap. 4, § 5.

448 Siehe das „Edikt betr. den erleichterten Besitz des Grundeigentums sowie die persönlichen Verhältnisse der Landbewohner" vom 9. Oktober 1807, in: *Publikationen aus den preußischen Staatsarchiven*, Bd. XXX, S. 330 ff.

diktierten Dienstleistungen persönlicher oder finanzieller Art für das Militärsystem notfalls zwangsweise sicherzustellen.

Seinen finanziellen Beitrag leistete der adelige Gutsherr auf dem Lande nicht nur durch die Zahlung des „Lehnsritterpferdegeldes" und, je nach den regionalen und persönlichen Verhältnissen, der „Kontribution", sondern auch und vor allem in der Form des Unterhalts für seine Angehörigen oder seine eigene Person im Heer: im Subalternoffiziersdienst und, wenn bei Übernahme der Stellung eines Kompaniechefs der Kauf der Kompanie vom vorherigen Inhaber zu finanzieren war. Als eine Art von Opferleistung für das Militärwesen hatte er eine Schmälerung seiner Gutseinnahmen für den Fall hinzunehmen, daß seine Offizierspflichten ihn zu längerer Abwesenheit vom Gut und in der Folge davon zur Einsetzung einer fremden Administration über seine Besitztümer zwangen; auch der Abzug seiner privaten Untertanen und Arbeitskräfte zum Dienst im Heer und für das Heer wirkte sich in einem Sinken der Gutserträge aus. Im übrigen diente der altpreußische Edelmann, ob Gutsherr oder anderes Mitglied einer Adelsfamilie, von früher Jugend auf zum späteren Offiziersdienst erzogen, ganz allgemein Jahrzehnte, bis er als Leutnant, Kapitän oder Oberst auf das Gut zurückkehrte. Und auch nach seinem Abschied von der Armee leistete ein durch die Offiziersschule des preußischen Heeres hindurchgegangener adeliger Gutsherr, der Landrat — Sachwalter von zugleich zivilen ständischen und staatlich-administrativen Interessen — wurde, noch als Marschkommissar und Mitorganisator im Kantonwesen seine Dienste für das Militärsystem.

Die von den Königen gewollte und durch das Militärsystem geschaffene Identität von Adel und Offizierkorps wirkte sich in einer wechselseitigen Beeinflussung der sozialen Verhaltensweise der beiden Ständen angehörenden Adeligen aus. Zweifel an dieser Identität, die durch die teilweise feindselige Haltung der Stände gegenüber dem Offizierkorps des Heeres in den Gravamina an den König auftauchen mochten, zerstreuten sich in der Erkenntnis, daß „Identität" in diesem Falle nicht nur quantitativ, in der prozentualen Übereinstimmung von Adel und Offizierkorps, sondern mehr noch qualitativ, in der Gleichartigkeit des sozialen Verhaltens, zu begreifen war. Der Ausübung der Befehls- und Disziplinargewalt des Offiziers im Regiment und im Kanton und den Methoden der Erzielung von Gewinn in der Kompaniewirtschaft und im Rahmen der Heeresverfassung entsprach die Ausübung der Herrschafts- und Strafgewalt auf dem Gut und in der Ortsverwaltung und den Methoden der Gewinnerzielung auf dem Lande im Rahmen der Agrarverfassung. Seine Doppelrolle als Befehlsträger im militärischen Bereich einerseits und als Inhaber der zivilen Herrschaft im ländlichen Bezirk ließ aus dem altpreußischen Adeligen erst recht eigentlich den „Junker" entstehen, einen zum Besitz und zur Ausübung von Macht geborenen und erzogenen Menschentyp. Das Militärsystem durchdrang und bestimmte auf diese Weise alle Bereiche des sozialen Lebens des Adels und ruhte selbst auf den sozialen Grundlagen, die der Adel in seiner gutsherrschaftlichen Sphäre schuf. In den westlichen Landesteilen mit anderer ländlicher Verfassung, wo die Ausbildung eines im Machtgebrauch über Menschen geübten Junkertyps nicht im gleichen Maße möglich war, konnte auch die Verbindung zwischen Militärsystem und ländlicher Sozialverfassung nicht in derselben Weise eintreten, wenngleich selbst der dortige Adel der Einbeziehung in das System mit ihren Folgen unterlag. Soweit jedoch die Agrarverfassung im alten Preußen gutsherrschaftlich strukturiert war, wurde sie — wie einesteils in Gestalt des Kantonisten — nun über die Person des Junkers identisch mit dem Militärsystem als sozialem System. Der Prozeß der Verschmelzung beider Bereiche in der Zeit Friedrich Wilhelms I. ergab die soziale Militarisierung auch der Junkerschicht. Der Dienst im Rahmen des Militärsystems bestimmte fortan den adeligen Lebensstil.

Die systematische Eingliederung des Junkertums in das Militärsystem, die — besonders mit der Pflicht der Offiziersgestellung — auf der einen Seite eine Belastung für den Adel mit sich brachte, erwies sich bald jedoch zugleich als spürbarer Vorteil für die wirtschaftliche, soziale und politische Stellung des adeligen Junkers. Sein Landbesitz war unentbehrliche Voraussetzung seiner militärischen Leistungsfähigkeit im weitesten Sinne, gründeten sich doch nach den Bedingungen des Systems nicht nur das finanzielle Auskommen, sondern auch die Autorität des Junkers als Offizier gegenüber der aus bäuerlichen Untertanen gebildeten Mannschaft im Heer, ebenso aber seine Bedeutung als Rückgrat für den kämpferischen Geist der Truppe einerseits auf die wirtschaftliche und soziale Stellung, anderseits auf die Familientradition und das Erziehungserbe von Generationen, die das Rittergut ihm mitgab. Aus diesem Grunde wurde der Junker in seinem Besitz bewahrt: Seiner militärpolitischen Position wegen, die er in der altpreußischen Gesellschaft einnahm, war er nicht nur sicher vor einer auf Ausdehnung gerichteten Domänenpolitik, die zu einer Aufsaugung seiner Güter hätte führen können, sondern wurde er von Staats wegen durch Indulte und durch die Errichtung von landschaftlichen Kreditinstituten zur Beschaffung von unkündbarem Kredit für seine Güter vor dem Bankerott geschützt, von dem viele Gutsbesitzer durch die wirtschaftliche Krise nach dem Siebenjährigen Krieg bedroht waren. Die Rittergutsgesetze, die unter anderem den Verkauf adeliger Güter an bürgerliche Personen verboten, zeigten allerdings den zwiefachen Charakter des Güter- beziehungsweise Adelsschutzes. Nicht nur ein Recht auf den Besitz seiner Güter bedeuteten sie für den Adel, sondern auch eine Verpflichtung, sich im Gutsbesitz zu erhalten. Das Motiv war allemal die Erhaltung des Adels für die Erfüllung seiner Offiziersaufgaben und, weitergehend, seiner Aufgaben im Militärsystem. Der Güterschutz beziehungsweise Adelsschutz im alten Preußen war im Grunde ein Offiziersschutz, wie der Bauernschutz sich letztlich als Soldatenschutz erwies.

Der Güterschutz wäre unvollkommen geblieben ohne eine Sicherung des Absatzes der ländlichen Produkte. Sie war gegeben durch die zur Getreidepreispolitik erweiterte Magazinpolitik der preußischen Könige; durch Verkauf von Getreide aus den ursprünglich ganz, später hauptsächlich der Heeresversorgung und Kriegszwecken dienenden Magazinen in Zeiten des Getreidemangels und damit verbundener Preissteigerung, sowie durch Ankauf bei Überproduktion und Preissturz garantierte sie eine stetige Abnahme der heimischen Getreideerzeugung und ein zuverlässiges mittleres Preisniveau. Die Bedürfnisse des Heeres sicherten zudem auch den Absatz der anderen ländlichen Produkte in den Garnisonen.

Durch die Erhaltung des Adels im Landbesitz und die Verdienstgarantien, die das Heer als Absatzmarkt ihm boten, hatte der Junker die Möglichkeit der Bereicherung in der Landwirtschaft. Daneben eröffnete sich ihm eine weitere Vermögensquelle im Heere selbst: die Institution des selbständigen Wirtschaftswesens der Kompanien, die „Kompaniewirtschaft"; und über die legalen ebeno wie die außerregulären Einkünfte aus der Kompaniewirtschaft hinaus, die sich bei der Führung der Kompanie in Krieg und Frieden sowie aus den Machtbefugnissen über den ländlichen Kantonbezirk ergaben, erwies sich durch Belohnungen für die Offiziere in Gestalt von Land- und Geldschenkungen, Sinekuren, Pensionen und späteren Anstellungen im Zivildienst das Heer und der Dienst im Heer als eine Einnahmequelle von erstrangiger Bedeutung für den altpreußischen Junker.

Die Sicherung des Junkers im Landbesitz und im Besitz der Offiziersstellen bedeutete zugleich die Garantie seiner Macht im Staat. Die Herrschaft über die Bauern, die Verwaltung des Ortes durch den Junker als Gutsherrn, die Verwaltung des Kreises durch den Junker als Landrat, sein Einfluß auf die Regierung durch die „Landschaften" waren ein politisches Pfand. Sie qualifizierten den Junker zur tragenden Rolle im Militärsystem. Als Offizier beherrschte er den Kanton und die Garnison, stand er im gesellschaftlichen Rang jedem Zivilisten voran, war er bestimmt für das Landratsamt, aber auch für höhere und höchste Zivilverwaltungsstellen. Durch seine ausdrückliche Berufung zu den beherrschenden Positionen im Staat und in der Gesellschaft war die Machtentfaltung des Junkers nach dieser wie nach jener Richtung in der Praxis unbegrenzt, solange er seine ihm im Rahmen des Militärsystems gestellte Aufgabe erfüllte. Der Dienst des Junkers war die Bedingung des Staates für die Garantie seiner Herrschaft, diese Garantie aber auch die Bedingung des Junkers für die Erfüllung seines Dienstes. Der Junker bediente sich der Machtmittel des Staates, wie dieser sich seiner bediente. Das altpreußische Militärsystem war ein umfassendes soziales System mit politischem Grundcharakter. Die militärpolitische Stellung des Junkers im System ergab seine machtpolitische Position im Staat. Die Machtfaktoren Junkertum und Krone, die das Militärsystem erhielten, zwangen sich zu gegenseitigem Schutz und zu gegenseitiger Garantie. Die Umstellung der Agrarpolitik der Könige von dem Bestreben zur Ausdehnung des Domänenlandes auf Kosten des Adels zur Bewahrung des Junkers in seinem Besitz um jeden Preis bildete ein Beispiel. Nicht mehr Gegensatz, wie im 17. Jahrhundert, sondern Ergänzung bedeuteten sich im 18. Jahrhundert Junkertum und Landesherr. Im Rahmen des politischen Kompromisses, den beide eingingen, paßte der Junker im alten Preußen des 18. Jahrhunderts, Ausdruck der sozialen Militarisierung des Adels durch das Militärsystem, sich der gewandelten politischen Konstellation an. Sein Dienst für den Staat im Rahmen des Militärsystems verhalf dem Junker zur Rückgewinnung der politischen Geltung, die er im Jahrhundert zuvor zum Teil eingebüßt hatte.

Die Erhaltung des Junkers in seinem Landbesitz zugunsten seiner Dienstleistung für das Militärsystem, die Erhaltung des Bauern in seinem Besitz seiner militärischen Rolle wegen bedingten und motivierten den Güter- und Adelsschutz ebenso wie den Bauernschutz. Die Ausmünzung seiner militärischen Rolle zu politischer Bedeutung verhalf dem Junker in der Praxis zum Sieg über die bäuerlichen Interessen. Trotzdem behinderte der Bauernschutz die ungehinderte gutsherrschaftlich-gutswirtschaftliche Expansion. Zu ihrer Einschränkung durch den Bauernschutz, der das Aufsaugen des bäuerlichen Ackers durch den Gutsbetrieb verhinderte, trat das Verbot des Verkaufs adeliger Güter an Nichtadelige. Beides, die Expansion der Gutswirtschaft auf das bäuerliche Land und die Übernahme adeligen Landes durch bürgerliche Käufer, entsprach aber der wirtschaftlichen und sozialen Entwicklungsstufe am Ausgang des 18. Jahrhunderts. Die Rationalisierung und Verbesserung der Landwirtschaft, die Mobilisierung des Landbesitzes durch den fließenden Kredit als Folge der Errichtung der „Landschaften" verlangten nach einer Auflockerung und Beseitigung der ständischen Privilegien, nach einer Liberalisierung der Agrarverfassung. Die Güterentäußerung und der Güterhandel im letzten Drittel des 18. Jahrhunderts, an denen auf Grund der weitestgehenden quantitativen Identität von Offizierkorps und Adel auch Offiziere mit ihren im Heer erworbenen Vermögen und ihrer Erziehung zu rationellem, intensivem und sparsamem Wirtschaften durch das Kompaniewesen beteiligt waren, sprachen dafür, daß der Adel einer solchen Liberalisierung von Wirtschaft und Gesellschaft nicht abgeneigt war. Dergleichen schien sich jedoch vom Standpunkt des Militärsystems zu verbieten. An der starren Aufrechterhaltung der ständischen Schranken im Heer, die sich aus dem Ergänzungsprinzip und aus dem Verhältnis zwischen Offizieren und Mannschaft im altpreußischen Heer im Hinblick auf die Erfordernisse der Disziplin herleiteten, mußte ihre Überwindung in der ländlichen Verfassung scheitern. Erst als mit den veränderten Ergänzungsprinzipien des Heeres und der Wandlung des Verhältnisses zwischen Offizierkorps und Mannschaft die Aufrechterhaltung der alten Agrarverfassung zugunsten des Militärsystems, das auf der Verschmelzung von Agrarverfassung und Heeresverfassung beruht hatte, überflüssig wurde, konnte mit der Beseitigung der ständischen Rechts- und Gesellschaftsordnung durch das Oktoberedikt von 1807 eine Liberalisierung des Soziallebens im preußischen Staat beginnen.

SCHLUSSBETRACHTUNG

Die Folgen der Militarisierung des altpreußischen Soziallebens

Im Rückblick erscheint das altpreußische Militärsystem in vieler Hinsicht als das soziale System des alten Preußen überhaupt. Sein Entstehen verdankte es der Verschmelzung von Heeresverfassung und Agrarverfassung, die in ihm sozial identisch wurden. In der Epoche der preußischen Geschichte vor der Ausbildung des Militärsystems bildete die Armee innerhalb der Gesellschaft einen bedrohlichen Fremdkörper in der Hand des Herrschers. Das preußische Heer seit den ersten Regierungsjahren Friedrich Wilhelms I., im wesentlichen seit der gesetzlichen Einführung der Kantonverfassung nach 1733, baute seine Sozialstruktur auf die des Landes auf, glich sich ihr an und war auf Gedeih und Verderb mit ihr verbunden. Diese Verflechtung und soziale Identifizierung verwandelte das zivile Dasein des adeligen und bäuerlichen Landbewohners in ein zugleich militärisches. Die Folge war die Militarisierung der Agrargesellschaft. Sie wirkte sich aus in der Formung des Lebensstils dieser zu jener Zeit überwältigenden Mehrheit der Nation; sie wurde die Grundlage der Menschenerziehung im alten Preußen, der sozialen Verhaltensweisen, der Einstellung zum Staat; sie schuf so geistig und sozial die „preußische" Lebensform. Das alte Preußen entstand erst recht mit der Errichtung dieses Systems; es endete mit seinem unvermeidlichen Zerfall.

Die Abhängigkeit des altpreußischen Militärsystems von der ständischen Sozialstruktur des Landes, auf die es gegründet war, mußte zu seinem Verhängnis werden, wenn Veränderungen in dieser Sozialstruktur die Basis des Systems in Frage stellten. Seine Erhaltung erforderte daher unbedingt die Aufrechterhaltung der ständischen Organisation der Gesellschaft und der zu diesem Zweck erlassenen Bestimmungen. Bauernschutz und Güterschutz — die Erhaltung des Bauernstandes im Landbesitz, die Erhaltung der Junkerschicht im Besitz der Rittergüter — dienten beide der Stabilisierung einer sozialen Ordnung, in der der Bauer zum Soldaten, der Junker zum Offizier bestimmt war.

Es war die Ordnung einer ständisch gegliederten Gesellschaft, die da mit Rücksicht auf das Militärsystem „konserviert" wurde. Der nächsten Stufe im geschichtlichen Ablauf, der Liberalisierung von Gesellschaft und

Wirtschaft und der dazu notwendigen Aufhebung der ständischen Ordnung mit ihren Geburtsständen und Berufsbindungen wirkte diese Konservationspolitik des altpreußischen Staates logischerweise entgegen. Zunächst freilich brachte sie dem Bauern und dem Junker den Vorteil der Sicherung ihrer wirtschaftlichen Existenz; dem Junker gar verhalf sie darüber hinaus zur Rückgewinnung und Garantie seiner politischen Geltung, denn seine Rolle im Militärsystem, in dem er einen der Faktoren der Macht darstellte, die es erhielten, erzwang die staatliche Rücksichtnahme auf seine Interessen. Anderseits bedeutete die „Konservation" der bestehenden gesetzlichen Ordnung den Stillstand gegenüber den immer in stetem Fluß befindlichen sozialen Kräften. Die Folgen zeigten sich, als die Bindung der ländlichen Schichten der Bevölkerung, besonders des Junkertums, an ihren Besitz in Widerspruch zu ihren Interessen geriet, die, etwa in der Grundeigentumsfrage, durchaus in Richtung einer Liberalisierung der Agrarverfassung gingen. Gegenüber den zum Ausgang des 18. Jahrhunderts sich wandelnden Agrarverhältnissen bedeutete der hauptsächlich mit Rücksicht auf das Militärsystem durch eine konservierende Gesetzgebung erzwungene Stillstand den Rückschritt. Das Militärsystem des alten Preußen, erwachsen aus der Verbindung von Heeres- und Agrarverfassung, erwies sich so als stabilisierender Faktor für die ständisch-monarchische Gesellschafts- und Staatsordnung, aber als retardierender Faktor für die Liberalisierung der sozialen und wirtschaftlichen Ordnung, wie sie zum Ausgang der Epoche des alten Preußen dem historischen Prozeß entsprach.

Es würde eine unzulässige Einengung des Themas „Militärsystem und Sozialleben" bedeuten, wollte man es nur auf die agrarischen Verhältnisse beziehen. Wenn auch das alte Preußen ein Agrarstaat war und soziale Militarisierung ursprünglich und zur Hauptsache Militarisierung der Agrarverhältnisse bedeutete, die deshalb als wichtigstes Beispiel herangezogen wurden, so erstreckte sich doch gleichwohl das Militärsystem als soziales System auch auf die nicht-agrarischen Bereiche. Die Bedeutung des Militärsystems für das städtische Bürgertum und die Geschichte des Bürgertums auf preußischem Boden ebenso wie für das Beamtentum, in dem Adel und Bürgertum sich trafen, und die Geschichte des Beamtentums ist im Rahmen einer vollen Würdigung der Folgen der Militarisierung des altpreußischen Soziallebens mit Nachdruck zu berücksichtigen.*

* Zur Bedeutung des Militärsystems für die städtischen Verhältnisse im altpreußischen Staat siehe statt vieler die Schrift von Kurt Hinze, *Die Arbeiterfrage zu Beginn des modernen Kapitalismus in Brandenburg-Preußen*, Berlin 1927, der auch

Die Rolle der Stadt als Garnison neben ihrem steuerlichen Beitrag zur Kriegskasse veranschaulicht die Vor- und Nachteile, die der städtische Bürger durch das Militärsystem erfahren mußte. Der Anteil der Militärbevölkerung und ihre Rolle im städtischen Sozial- und Wirtschaftsleben hat die gewerbliche Entwicklung der preußischen Stadt erheblich beeinflußt. Vor allem aber rührt die Untersuchung der Beziehungen zwischen Militärsystem und Bürgertum an das Problem, welche Folgen dem Bürger durch die scharfe Trennung von Stadt und Land, städtischen und ländlichen Berufen, und besonders durch seinen grundsätzlichen Ausschluß vom Grundbesitz auf dem Lande und vom Militärberuf erwachsen mußten. Als eine der wichtigsten Konsequenzen wäre das Festhalten des bäuerlichen Untertanen auf seiner Scholle, eine von vielen Maßnahmen zugunsten des altpreußischen Militärsystems, zu nennen, die sein Abwandern in die Stadt und damit ein quantitatives Wachstum des Bürgertums begrenzte. Man lese nach in den politischen Testamenten Friedrichs d. Gr., die seine Klagen über fehlende und zu schwache Manufakturen, die dringend vermehrt werden müßten, enthalten; man vergleiche in den ‚Jahrbüchern der preußischen Monarchie' und ähnlichen Quellen um die Wende vom 18. zum 19. Jahrhundert, welche Möglichkeiten damals schon das Manufakturwesen bot; dann wird man feststellen müssen, daß bei Freizügigkeit der Bewohner der altpreußischen Monarchie die Stadt im alten Preußen wohl aufnahmefähig gewesen wäre für eine vom Lande abwandernde Bevölkerung, wie sie nach der Bauernbefreiung auftrat. Die allgemeine Erkenntnis, daß die Stadt im altpreußischen Staat ein völlig unentwickeltes Gebilde gewesen ist, hat ihre Berechtigung gerade darin, daß die das Militärsystem stützenden Gesetze ein Aufleben der Stadt nicht erlaubten. Durch das Verbot des Besitzes von Rittergütern für Bürgerliche wurde

die älteren grundlegenden Studien von Gustav Schmoller, Otto Hintze, Werner Sombart und anderen Autoren berücksichtigt. Zu den Fragen über Bürgertum und Bürokratie im Zusammenhang mit dem Militarismus-Problem siehe die zusammenfassenden Arbeiten von Hans Rosenberg, *Bureaucracy, Aristocracy and Autocracy. The Prussian Experience 1660—1815*, Cambridge/Mass. 1958; Gerhard Ritter, *Staatskunst und Kriegshandwerk. Das Problem des ‚Militarismus' in Deutschland*, Band II, München 1960; Herbert von Borch, *Obrigkeit und Widerstand. Zur politischen Soziologie des Beamtentums*, Tübingen 1954; und Heinrich Heffter, *Die deutsche Selbstverwaltung im 19. Jahrhundert. Geschichte der Ideen und Institutionen*, Stuttgart 1950. Siehe auch Johannes Ziekursch, *Das Ergebnis der friderizianischen Städteverwaltung und die Städteordnung Steins*, Jena 1908. Den genannten Werken stellen sich eine Reihe von anderen Studien zur Seite, die in EINLEITUNG und LITERATURVERZEICHNIS der vorliegenden Untersuchung aufgeführt sind.

auch eine mögliche Verschmelzung von Stadt und Land in dieser Richtung verhindert. Der Ausschluß des Bürgers vom Offiziersberuf — eine Bestimmung, die sich erst spät und nur zögernd lockerte — schloß ihn ab von der Möglichkeit der Gewinnung jener politischen Geltung, die im 18. Jahrhundert dem adeligen Junker gerade auf Grund seines Offizierscharakters zugesichert war.

Zur Erlangung eines höheren Einflusses des Bürgertums im Staate hätte es gewiß eines stärkeren politischen Impulses von Seiten der Bürger bedurft. Doch konnte er sich nicht entwickeln in einer Sphäre von Ordres und Reglements, die von der Bürokratie und durch die Bürokratie über den Bürger ausgeschüttet wurden. Auch das Beamtentum war in stärkstem Maße mit dem Militärsystem verflochten. Fest steht, daß seit den Tagen Friedrich Wilhelms I. die gesamte Verwaltung militärisches Gepräge erhalten hatte. Für den Monarchen war der Beamte ein ebensolcher Befehlsempfänger und Befehlsträger wie der Offizier. Die zunehmende Durchdringung des höheren Beamtentums mit Militärpersonen von Offizierscharakter, unter denen vor allem die Auditeure und Quartiermeister der Regimenter eine Rolle spielten, vor allem auch des Subalternbeamtentums mit ausgedienten Unteroffizieren und Soldaten mußte automatisch die Verhaltensweise der Bürokratie militarisieren und sie in den Mechanismus von Befehl und Gehorsam hineinziehen. Die gelegentliche Opposition von Beamten gegenüber dem Militärsystem bleibt als Phänomen ebenso zu beachten, wie der Einfluß des altpreußischen Militärsystems auf die Bürokratie als Tatsache zur Kenntnis genommen werden muß. Die Reglementierung der preußischen Bevölkerung durch eine militarisierte Bürokratie hat mit zu der Ausbildung des preußischen Lebensstils des Befehlens und Gehorchens beigetragen und die Entwicklung einer selbstbewußten Haltung des Bürgertums auf preußisch-deutschem Boden erschwert. In der Weite solcher Perspektiven wird das Studium der Beziehungen zwischen Militärsystem und Sozialleben im alten Preußen zu einer Untersuchung der Anfänge jener sozialen Militarisierung der preußisch-deutschen Gesellschaft, die sich bis ins 20. Jahrhundert hinein erstreckt hat.

QUELLEN- UND LITERATURVERZEICHNIS

Von der älteren Literatur und den in neueren Standardwerken verarbeiteten zeitgenössischen Quellen ist in diesem Verzeichnis nur eine Auswahl der wichtigsten Titel aufgenommen. Weitere Hinweise auf Quellen und ältere Schriften sind den folgenden Werken zu entnehmen. Siehe auch unten den NACHTRAG zu diesem Verzeichnis.

Acta Borussica. Denkmäler der Preußischen Staatsverwaltung im 18. Jahrhundert (herausgegeben von der Preußischen Akademie der Wissenschaften):

Die Behördenorganisation und die allgemeine Staatsverwaltung Preußens im 18. Jahrhundert (bearb. v. G. Schmoller, O. Hintze u. a.), Bde I—XV, Berlin 1892 ff., u. Bd. XVI, 1 u. 2 (bearb. v. P. Baumgart, G. Heinrich), Hbg-Berlin 1970 u. 1981.

Die Getreidehandelspolitik und Kriegsmagazinverwaltung Brandenburg-Preußens (bearbeitet von W. Naudé, A. Skalweit u. a.), Bde II—IV, Berlin 1901 ff.

Die Handels-, Zoll- und Akzisepolitik Preußens (bearbeitet von H. Rachel), Bde II und III, Berlin 1922 ff.

Die Briefe König Friedrich Wilhelms I. an den Fürsten Leopold zu Anhalt-Dessau (bearbeitet von O. Krauske), Berlin 1905.

Die Wollindustrie ...: siehe Hinrichs.

Acta des Etatsministeriums für die Provinz Ostpreußen, Haupttitel 7 ff., Untertitel d (*Dörfer und Güter*); Titel 114 d G; Titel 9 d K, Nr. 20; Titel 2 b 45 (in: *Staatliches Archivlager*, Göttingen, vormals *Zonales Archivlager*, Goslar).

Abel, W., *Agrarkrisen und Agrarkonjunktur in Mitteleuropa vom 13. bis zum 19. Jahrhundert*, Berlin 1935.

Allgemeines Landrecht für die Preußischen Staaten (Ausgabe 1794 und Ausgabe 1796).

Arnim, v., *Über die Canton-Verfassung in den Preußischen Staaten*, Frankfurt und Leipzig 1788.

Aubin, G., *Zur Geschichte des gutsherrlich-bäuerlichen Verhältnisses in Ostpreußen von der Gründung des Ordensstaates bis zur Steinschen Reform*, Leipzig 1910.

Baczko, L. v., *Geschichte Preußens*, Bde 1—6, Königsberg 1798 ff.

Baczko, L. v., *Handbuch der Geschichte, Erdbeschreibung und Statistik Preußens*, Tle 1., 2., Königsberg-Leipzig 1802 f.

Bassewitz, M. v., *Die Kurmark Brandenburg vor 1806*, Leipzig 1847.

Beheim-Schwarzbach, M., *Hohenzollernsche Colonisationen*, Leipzig 1874.

Behre, O., *Geschichte der Statistik in Brandenburg-Preußen bis zur Gründung des Kgl. Statistischen Bureaus*, Berlin 1905.

Behrenhorst, G. H. v., *Betrachtungen über die Kriegskunst, über ihre Fortschritte, ihre Widersprüche und ihre Zuverlässigkeit. Auch für Laien verständlich, wenn sie nur Geschichte wissen*, Bde 1—3, Leipzig 1797 ff.

Bekmann, J. Chr., *Historische Beschreibung der Chur und Mark Brandenburg*, 2 Bde, Berlin 1751 und 1753.

Berghaus, H., *Landbuch der Mark Brandenburg und des Markgrafthums Niederlausitz*, 3 Bde, Brandenburg 1854.

Bertuch, J. G., *Über Erziehung des künftigen Soldaten, nebst einem Vorschlag, bei einzelnen Regimentern Schulen zu errichten*, Berlin 1781.

Böhme, K., *Gutsherrlich-bäuerliche Verhältnisse in Ostpreußen während der Reformzeit 1770—1830*, in: *Staats- und sozialwissenschaftliche Forschungen* XX, 3, Leipzig 1902.

Borch, H. v., *Obrigkeit und Widerstand. Zur politischen Soziologie des Beamtentums*, Tübingen 1954.

Bornhak, C., *Preußische Staats- und Rechtsgeschichte*, Berlin 1903.

Boyen, H. v., *Darstellung der Grundsätze der alten und der gegenwärtigen preußischen Kriegsverfassung, Berlin 1817* (eingeleitet von M. Lehmann), in: *Historische Zeitschrift*, Bd. 67 (1891).

Bräker, U., *Der arme Mann im Tockenburg* (herausgegeben von Ed. Bülow), in: *Recl.-Univ.-Bibl.*, Nr. 2601/02, Leipzig 1889.

Bratring, F. W. A., *Statistisch-topographische Beschreibung der gesamten Mark Brandenburg*, Bde 1., 2., Berlin 1804 f. (Neuausgabe in einem Band, Berlin 1968).

Brünneck, W. v., *Die Aufhebung der Leibeigenschaft durch die Gesetzgebung Friedrichs des Großen und das Allgemeine Preußische Landrecht*, in: *Zeitschrift der Savigny-Stiftung für Rechtsgeschichte*, Germanistische Abteilung, Band 10 (1889).

Brünneck, W. v., *Die Leibeigenschaft in Pommern*, in: *Zeitschrift der Savigny-Stiftung für Rechtsgeschichte*, Germanistische Abteilung, Band 9 (1888).

Brünneck, W. v., *Die Leibeigenschaft in Ostpreußen*, in: *Zeitschrift der Savigny-Stiftung für Rechtsgeschichte*, Germanistische Abteilung, Band 8 (1887).

Brünneck, W. v., *Die Pfandbriefsysteme der preußischen Landschaften*, Berlin 1910.

Brunschwig, H., *La Crise de l'Etat Prussien à la fin du XVIIIe Siècle et la Genèse de la Mentalité romantique*, Paris 1949.

Buchholz, F., *Zur Geschichte von Berlin und Potsdam unter der Regierung des Königs Friedrich II.*, in: *Historisch-Genealogischer Kalender auf das Gemeinjahr 1825*, und in: *Berliner Kalender auf das Gemeinjahr 1827* (herausgegeben von der Kgl. Preußischen Kalender-Deputation).

Buchholz, S., *Versuch einer Geschichte der Churmark Brandenburg*, Tle 1—14, Berlin 1767 ff.

Büsching, A. F., *Beyträge zu der Lebensgeschichte denkwürdiger Personen*, Tle 1—4, Halle 1783 ff.

Bußmann, W., *Friedrich der Große im Wandel des europäischen Urteils*, in: *Deutschland und Europa* (= Festschrift für Hans Rothfels), Düsseldorf 1951.

Ciriacy, F. v., *Chronologische Übersicht der Geschichte des Preußischen Heeres, dessen Stärke, Verfassung und Kriege seit dem letzten Kurfürsten von Brandenburg bis auf die jetzigen Zeiten*, Berlin-Posen 1820.

Courbière, R. de l'Homme de, *Geschichte der Brandenburgisch-Preußischen Heeres-Verfassung*, Berlin 1852.

Craig, G. A., *The Politics of the Prussian Army 1640—1945*, Oxford 1955.

Czybulka, G., *Die Lage der ländlichen Klassen Ostdeutschlands im 18. Jahrhundert* (= Beiträge zum Geschichtsunterricht, Heft 15), Braunschweig 1949.

Delbrück, H., *Geschichte der Kriegskunst im Rahmen der politischen Geschichte*, IV. Teil: *Die Neuzeit* (als photomechanischer Nachdruck der 1. Aufl. mit einer Einleitung von O. Haintz), Berlin 1962.

Demeter, K., *Das deutsche Offizierkorps in seinen historisch-soziologischen Grundlagen*, Berlin 1930 (4., überarbeitete u. erweiterte Aufl., 1965).

Der Brandenburgisch-Preußische Staat am Schlusse des achtzehnten Jahrhunderts oder Reise durch sämtliche königlich Preußische Provinzen, Berlin 1801.

Der Soldatenfreund. Zeitschrift für faßliche Belehrung und Unterhaltung der preußischen Soldaten (begründet von L. Schneider), 10. Jahrgang (Nr. 508), Berlin 1843.

Die Politischen Testamente der Hohenzollern, Bd. II (herausgegeben von G. Küntzel und M. Hass), 2. Aufl., Leipzig-Berlin 1920.

Dorn, W., *The Prussian Bureaucracy in the Eighteenth Century,* in: *Political Science Quarterly* XLVI (1931) und XLVII (1932).

Dorwart, R. A., *The Administrative Reforms of Frederick William I of Prussia,* Cambridge (Mass.) 1953.

Droysen, J. G., *Geschichte der preußischen Politik,* 2. Aufl., Leipzig 1872.

Endres, F. C., *Soziologische Struktur und ihr entsprechende Ideologien des deutschen Offizierkorps vor dem Weltkriege,* in: *Archiv für Sozialwissenschaft und Sozialpolitik,* LVIII (1927).

Entwicklungsgeschichte des deutschen Heerwesens, Bd. 4: *Das Heerwesen in der Zeit des Absolutismus* (herausgegeben von E. v. Frauenholz unter Mitwirkung von W. Elze und P. Schmitthenner), München 1940.

Ernst, A., *Zur Entstehung der Gutsherrschaft in Brandenburg,* in: *Forschungen zur brandenburgischen und preußischen Geschichte,* Bd. 22 (1909).

Fick, H., *Der deutsche Militarismus der Vorkriegszeit,* Potsdam 1932.

Fidicin, E., *Die Territorien der Mark Brandenburg,* 4 Bde, Berlin 1857 ff.

Fidicin, E., *Historisch-diplomatische Beiträge zur Geschichte der Stadt Berlin,* Bde 1—5, Berlin 1837 ff.

Förster, F., *Friedrich Wilhelm I. König von Preußen,* 3 Bde, Potsdam 1834 f.

Forschungen zur brandenburgischen und preußischen Geschichte, Bde 1—55, Leipzig-München-Berlin 1888—1944.

Frédéric le Grand, Oeuvres (herausgegeben von J. D. E. Preuß), 31 Bde, Berlin 1846 ff.

Friccius, C., und Fleck, E., *Preußische Militärgesetzsammlung 1701—1862,* Berlin 1836 ff.

Friedrich, C. J., *The German and the Prussian Civil Service,* in: White, L. D. [Hrsg.], *The Civil Service in the Modern State . . .,* Chicago 1930 [siehe White, L. D., The Civil Service . . .].

Froese, U., *Das Kolonisationswerk Friedrichs des Großen,* Heidelberg-Berlin 1938.

Fuchs, C. J., *Der Untergang des Bauernstandes und das Aufkommen der Gutsherrschaften nach archivalischen Quellen aus Neu-Vorpommern und Rügen,* Straßburg 1888.

Gansauge, H. v., *Das Brandenburgisch-Preußische Kriegswesen um die Jahre 1440, 1640 und 1740,* Berlin-Posen-Bromberg 1839.

Gieraths, G., *Die Kampfhandlungen der brandenburgisch-preußischen Armee 1626 bis 1807. Ein Quellenhandbuch* (= Veröffentlichungen der Berliner Historischen Kommission beim Friedrich-Meinecke-Institut der Freien Universität Berlin, Bd. 8), Berlin 1964.

Görlitz, W., *Die Junker. Adel und Bauern im deutschen Osten. Geschichtliche Bilanz von 7 Jahrhunderten,* Glücksburg 1956.

Goldschmidt, H., *Die Grundbesitzverteilung in der Kurmark Brandenburg um das Jahr 1800,* Diss. Tübingen 1909.

Goltz, C. Frh. v. d., *Von Roßbach bis Jena und Auerstedt,* 2. Aufl., Berlin 1906.

Goltz, Th. Frh. v. d., *Die ländliche Arbeiterfrage und ihre Lösung*, Danzig 1872.

Gooch, G. P., *Frederic the Great. The Writer, the Ruler, the Man*, London und New York 1947 (Deutsche Ausgabe: *Friedrich der Große. Herrscher, Schriftsteller, Mensch* [Übersetzung von K. Dockhorn], Göttingen 1951).

Grossmann, F., *Über die gutsherrlich-bäuerlichen Verhältnisse in der Mark Brandenburg vom 16.—18. Jahrhundert*, in: *Staats- und sozialwissenschaftliche Forschungen* IX, 4 (1890).

Häpke, R., *Die Bevölkerung des Mittelalters und der neueren Zeit bis Ende des 18. Jahrhunderts in Europa*, in: *Handwörterbuch der Staatswissenschaften*, 4. Aufl. (herausgegeben von L. Elster, A. Weber, F. Wieser), Bd. 2, Jena 1924.

Hartung, F., *König Friedrich Wilhelm I. Der Begründer des preußischen Staates*, in: *Vorträge und Schriften der Preußischen Akademie der Wissenschaften*, II (1942).

Hartung, F., *Studien zur Geschichte der preußischen Verwaltung*, I. Teil: *Vom 16. Jahrhundert bis zum Zusammenbruch des alten Staates im Jahre 1806* (= Abhandlungen der Preußischen Akademie der Wissenschaften, Jahrgang 1941), Berlin 1942.

Hartung, F., *Volk und Staat in der deutschen Geschichte. Gesammelte Abhandlungen*, Leipzig 1940.

Heffter, H., *Die deutsche Selbstverwaltung im 19. Jahrhundert. Geschichte der Ideen und Institutionen*, Stuttgart 1950.

Helfritz, H., *Geschichte der preußischen Heeresverwaltung*, Berlin 1938.

Hinrichs, C., *Friedrich Wilhelm I. König in Preußen*, Bd. 1: *Jugend und Aufstieg*, Hamburg 1941.

Hinrichs, C., *Der Regierungsantritt Friedrich Wilhelms I.*, in: *Jahrbuch für die Geschichte Mittel- und Ostdeutschlands*, Bd. V, Tübingen 1956.

Hinrichs, C., *Der Hallische Pietismus als politisch-soziale Reformbewegung des 18. Jahrhunderts*, in: *Jahrbuch für die Geschichte Mittel- und Ostdeutschlands*, Bd. II, Tübingen 1953.

Hinrichs, C., *Die Wollindustrie in Preußen unter Friedrich Wilhelm I.* (in der Reihe der *Acta Borussica* herausgegeben von der Preußischen Akademie der Wissenschaften), Berlin 1933.

Hintze: siehe auch *Acta Borussica*.

Hintze, O., *Denkschrift über Berliner Manufakturverhältnisse aus dem Jahr 1801* (= Schriften des Vereins für die Geschichte Berlins, Heft 31), Berlin 1894.

Hintze, O., *Der preußische Militär- und Beamtenstaat im 18. Jahrhundert*, in: *Geist und Epochen der preußischen Geschichte* (= Gesammelte Abhandlungen, Bd. 3), Leipzig 1943.

Hintze, O., *Die Hohenzollern und der Adel*, in: *Historische Zeitschrift*, Bd. 112 (1914).

Hintze, O., *Die Industrialisierungspolitik Friedrichs d. Gr.* (Vortrag 1903), in: *Deutsche Bücherei*, Bd. 96/97 (1908).

Hintze, O., *Geist und Epochen der preußischen Geschichte* (= Gesammelte Abhandlungen, Bd. 3), Leipzig 1943.

Hintze, O., *Geist und System der preußischen Verwaltung um 1740*, in: *Acta Borussica ... Die Behördenorganisation ...*, Bd. VI, 1. Hälfte, Berlin 1901.

Hintze, O., *Gesammelte Abhandlungen* (herausgegeben von F. Hartung), 3 Bde, Leipzig 1941 ff. (neu hrsg. v. G. Oestreich, 3 Bde, Göttingen 1962 ff.).

Hintze, O., *Historische und politische Aufsätze*, Bd. I, Berlin 1908.

Hintze, O., *Preußische Reformbestrebungen vor 1806*, in: *Historische Zeitschrift*, Bd. 76 (1896).

Hintze, O., *Staatsverfassung und Heeresverfassung*, in: *Staat und Verfassung* (= Gesammelte Abhandlungen, Bd. 1), Leipzig 1941.

Hintze, O., *Stein und der preußische Staat* [= Besprechung von M. Lehmanns Stein-Biographie], in: *Historische Zeitschrift*, Bd. 94 (1905).

Hintze, O., *Zur Agrarpolitik Friedrichs des Großen*, in: *Forschungen zur brandenburgischen und preußischen Geschichte*, Bd. 10 (1898).

Hinze, K., *Die Arbeiterfrage zu Beginn des modernen Kapitalismus in Brandenburg-Preußen* (= Veröffentlichungen des Vereins für die Geschichte der Mark Brandenburg), Berlin 1927 (Neuausgabe: Berlin 1963).

Höhn, R., *Revolution. Heer. Kriegsbild*, Darmstadt 1944.

Hoven, J., *Der preußische Offizier des 18. Jahrhunderts*, Phil. Diss., Leipzig 1936.

Huber, E. R., *Heer und Staat in der deutschen Geschichte*, Hamburg 1938 (2. Aufl. 1943).

Hüffer, H., *Die Beamten des älteren preußischen Kabinetts von 1713—1808*, in: *Forschungen zur brandenburgischen und preußischen Geschichte*, Bd. 5 (1892).

Jähns, M., *Geschichte der Kriegswissenschaften vornehmlich in Deutschland*, Bde 1—3, München 1889 ff.

Jähns, M., *Heeresverfassung und Völkerleben*, 2. Aufl., Berlin 1885.

Jahrbücher der Preußischen Monarchie unter der Regierung Friedrich Wilhelms III., 9 Bde (herausgegeben von Unger), Berlin 1798—1800.

Jany, C., *Geschichte der Königlich Preußischen Armee bis zum Jahre 1807*, Bde 1—3, Berlin 1928 f.

Jany, C., *Die Kantonverfassung Friedrich Wilhelms I.*, in: *Forschungen zur brandenburgischen und preußischen Geschichte*, Bd. 38 (1926).

Kahlden, E. v., *Die ländlichen Arbeiter*, in: Meitzen, A., *Der Boden und die landwirtschaftlichen Verhältnisse des preußischen Staates*, Bd. 8, Berlin 1908.

Kehr, E., *Zur Genesis des Königlich Preußischen Reserveoffiziers*, in: *Die Gesellschaft*, II (1928).

Kessel, E., *Der deutsche Soldat in den stehenden Heeren des Absolutismus*, in: *Die Deutsche Soldatenkunde*, Bd. 1 (herausgegeben von B. Schwerdtfeger und E. O. Volkmann), Berlin-Leipzig 1937.

Klassiker der Politik (herausgegeben von F. Meinecke und H. Oncken), Bd. 5: *Friedrich II. Die politischen Testamente*, Berlin 1922.

Knapp, G. F., *Die Bauernbefreiung und der Ursprung der Landarbeiter in den älteren Teilen Preußens*, 2 Bde, Leipzig 1887 (2. unveränderte Aufl., München-Leipzig 1927).

Kneschke: siehe *Neues allgemeines Deutsches Adels-Lexikon*.

Knoblauch, H., *Über die sittliche und wissenschaftliche Bildung der jungen Leute, welche dem Militär sich widmen*, Berlin 1800.

[Koenig, A. B.], *Versuch einer historischen Schilderung ... der Residenzstadt Berlin seit den ältesten Zeiten bis zum Jahre 1786*, Tle 4 und 5, Berlin 1796 ff.

Koser, R., *König Friedrich der Große*, 2. Aufl., Berlin-Stuttgart 1901 ff. (4. Aufl., 4 Bde, 1912 ff.).

Krüger, H., *Zur Geschichte der Manufakturen ... in Preußen ...*, Berlin (Ost) 1958.

Krug, L., *Abriß der neuesten Statistik des preußischen Staates*, Halle 1804.

Kulischer, J., *Allgemeine Wirtschaftsgeschichte des Mittelalters und der Neuzeit,* Bd. 2: *Die Neuzeit* (= Handbuch der Mittelalterlichen und Neueren Geschichte, Abteilung III: Verfassung, Recht, Wirtschaft. Herausgegeben von G. v. Below und F. Meinecke), München-Berlin 1929.

Lampe, A., *Der Milizgedanke und seine Durchführung in Brandenburg-Preußen vom Ausgang des 16. Jahrhunderts bis zur Heeresreform nach 1807,* Phil. Diss. [masch.schr.], Berlin 1951.

Laukhard, Magister, Sein Leben und seine Schicksale von ihm selbst beschrieben (herausgegeben von H. Schnabel), München 1912.

Ledebur, F., Frhr. v., *Die Geschichte des deutschen Unteroffiziers,* Berlin 1939.

Lehmann, M., *Freiherr vom Stein,* 3 Bde, Leipzig 1902 ff.

Lehmann, M., *Scharnhorst,* Bd. II, Leipzig 1887.

Lehmann, M., *Werbung, Wehrpflicht und Beurlaubung im Heere Friedrich Wilhelms I.,* in: *Historische Zeitschrift,* Bd. 67 (1891).

Linnebach, E., *Deutsche Heeresgeschichte,* Hamburg 1935.

Loewe, V., *Die Allodifikation der Lehen unter Friedrich Wilhelm I.,* in: *Forschungen zur brandenburgischen und preußischen Geschichte,* Bd. 11, 2. Hälfte (1898).

[Lossow, v.], *Denkwürdigkeiten zur Charakteristik der Preußischen Armee unter dem großen König Friedrich dem Zweiten,* Glogau 1826.

Lotz, A., *Geschichte des deutschen Beamtentums,* 2. Aufl., Berlin 1914.

Lütge, F., *Deutsche Sozial- und Wirtschaftsgeschichte* (= Enzyklopädie der Rechts- und Staatswissenschaften, Abteilung Staatswissenschaft), 2. Aufl., Berlin-Göttingen-Heidelberg 1960.

Lütge, F., *Die mitteldeutsche Grundherrschaft,* Jena 1934.

Martiny, F., *Die Adelsfrage in Preußen vor 1806* (= Beiheft zur *Vierteljahresschrift für Sozial- und Wirtschaftsgeschichte*), Stuttgart-Berlin 1938.

Marwitz, F. A. L. v. d., *Die Besoldung der Armee im alten Preußen und ihre Reform 1808* (herausgegeben von F. Meusel), in: *Forschungen zur brandenburgischen und preußischen Geschichte,* Bd. 21 (1908).

Marwitz: *Friedrich August Ludwig von der Marwitz. Ein märkischer Edelmann im Zeitalter der Befreiungskriege* (herausgegeben von F. Meusel), 3 Bde, Berlin 1908 ff.

Mauer, H., *Das landschaftliche Kreditwesen Preußens, agrargeschichtlich und volkswirtschaftlich betrachtet* (= Abhandlungen aus dem Staatswissenschaftlichen Seminar zu Straßburg, Heft 22), Straßburg 1907.

Mebes, J., *Beiträge zur Geschichte des brandenburgisch-preußischen Staates und Heeres,* Bde 1., 2., Berlin 1861 ff.

Meinecke, F., *Das Zeitalter der deutschen Erhebung (1795—1815),* Bielefeld-Leipzig 1906 (6. Aufl., Göttingen 1957).

Meinecke, F., *Die deutsche Katastrophe. Betrachtungen und Erinnerungen,* Wiesbaden 1946 (4. Aufl., Wiesbaden 1949).

Meinecke, F., *Die Idee der Staatsräson in der neueren Geschichte,* München und Berlin 1924 (auch Friedrich Meinecke, *Werke,* Bd. 1 [herausgegeben von W. Hofer], München 1957).

Meitzen: siehe Kahlden.

Meusel: siehe Marwitz.

Meynert, H., *Geschichte des Kriegswesens und der Heeresverfassung in Europa,* Bde 1—3, Wien 1868 f.

Militärgesetzsammlung, preußische: siehe Friccius.

Mirabeau, H. G. R. Comte de, *De la monarchie prussienne sous Frédéric le Grand,* 4 Bde, London 1788.

Moegelin, H., *Das Retablissement des adeligen Grundbesitzes der Neumark durch Friedrich den Großen,* in: *Forschungen zur brandenburgischen und preußischen Geschichte,* Bd. 46 (1934).

Mylius, Chr. O., *Corpus Constitutionum Marchicarum; Corporis Constitutionum Marchicarum Continuatio; Novum Corpus Constitutionum Prussico-Brandenburgensium praecipue Marchicarum* (insges. 24 Tle für die Jahre 1737—1806), Berlin und Halle 1737—1822.

Naudé: siehe auch *Acta Borussica.*

Naudé, W., *Zur Geschichte des preußischen Subalternbeamtentums,* in: *Forschungen zur brandenburgischen und preußischen Geschichte,* Bd. 18 (1905).

Neues allgemeines Deutsches Adels-Lexikon, Bde 1—9 (herausgegeben von E. H. Kneschke), Leipzig 1859 ff.

Neues Preußisches Adels-Lexikon: siehe Zedlitz-Neukirch.

Nordmann, R., *Friedrich Wilhelm I. und die Organisation der Preußischen Armee,* Leipzig 1907.

Oestreich, G., *Calvinismus, Neostoizismus und Preußentum,* in: *Jahrbuch für die Geschichte Mittel- und Ostdeutschlands,* Bd. V, Tübingen 1956.

Oestreich, G., *Zur Heeresverfassung der deutschen Territorien von 1500 bis 1800,* in: *Forschungen zu Staat und Verfassung* (= Festgabe für Fritz Hartung), Berlin 1958.

Oeuvres: siehe *Frédéric le Grand.*

Osten-Sacken und vom Rhein, O. Frhr. v., *Preußens Heer von seinen Anfängen bis zur Gegenwart,* Bde 1—3, Berlin 1911—1914.

Pelet-Narbonne, G. v., *Geschichte der brandenburgisch-preußischen Reiterei,* Bde 1., 2., Berlin 1905.

Philippson, M., *Geschichte des Preußischen Staatswesens vom Tode Friedrichs des Großen bis zu den Freiheitskriegen,* Bd. II, Leipzig 1882.

Politische Testamente: siehe *Die Politischen Testamente ...*

Poten, v., *Handwörterbuch der gesamten Militärwissenschaft,* Bde 1—9, Bielefeld 1877 ff.

Preuß, J. D. E., *Friedrich der Große. Eine Lebensgeschichte,* Bde 1—4 und Urkundenband 5, Berlin 1832 ff.

Preuß: siehe auch *Frédéric le Grand.*

Priebatsch, F., *Geschichte des preußischen Offizierkorps,* Breslau 1919.

Publikationen aus den Kgl. Preußischen Staatsarchiven, Bd. 30: *Preußens Könige in ihrer Tätigkeit für die Landeskultur,* Teil IV: Stadelmann, R., *Friedrich Wilhelm III. 1797—1807,* Leipzig 1887.

Rachel, H., und Wallich, P., *Berliner Großkaufleute und Kapitalisten,* Bd. II, Berlin 1938.

Rangliste der Königlichen Preußischen Armee für das Jahr 1805, Berlin 1806.

Ranke, L. v., *Zwölf Bücher Preußischer Geschichte* (= Sämtliche Werke, Bde 25/29), 2. Aufl., Leipzig 1878 f.

Ribbentrop, *Verfassung des preußischen Canton-Wesens,* Minden 1798.

Ritter, G., *Friedrich der Große. Ein historisches Profil,* 3. Aufl., Heidelberg 1953.

Ritter, G., *Staatskunst und Kriegshandwerk. Das Problem des „Militarismus" in Deutschland,* Bde 1 u. 2, München 1954 und 1960.

Ritter, G., *Stein. Eine politische Biographie,* 2 Bde, Stuttgart-Berlin 1931.

Rosenberg, H., *Bureaucracy, Aristocracy and Autocracy. The Prussian Experience 1660—1815* (= Harvard Historical Monographs XXXIV), Cambridge (Mass.) 1958.

Rosenberg, H., *The Rise of the Junkers in Brandenburg-Prussia 1410—1653,* in: *The American Historical Review* XLIX (1943/4).

Rumler, M., *Die Bestrebungen zur Befreiung der Privatbauern in Preußen (1797 bis 1806),* in: *Forschungen zur brandenburgischen und preußischen Geschichte,* Bd. 33 (1921).

Scherbening, v., *Die Reorganisation der Preußischen Armee nach dem Tilsiter Frieden,* 2 Bde, Berlin 1862 ff.

Schild, E., *Der preußische Feldprediger,* Bd. 2, Halle 1890.

Schindler, G., *Die Entstehung des preußischen Heerwesens 1640—1740,* in: *Deutsche Rundschau,* Bd. 12 (1885/6).

Schmoller: siehe auch *Acta Borussica.*

Schmoller, G., *Das Merkantilsystem in seiner historischen Bedeutung,* in: *Schmollers Jahrbuch für Gesetzgebung, Verwaltung und Volkswirtschaft,* Bd. 8 (1884) [auch in: Schmoller, G., *Umrisse und Untersuchungen zur Verfassungs-, Verwaltungs- und Wirtschaftsgeschichte besonders des preußischen Staates im 17. und 18. Jahrhundert,* Leipzig 1898].

Schmoller, G., *Das Städtewesen unter Friedrich Wilhelm I.,* in: *Zeitschrift für Preußische Geschichte und Landeskunde,* Bde 8—12, Berlin 1871 ff.

Schmoller, G., *Der deutsche Beamtenstaat,* in: Schmoller, G., *Umrisse und Untersuchungen ...,* Leipzig 1898.

Schmoller, G., *Deutsches Städtewesen in älterer Zeit,* Bonn und Leipzig 1922.

Schmoller, G., *Die Entstehung des preußischen Heeres 1640—1740,* in: Schmoller, G., *Umrisse und Untersuchungen ...,* Leipzig 1898.

Schmoller, G., *Preußische Verfassungs-, Verwaltungs- und Finanzgeschichte,* Berlin 1921.

Schmoller, G., *Umrisse und Untersuchungen zur Verfassungs-, Verwaltungs- und Wirtschaftsgeschichte besonders des preußischen Staates im 17. und 18. Jahrhundert,* Leipzig 1898.

Schultz, W. v., *Die preußischen Werbungen unter Friedrich Wilhelm I. und Friedrich dem Großen,* Schwerin 1887.

Schultze, J., *Die Auseinandersetzung zwischen Adel und Bürgertum in den Deutschen Zeitschriften der letzten drei Jahrzehnte des 18. Jahrhunderts (1773—1806),* in: *Historische Studien* (herausgegeben von E. Ebering), Berlin 1925.

Schwartz, F., *Organisation und Verpflegung der preußischen Landmilizen im Siebenjährigen Krieg,* in: *Staats- und sozialwissenschaftliche Forschungen* (herausgegeben von G. Schmoller), Bd. 7, Heft 4, Leipzig 1888.

Schwartz, P., *Die Klassifikation von 1718/19. Ein Beitrag zur Familien- und Wirtschaftsgeschichte der neumärkischen Landgemeinden,* 1. Teil, in: *Die Neumark. Jahrbuch des Vereins für Geschichte der Neumark,* Heft 3, Landsberg a. W. 1926.

Sieveking, H., *Grundzüge der Neueren Wirtschaftsgeschichte vom 17. Jahrhundert bis zur Gegenwart* (= Grundriß der Geschichtswissenschaft, herausgegeben von A. Meister, Reihe II, Abteilung 2), 4. unveränderte Aufl., Berlin 1923.

Sieveking, H., *Wirtschaftsgeschichte* (= Enzyklopädie der Rechts- und Staatswissenschaft, 47), Berlin 1935.

Skalweit, A.: siehe *Acta Borussica.*

Skalweit, S., *Friedrich Wilhelm I. und die preußische Historie,* in: *Jahrbuch für die Geschichte Mittel- und Ostdeutschlands,* Bd. VI, Tübingen 1957.

Skalweit, S., *Preußen als historisches Problem (Literaturbericht),* in: *Jahrbuch für die Geschichte Mittel- und Ostdeutschlands,* Bd. III, Tübingen 1954.

Soldatenfreund: siehe *Der Soldatenfreund.*

Sombart, W., *Der moderne Kapitalismus,* 1. Aufl., Leipzig 1902 (6. Aufl., 2 Bde, München und Leipzig 1924).

Spatz, W., *Der Teltow,* 3. Teil, Berlin 1912.

Stadelmann, R., *Die preußischen Könige in ihrer Tätigkeit für die Landeskultur* (= Publikationen aus den Kgl. Preußischen Staatsarchiven, Bd. 2 [*Friedrich Wilhelm I.*], Bd. 11 [*Friedrich der Große*], Bd. 25 [*Friedrich Wilhelm II.*], Bd. 30 [*Friedrich Wilhelm III.*]), Leipzig 1878 ff.

Stein, L. v., *Die Lehre vom Heerwesen. Als Theil der Staatswissenschaft,* Stuttgart 1872.

Stein, R., *Die Umwandlung der Agrarverfassung Ostpreußens durch die Reform des 19. Jahrhunderts,* 3 Bde, Jena 1918 und Königsberg 1933.

Stölzel, A., *Brandenburg-Preußens Rechtsverwaltung und Rechtsverfassung,* 2 Bde, Berlin 1888.

Taysen, v., *Friedrich der Große. Militärische Schriften,* Berlin 1882.

Testamente: siehe *Die politischen Testamente ...*

Treitschke, H. v., *Deutsche Geschichte im 19. Jahrhundert,* Bd. 1, 3. Aufl., Leipzig 1882.

Unger: siehe *Jahrbücher der Preußischen Monarchie.*

Vagts, A., *A History of Militarism,* New York 1937.

Vasallen-Tabellen des Ostpreußischen Kammerdepartements, in: *Ostpreußische Folianten* (in: *Staatliches Archivlager,* Göttingen, vormals *Zonales Archivlager,* Goslar).

Weber, Alfr., *Ideen zur Staats- und Kultursoziologie,* Karlsruhe 1927.

Weyermann, M., *Zur Geschichte des Immobiliarkreditwesens in Preußen* (= Freiburger Volkswirtschaftliche Abhandlungen, I. Bd., 1. Ergänzungsheft), Karlsruhe 1910.

White, L. D., (ed.), *The Civil Service in the Modern State. A collection of documents* (published under the auspices of the International Congress of the Administrative Sciences), Chicago 1930 (siehe auch Friedrich, C. J., *The German and the Prussian Civil Service*).

Wilke, *Handbuch zur Kenntniß des Preußischen Cantonwesens,* Stettin 1802.

Winter, G., *Hans Joachim von Zieten,* 2 Bde, Leipzig 1886.

Winter, G., (Hrsg.), *Die Reorganisation des Preußischen Staates* unter Stein und Hardenberg (= Publikationen aus den Preußischen Staatsarchiven, Bd. 93), Leipzig 1931.

Winter, G., *Zur Entstehungsgeschichte des Oktober-Ediktes und der Verordnung vom 14. Februar 1808,* in: *Forschungen zur brandenburgischen und preußischen Geschichte,* Bd. 40 (1927).

Zakrezewski, C. A., *Die wichtigeren Reformen der direkten ländlichen Steuern in Preußen im 18. Jahrhundert,* Leipzig 1887.

Zedlitz-Neukirch, Frhr. L. v., *Neues Preußisches Adels-Lexikon,* Leipzig 1836 ff.

Ziekursch, J., *Beiträge zur Charakteristik der preußischen Verwaltungsbeamten in Schlesien bis zum Untergang des friderizianischen Staates,* Breslau 1907.

Ziekursch, J., *Das Ergebnis der friderizianischen Städteverwaltung und die Städteordnung Steins*, Jena 1908.

Ziekursch, J., *100 Jahre schlesischer Agrargeschichte. Vom Hubertusburger Frieden bis zum Abschluß der Bauernbefreiung*, 2. Aufl., Breslau 1927.

Zottmann, A., *Die Wirtschaftspolitik Friedrichs des Großen mit besonderer Berücksichtigung der Kriegswirtschaft*, Leipzig-Wien 1937.

Zustand: *Allerneuester Zustand der Königlichen Preußischen Armee mit Anfang des Jahres 1778*, Breslau 1778.

Zustand der Königlichen Preußischen Armee im Jahr 1786, Breslau 1786.

NACHTRÄGE

Bachmann, P./Zeissler, K., *Der deutsche Militarismus*, Bd. 1: *Vom brandenburgisch-preußischen Militarismus zum deutschen Militarismus. Illustrierte Geschichte*, Berlin 1971.

Baumgart, P., *Epochen der preußischen Monarchie im 18. Jahrhundert*, in: *Zeitschrift für historische Forschung*, Bd. 6 (1979), S. 287—316.

Baumgart, P. (Hrsg.), *Erscheinungsformen des preußischen Absolutismus. Verfassung und Verwaltung* (= Historische Texte Neuzeit [Bd. 1]), Germering 1966.

Berghahn, V. R., *Militarismus* (= Neue Wissenschaftliche Bibliothek, Bd. 83), Köln 1975.

Berthold, R., *Die Lage der Bauern im 18. Jahrhundert und die bäuerlichen Einkommen*, in: *Jahrbuch für Wirtschaftsgeschichte*, Jg. 1970, Teil 1, S. 185—190.

Birtsch, G., *Zur sozialen und politischen Rolle des deutschen, vornehmlich preußischen Adels am Ende des 18. Jahrhunderts*, in: Kluxen, K./Weis, E./Roos, H./Birtsch, G., *Der Adel vor der Revolution. Zur sozialen und politischen Funktion des Adels im vorrevolutionären Europa*, eingeleitet und hrsg. von Rudolf Vierhaus, Göttingen 1971.

Bleckwenn, H. (Hrsg.), *Das Altpreußische Heer — Erscheinungsbild und Wesen 1713—1807*, 8 Teile, Osnabrück 1970 ff.

Bleckwenn, H., *Unter dem Preußen-Adler. Das brandenburgisch-preußische Heer 1640—1807*, München 1978.

Bleek, W., *Von der Kameralausbildung zum Juristenprivileg. Studium, Prüfung und Ausbildung der höheren Beamten des allgemeinen Verwaltungsdienstes in Deutschland im 18. und 19. Jahrhundert* (= Historische und Pädagogische Studien [Hrsg. von O. Büsch und G. Heinrich], Bd. 3), Berlin 1972.

Böhme, K., *Der preußische Militarismus in der Historiographie der Bundesrepublik und der DDR*, in: *Mitteilungen der Gesellschaft der Freunde der Universität Mannheim* (1974).

Boll, E., *Abriß der mecklenburgischen Landeskunde*, Wismar 1861.

Bonin, H. von, *Der Adel in der höheren Beamtenschaft in der preußischen Monarchie 1794—1806. Ein Beitrag zur Sozialstruktur des preußischen Staates vor den Reformen* (Diss.), Göttingen 1961.

Boyen, H. von, *Überblick der preußischen Heeresverfassung und ihrer Kosten seit dem Tode des Großen Kurfürsten*, Berlin 1847.

Brüggemann, L. W., *Ausführliche Beschreibung des gegenwärtigen Zustandes des königlich preußischen Herzogtums Vor- und Hinterpommern . . .*, Bde 1—3, Stettin 1779/84 (Titel gekürzt).

Büsch, O. (Hrsg.), *Das Preußenbild in der Geschichte. Protokoll eines Symposions* (= Veröffentlichungen der Historischen Kommission zu Berlin, Bd. 50), Berlin 1980.

Büsch, O., *Garnisonen und Garnisonsorte in Brandenburg 1640—1806* (Karte im Maßstab 1 : 500 000 mit Begleittext [= Historischer Handatlas von Brandenburg und Berlin, Lieferung 17]), Berlin 1965.

Carsten, F. L., *Die Entstehung Preußens,* Köln-Berlin 1968.

Cavan, G. W. C., *Das Kriegs- und Militärrecht, wie solches jetzt bei der königlich-preußischen Armee besteht,* 2 Bde, Berlin 1801.

Ciriacy, F. von, *Historisch-statistisch-militärische Tabelle des brandenburgisch-preußischen Heeres von Kurfürst Friedrich I. bis auf die jetzige Zeit,* Berlin 1825.

Conrad, H., *Geschichte der deutschen Wehrverfassung,* München 1939.

Crousaz, A. von, *Die Organisation des brandenburgischen und preußischen Heeres seit 1640 . . .,* Berlin 1873 (Titel gekürzt).

Dehio, L., *Der Zusammenhang der preußisch-deutschen Geschichte 1640—1945,* in: Forster, K. (Hrsg.), *Gibt es ein deutsches Geschichtsbild?,* Würzburg 1961.

Der bisherige Güterhandel und seine traurigen Folgen (Anonym), Dresden 1810.

Dietrich, R., *Kleine Geschichte Preußens,* Berlin 1966.

Dietrich, R. (Hrsg.), *Preußen. Epochen und Probleme seiner Geschichte,* Berlin 1964.

Dorpalen, A., *Post-Mortem on Prussia: The East German Position,* in: *Central European History,* Bd. 4, No. 4 (Dezember 1971).

Duffy, Ch., *Friedrich der Große und seine Armee,* Stuttgart 1978.

Fechner, H., *Wirtschaftsgeschichte der preußischen Provinz Schlesien in der Zeit ihrer provinziellen Selbständigkeit 1741—1806,* Breslau 1907.

Feuchtwanger, E. J., *Preußen. Mythos und Realität,* Wiesbaden 1979.

Förster, G./Hehnert, H./Heinz, O./Schnitter, H., *Der preußisch-deutsche Generalstab 1640—1965. Zu seiner politischen Rolle in der Geschichte,* Berlin 1966.

Frauenholz, E. von, *Das Heerwesen in der Zeit des Absolutismus* (= Ders. [Hrsg.], *Entwicklungsgeschichte des deutschen Heerwesens,* Bd. 4), München 1940.

Gause, F., *Geschichte der Stadt Königsberg in Preußen,* Bd. 2, Köln-Graz 1968.

Gaxotte, P., *Friedrich der Große,* Erlenbach-Zürich 1946.

Guibert, J. A. H. de, *Bemerkungen über die Kriegsverfassung der preußischen Armeen,* Köln 1778.

Handbuch der deutschen Militärgeschichte, hrsg. vom Militärgeschichtlichen Forschungsamt Freiburg, Frankfurt/M. 1964 ff.

Harnisch, H., *Die Gutsherrschaft in Brandenburg. Ergebnisse und Probleme,* in: *Jahrbuch für Wirtschaftsgeschichte,* Jg. 1969, Teil 4, S. 143 ff.

Hartung, F., *Deutsche Verfassungsgeschichte vom 15. Jahrhundert bis zur Gegenwart,* 9. Aufl., Stuttgart 1969.

Heinrich, G., *Der Adel in Brandenburg-Preußen,* in: Rössler, H. (Hrsg.), *Deutscher Adel 1555—1740.* Büdinger Vorträge 1964 (= Schriften zur Problematik der deutschen Führungsschichten in der Neuzeit, Bd. 2), Darmstadt 1965, S. 259—314.

Henderson, W. O., *Studies in the Economic Policy of Frederick the Great,* London 1963.

Henning, F.-W., *Dienste und Abgaben der Bauern im 18. Jahrhundert* (= Quellen und Forschungen zur Agrargeschichte, Bd. 21), Stuttgart 1969.

Hermann, C. H., *Deutsche Militärgeschichte. Eine Einführung.* Hrsg. im Auftrag des Arbeitskreises für Wehrforschung, Frankfurt/M. 1966.

Hinrichs, C., *Pietismus und Militarismus im alten Preußen,* in: *Archiv für Reformationsgeschichte,* Bd. 49 (1958), S. 270—323.

Hinrichs, C., *Preußen als historisches Problem. Gesammelte Abhandlungen,* hrsg. v. Gerhard Oestreich (= Veröffentlichungen der Historischen Kommission zu Berlin, Bd. 10), Berlin 1964.

Hinrichs, C., *Preußentum und Pietismus. Der Pietismus in Brandenburg-Preußen als religiös-soziale Bewegung,* Göttingen 1971.

Hoppe, W., *Friedrich der Große und sein ländliches Siedlungswerk,* Berlin-Leipzig [1943].

Hubatsch, W., *Friedrich der Große und die preußische Verwaltung* (= Studien zur Geschichte Preußens, Bd. 18), Köln-Berlin 1973.

Hülle, W., *Das Auditoriat in Brandenburg-Preußen. Ein rechtshistorischer Beitrag zur Geschichte seines Heerwesens mit einem Exkurs über Österreich* (= Göttinger rechtswissenschaftliche Studien, Bd. 83), Göttingen 1971.

Hüllmann, C. D., *Historische und staatswirtschaftliche Untersuchungen über die Naturaldienste der Gutsuntertanen,* Berlin 1803.

Johnson, H. C., *Frederick the Great and His Officials,* New Haven und London 1975.

Kathe, H., *Der »Soldatenkönig«. Friedrich Wilhelm I. 1688—1740. König in Preußen — Eine Biographie,* 2., durchgesehene Aufl., Berlin (Ost) 1978.

Kathe, H., *Die Hohenzollernlegende,* Berlin (Ost) 1973.

Kesselbauer, G., *Einige Probleme des Kampfes der preußischen Bourgeoisie zur Durchsetzung der kapitalistischen Produktionsverhältnisse (1789 bis 1806),* in: *Jahrbuch für Wirtschaftsgeschichte,* Berlin (Ost) 1964, Teil II/III , S. 109—121.

Kleßmann, E., *Prinz Louis Ferdinand von Preußen 1772—1806. Gestalt einer Zeitenwende,* München 1972.

Koselleck, R., *Preußen zwischen Reform und Revolution. Allgemeines Landrecht, Verwaltung und soziale Bewegung von 1791 bis 1848* (= Industrielle Welt, Bd. 7), 2. Aufl., Stuttgart 1975.

Krause, G., *Altpreußische Uniformfertigung als Vorstufe der Bekleidungsindustrie,* Hamburg 1965.

Krug, L., *Über die Leibeigenschaft oder Erbuntertänigkeit der Landbewohner in den Preußischen Staaten,* Halle 1798.

Kunisch, J., *Der Kleine Krieg. Studien zum Heerwesen des Absolutismus* (= Frankfurter Historische Studien, Bd. 4), Wiesbaden 1973.

Lozek, G., u. a., *Preußentum,* in: Dies., *Unbewältigte Vergangenheit. Kritik der bürgerlichen Geschichtsschreibung in der BRD,* 3., neubearbeitete u. erw. Aufl., Berlin (Ost) 1977, S. 238—249.

Lyncker, A. v., *Die altpreußische Armee 1714—1806 . . .,* Berlin 1937 (Titel gekürzt).

Massenbach, C. von, *Historische Denkwürdigkeiten zur Geschichte des Verfalls des preußischen Staates seit dem Jahre 1794 nebst Tagebuche über den Feldzug von 1806,* Amsterdam 1809.

Mauer, H., *Die private Kapitalanlage in Preußen während des 18. Jahrhunderts,* Mannheim 1921.

Mehring, F., *Die Lessing-Legende,* 6. Aufl., Berlin 1919.

Michalkiewicz, St., *Einige Episoden aus der Geschichte der schlesischen Bauernkämpfe im 17. und 18. Jahrhundert,* in: *Beiträge zur Geschichte Schlesiens,* Berlin (Ost) 1958.

Mittenzwei, I., *Friedrich II. von Preußen. Eine Biographie,* Berlin (Ost) 1979.

Mittenzwei, I., *Preußen nach dem Siebenjährigen Krieg. Auseinandersetzungen zwischen Bürgertum und Staat um die Wirtschaftspolitik* (= Akademie der Wissenschaften der DDR. Schriften des Zentralinstituts für Geschichte, Bd. 62), Berlin (Ost) 1979.

Müller, H.-H., *Bauern, Pächter und Adel im alten Preußen. Bemerkungen und Ergänzungen zu dem Buch von Otto Büsch: Militärsystem und Sozialleben im alten Preußen 1713—1807* . . ., Berlin 1962, in: *Jahrbuch für Wirtschaftsgeschichte,* Berlin (Ost) 1966, Teil I, S. 259—277 (Titel gekürzt).

Müller, H.-H., *Der agrarische Fortschritt und die Bauern in Brandenburg vor den Reformen von 1807,* in: *Zeitschrift für Geschichtswissenschaft,* Bd. 12 (1964), S. 629—648.

Müller, H.-H., *Domänen und Domänenpächter in Brandenburg-Preußen im 18. Jahrhundert,* in: *Jahrbuch für Wirtschaftsgeschichte,* Jg. 1965, Teil 4, S. 152—192.

Müller, H.-H., *Märkische Landwirtschaft vor den Agrarreformen von 1807,* Potsdam 1967.

Neugebauer, W., *Zur neueren Deutung der preußischen Verwaltung im 17. und 18. Jahrhundert. Eine Studie in vergleichender Sicht,* in: *Jahrbuch für die Geschichte Mittel- und Ostdeutschlands,* Bd. 26 (1977), S. 86—128.

Obermann, E., *Vom preußischen zum deutschen Militarismus* (Diss.), Heidelberg 1950.

Oertzen, F. W. von, *Junker. Preußischer Adel im Jahrhundert des Liberalismus,* Oldenburg i. O.-Berlin 1939.

Oestreich, G., *Friedrich Wilhelm I. Preußischer Absolutismus, Merkantilismus, Militarismus* (= Persönlichkeit und Geschichte, Bd. 96/97), Göttingen usw. 1977.

Oestreich, G., *Geist und Gestalt des frühmodernen Staates.* Ausg. Aufsätze, Berlin 1969.

Paret, P. (Hrsg.), *Frederick the Great. A Profile,* New York 1972.

Patriotisch freimütige Gedanken über die gegenwärtigen Verhältnisse der Gutsbesitzer und das landschaftliche Kreditsystem (Anonym), Breslau 1804.

Priesdorff, K. von, *Soldatisches Führertum. Biographien der Generäle der brandenburgisch-preußischen Armee,* 10 Bde., Hamburg 1937 ff.

Riedel, A. F., *Der brandenburgisch-preußische Staatshaushalt in den beiden letzten Jahrhunderten* . . ., Berlin 1866 (Titel gekürzt).

Ritter, G., *Das Problem des Militarismus in Deutschland,* in: *Historische Zeitschrift,* Bd. 176 (1954).

Rocholl, O., *Das stehende Heer als Stütze der feudalen Reaktion,* in: *Wissenschaftliche Zeitschrift der Karl-Marx-Universität Leipzig-Gesellschafts- und sprachwissenschaftliche Reihe,* Jg. 1952/53, S. 499—510.

Rohr, W., *Märkische Garnisonen im 18. Jahrhundert,* in: *Märkisches Soldatentum,* Potsdam usw. 1936, S. 110—119.

Rosenberg, H., *Die Ausprägung der Junkerherrschaft in Brandenburg-Preußen 1410—1618,* in: Ders., *Machteliten und Wirtschaftskonjunkturen* (= Kritische Studien zur Geschichtswissenschaft, Bd. 31), Göttingen 1978, S. 24—82.

Scheuner, U., *Der Staatsgedanke Preußens* (= Studium zum Deutschtum im Osten, H. 2), Köln-Graz 1965.

Schissler, H., *Preußische Agrargesellschaft im Wandel. Wirtschaftliche, gesellschaftliche und politische Transformationsprozesse von 1763 bis 1847,* Göttingen 1978.

Schmidt, H.-L., *Die soziale Lage der Landbevölkerung im 18. Jahrhundert sowie Probleme ihrer Umgestaltung* (Diss.), Berlin 1965.

Schnitter, H., *Desertion im 18. Jahrhundert. Zwei Dokumente zum Verhältnis von Volk und Armee im spätfeudalen preußischen Militarismus,* in: *Militärgeschichte,* Jg. 1974, S. 54—60.

Schnitter, H., *Volk und Landesdefension. Volksaufgebote, Defensionswerke, Landmilizen in den deutschen Territorien vom 15. bis zum 18. Jahrhundert* (= Nationale Volksarmee. Militärgeschichtliches Institut der Deutschen Demokratischen Republik. Militärhistorische Studien, N.F., Bd. 18), Berlin (Ost) 1977.

Schnitter, H., *Zur Funktion und Stellung des Heeres im feudalabsolutistischen Militarismus in Brandenburg-Preußen (17./18. Jahrhundert),* in: *Militärgeschichte,* Jg. 1971, S. 306—314.

Schöning, K. W. von, *Die Generäle der churbrandenburgischen und königlich preußischen Armee von 1640—1840,* 2 Halbbände, 1840.

Schoeps, H. J., *Preußen. Geschichte eines Staates,* Berlin 1966.

Schrötter, R. Frhr. von, *Die Ergänzung des preußischen Heeres unter dem ersten Könige,* in: *Forschungen zur brand. und preuß. Geschichte,* Bd. 23 (1910), S. 81—145.

Schütz, M. C./Graßmann (Hrsg.), *Auszug aus des Herrn D. Johann George Krünitz ökonomisch-technologischen Encyklopädie ... Dreyzehnter Theil ...,* Berlin 1793 (Tit. gek.).

Schulze, B., *Die Kantone Pommerns 1733—1786,* in: *Baltische Studien,* N.F., Bd. 38 (1936), S. 265—316.

Schwenke, E., *Friedrich der Große und der Adel* (Diss.), Berlin 1911.

Schwieger, K., *Das Bürgertum in Preußen vor der Französischen Revolution,* Kiel 1971.

Sellin, V., *Friedrich der Große und der aufgeklärte Absolutismus,* in: Engelhardt, U./Sellin, V./Stuke, H. (Hg.), *Soziale Bewegung und politische Verfassung,* Stuttg. 1976 (Tit. gek.).

Skalweit, A., *Die Eingliederung des friderizianischen Heeres in den Volks- und Wirtschaftskörper,* in: *Jahrbücher für Nationalökonomie und Statistik,* Bd. 160 (1944).

Skalweit, St., *Friedrich der Große und der Aufstieg Preußens,* in: Reinisch, L. (Hrsg.), *Die Europäer und ihre Geschichte,* München 1961 (Titel gekürzt).

Stürmer, M., *Das zerbrochene Haus — Preußen als Problem der Forschung,* in: *Militärgeschichtliche Mitteilungen,* Jg. 1972.

Tharau, F.-K., *Die geistige Kultur des preußischen Offiziers von 1640 bis 1806,* Mainz 1968.

Vogel, B. (Hrsg.), *Preußische Reformen 1807—1820* (= Neue Wissenschaftliche Bibliothek, Geschichte, Bd. 96), Königstein/Ts. 1980.

Vogler, G./Vetter, K., *Preußen. Von den Anfängen bis zur Reichsgründung,* 5., durchgesehene Aufl., Berlin [Ost] 1977.

Was waren wir, was sind wir, was wird aus uns werden? Freimüthig beantwortet von einem Preußen (Anonym), in: *Minerva. Ein Journal historischen und politischen Inhalts* (Oktober 1810), S. 104—146.

Woellner, J. Ch., *Preisschrift wegen der eigentümlichen Besitzungen der Bauern,* Berlin 1768.

Wohlfeil, R., *Adel und Heerwesen,* in: Rössler, H. (Hrsg.), *Deutscher Adel 1555—1740.* Büdinger Vorträge 1964 (= Schriften zur Problematik der deutschen Führungsschichten in der Neuzeit, Bd. 2), Darmstadt 1965, S. 315—343.

Wolter, F., *Die Rolle des Militarismus bei der Herausbildung des brandenburgisch-preußischen Staates als europäische Großmacht* (= Diplom-Arbeit der Pädagogischen Hochschule in Potsdam, Institut für Geschichtswissenschaft), Potsdam 1965.

Wyatt, W. J., *History of Prussia from the Earliest Times to the Present, Tracing the Origins and Development of Her Military Organization,* 2 Bde, London 1876.

Ziekursch, J., *Die preußischen Landreservebataillone 1805/06 — eine Reform vor der Reform?,* in: *Historische Zeitschrift,* Bd. 103 (1909), S. 85—94.

Zopf, H., *Berliner Garnisonsleben um die Wende des 18. Jahrhunderts,* in: *Brandenburgisches Jahrbuch* 1 (1926), S. 26—33.

(Nach Redaktionsschluß für die Neuauflage dieses Buches ist erschienen: H.-J. Puhle/H.-U. Wehler [Hrsg.], *Preußen im Rückblick* [= Sonderheft 6 der Zeitschrift *Geschichte und Gesellschaft*], Göttingen 1980, und Blasius, D. [Hrsg.], *Preußen in der deutschen Geschichte* [= NWB Geschichte 111], Königstein/Ts. 1980.)

NAMEN- UND SACHREGISTER

C

D

E

F

G

P

Karl Dietrich Bracher

Die deutsche Diktatur

Entstehung
Struktur
Folgen des
Nationalsozialismus

Ullstein Buch 35002

Ullstein Materialien

Inhalt: Die Voraussetzungen · Entstehung der nationalsozialistischen Bewegung · Die neue Partei in der »Kampfzeit« · Der Weg zur Macht · Aufbau des Dritten Reiches · Außenpolitik zwischen Revision und Expansion · Innere Mobilisierung und Widerstand · Das Herrschaftssystem im Kriege · Zusammenbruch und Kontinuität des Nationalsozialismus · Bibliographie · Personenregister

»Die erste sachkundige Gesamtdarstellung von Entstehung, Geschichte und Nachwirkung des Nationalsozialismus [. . .]. In das überaus komplexe Bild von Motiven, Stimmungen und Ressentiments bringt es erstmals perspektivische Ordnung und stellt zugleich das Herrschaftssystem des Dritten Reiches in faßlich konzentrierter Form dar – das begründet seinen Rang [. . .]. K. D. Bracher zählt seit langem zu den wenigen Historikern, denen die deutsche Geschichtsschreibung ihren fortbestehenden Ruf verdankt.«

Joachim Fest, Spiegel